Beweislastverteilung unter Berücksichtigung des Effizienzkriteriums

Europäische Hochschulschriften

Publications Universitaires Européennes
European University Studies

Reihe II
Rechtswissenschaft

Série II Series II
Droit
Law

Bd./Vol. 3553

PETER LANG
Frankfurt am Main · Berlin · Bern · Bruxelles · New York · Oxford · Wien

Markus J. Friedl

Beweislastverteilung unter Berücksichtigung des Effizienzkriteriums

PETER LANG
Europäischer Verlag der Wissenschaften

Bibliografische Information Der Deutschen Bibliothek
Die Deutsche Bibliothek verzeichnet diese Publikation in der Deutschen Nationalbibliografie; detaillierte bibliografische Daten sind im Internet über <http://dnb.ddb.de> abrufbar.

D 19
ISSN 0531-7312
ISBN 3-631-50363-6

www.peterlang.de

Para Esthela

VORWORT

> „Ohne *juristische* Eindringliche mag es zwar eine ökonomische Theorie des Rechts geben, aber sie wird eine Theorie ohne Praxis bleiben. Rechtsvergleicher und interdisziplinäre Forscher sind Botschafter.“[1]

So beschreibt Horst Eidenmüller die interdisziplinäre Arbeit mit der ökonomischen Analyse des Rechts in der Einführung seiner Dissertation, die den Titel „Effizienz als Rechtsprinzip“ trägt. Dies habe ich als Aufforderung verstanden und bin mit der vorliegenden Abhandlung in das nur spärlich erforschte Gebiet der ökonomischen Analyse des Zivilprozeßrechts, insbesondere des zivilprozessualen Beweislastrechts, eingedrungen.

Diese Arbeit ist im wesentlichen während meiner Referendarzeit sowie meines LL.M. Studiums an der Georgetown University, Washington, D.C., U.S.A. entstanden. Sie wurde im November 2001 eingereicht und zum Sommersemester 2002 von der Juristischen Fakultät der Ludwig-Maximilians-Universität München als Dissertation angenommen.

Die Arbeit berücksichtigt daher die bis zum 31. Dezember 2001 geltende Fassung des Bürgerlichen Gesetzbuches. Insbesondere behandelt sie die bis zu diesem Zeitpunkt geltende Beweislastregelung des § 282 BGB. Die Literatur ist auf dem Stand vom Juli 2002 gebracht.

An dieser Stelle möchte ich allen danken, die mich bei der Durchdringung dieses unerforschten Rechtsgebiets durch ihren Rat und ihre Kritik unterstützt haben.

An erster Stelle habe ich insoweit meinem Doktorvater, Herrn Professor Dr. Bruno Rimmelspacher, herzlichst zu danken. Er hat sich meinem Forscherdrang angenommen, ihm freien Lauf gelassen, und mich durch seine wertvollen Anregungen auf den richtigen Weg geleitetet. Damit hat er erheblich zum Gelingen der Arbeit beigetragen.

Danken möchte ich auch dem Zweitgutachter der Arbeit, Herrn Professor Dr. Gerhard Hassold für seine kritische und weiterführende Begutachtung der Arbeit.

---

[1] *Eidenmüller*, Effizienz als Rechtsprinzip, S. 15

Ich möchte es nicht versäumen, mich bei Herrn Professor Dr. Horst Eidenmüller, Westfälische Wilhelms-Universität Münster, für seine Gesprächsbereitschaft und mannigfaltige Unterstützung zu danken. Durch meine kurze Tätigkeit an seinem Lehrstuhl konnte die Arbeit bedeutende Fortschritte machen.

Viele wertvolle Anregungen habe ich auch von Freunden erhalten, die die Arbeit in ihrer Entstehungsphase begleitet haben. Dank gebührt insbesondere Herrn Dr. Tobias Müller sowie Herrn Assessor Frank Weißhaupt.

Last but not least möchte ich ganz herzlich meinen Eltern danken, deren ideelle und materielle Unterstützung in der Zeit meines Studiums sowie meiner Promotionszeit nie angemessen von mir erwidert werden kann. Sie haben mir die Verwirklichung meiner wissenschaftlichen Ziele und meiner damit einher gehenden privaten Träume ermöglicht, deren Ergebnis ich hiermit vorlege.

Frankfurt am Main, im August 2002 Markus J. Friedl

INHALTSVERZEICHNIS

ABKÜRZUNGSVERZEICHNIS

aA	andere Ansicht
a.E.	am Ende
Abs.	Absatz
AcP	Archiv für die civilistische Praxis
a.F.	alte Fassung
Anm.	Anmerkung
ArbGG	Arbeitsgerichtsgesetz
ARSP	Archiv für Rechts- und Sozialphilosophie
Art.	Artikel
BAG	Bundesarbeitsgericht
BayVBl	Bayerische Verwaltungsblätter
BB	Betriebs-Berater
BGB	Bürgerliches Gesetzbuch
BGH	Bundesgerichtshof
BGHZ	Entscheidungen des Bundesgerichtshofes in Zivilsachen
BT	Besonderer Teil
BVerfG	Bundesverfassungsgericht
bzw.	beziehungsweise
cic	culpa in contrahendo
DB	Der Betrieb
ders.	derselbe
d.h.	das heißt
FGG	Gesetz über die freiwillige Gerichtsbarkeit
Fn.	Fußnote(n)
GG	Grundgesetz
GKG	Gerichtskostengesetz
Hrsg.	Herausgeber
Hs.	Halbsatz
ieS	im engeren Sinne
insb.	insbesondere
i.S.d.	im Sinne des/der
i.S.v.	im Sinne von
i.V.m.	in Verbindung mit

J.	Journal
JA	Juristische Arbeitsblätter
JURA	Juristische Ausbildung
JZ	Juristische Zeitung
KG	Kammergericht
Kom	Kommentar
L.	Law
LAG	Landesarbeitsgericht
LG	Landgericht
MDR	Monatsschrift für Deutsches Recht
Mot.	Motive
MünchKomm	Münchener Kommentar
m.w.H.	mit weiteren Hinweisen
m.w.N.	mit weiteren Nachweisen
NJW	Neue Juristische Wochenschrift
NJW-RR	Neue Juristische Wochenschrift-Rechtsprechungsreport
Nr.	Nummer
OLG	Oberlandesgericht
Prot.	Protokolle
pVV	positive Vertragsverletzung
Rev.	Review
RGZ	Entscheidungen des Reichsgerichts in Zivilsachen
Rn.	Randnummer(n)
RPfleger	Der Rechtspfleger
S.	Seite
StPO	Strafprozeßordnung
StV	Der Strafverteidiger
U.	University
vgl.	vergleiche
VersR	Versicherungsrecht
VwGO	Verwaltungsgerichtsordnung
W	Wahrscheinlichkeit
WiSt	Wirtschaftswissenschaftliches Studium
z.B.	zum Beispiel
ZHR	Zeitschrift für das gesamte Handelsrecht und Wirtschaftsrecht
ZPO	Zivilprozeßordnung
ZZP	Zeitschrift für Zivilprozeß

LITERATURVERZEICHNIS

Anmerkung: Ist in den Fußnoten der Titel nur verkürzt wiedergegeben, so wird die Kurzversion im folgenden in Klammern angegeben.

Adams, Michael
Ökonomische Analyse des Zivilprozesses, Königstein 1981

Alexy, Robert
Theorie der juristischen Argumentation, Frankfurt 1978

Alternativkommentare - Kommentar zur Zivilprozeßordnung
herausgegeben von *Wassermann, Rudolf*, Neuwied 1987

Augustin, Georg/Kregel, Wilhelm/Pikart, Heinz
Das Bürgerliche Gesetzbuch – mit besonderer Berücksichtigung der Rechtsprechung des Reichsgerichts und des Bundesgerichtshofes, Band III, 1. Teil, 12. Auflage, Berlin 1979

von Bar, Christian
Verkehrspflichten, Köln 1980

Bathe, Heinrich Theodor
Verhandlungsmaxime und Verfahrensbeschleunigung bei Vorbereitung der mündlichen Verhandlung, Berlin 1977 (Verhandlungsmaxime und Verfahrensbeschleunigung)

Baumbach, Adolf/Lauterbach, Wolfgang/Albers, Jan/Hartmann, Peter
Zivilprozeßordnung, 60. Auflage, München 2002

Baumgärtel, Gottfried
Treu und Glauben, gute Sitten und Schikaneverbot im Erkenntnisverfahren, in Zeitschrift für Zivilprozeß 69. Band 1956, S. 89 ff.

Baumgärtel, Gottfried
Beweislastpraxis im Privatrecht – Die Schwierigkeiten der Beweislastverteilung und Möglichkeiten ihrer Überwindung, Köln 1996 (Beweislastpraxis)

Baumgärtel, Gottfried
Handbuch der Beweislast im Privatrecht, Band 1, 2. Auflage, Köln 1991 (Handbuch der Beweislast)

Baumgärtel, Gottfried/Laumen, Willi
Handbuch der Beweislast im Privatrecht, Band 3, 2. Auflage, Köln 1999 (Handbuch der Beweislast)

Baur, Fritz/Grunsky, Wolfgang
Zivilprozeßrecht, 9. Auflage, Neuwied 1997

Baur, Jürgen F./Stürner, Rolf
Sachenrecht, 17. Auflage, München 1999

Behrens, Peter
Aspekte einer ökonomischen Theorie des Rechts, in Rechtstheorie 12 (1981), S. 472 ff.

Bender, Rolf
Das Beweismaß, in Festschrift für Fritz Baur, Tübingen 1981, S. 247 ff.

Bender, Rolf/Nack, Armin
Tatsachenfeststellung vor Gericht Band I Glaubwürdigkeits- und Beweislehre, 2. Auflage, München 1995 (Tatsachenfeststellung vor Gericht)

Bentham, Jeremy
An Introduction to the Principles of Morals and Legislation, J.H. Burns/H.L.A. Hart (Hrsg.), Oxford 1996

Bernhardt, Wolfgang
Die Aufklärung des Sachverhalts im Zivilprozeß, in Beiträge zum Zivilprozeßrecht Festgabe zum 70. Geburtstag von Leo Rosenberg, München 1949, S. 9 ff.

Bettermann, Karl August
Hundert Jahre Zivilprozeßordnung – Das Schicksal einer liberalen Kodifikation, in Zeitschrift für Zivilprozeß 91 (1978), S. 365 ff.

Beulke, Werner
Strafprozeßrecht, 3. Auflage, Heidelberg 1998

Bison, Hildegard
Mißbrauch der Anfechtungsklage durch den Aktionär, Frankfurt am Main, 1997 (Mißbrauch der Anfechtungsklage)

Blomeyer, Jürgen
Schadensersatzansprüche des im Prozeß Unterlegenen wegen Fehlverhaltens Dritter, Köln 1972 (Schadensersatzanprüche)

Bomsdorf, Falk
Prozeßmaximen und Rechtswirklichkeit, Berlin 1971

Bone, Robert G.
Modeling Frivolous Suits, in 145 University of Pennsylvania Law Review 1997; S. 519 ff.

Bowles, Roger A.
Economic Aspects of Legal Procedure, in The Economic Approach to Law, Burrows, Paul/ Veljanowski, Cento G. (Hrsg.), London 1981, S. 191 ff.

Brüggemann, Dieter
Judex statutor und judex investigator, Bielefeld 1968

Brüggemeier, Gert
Prinzipien des Haftungsrechts, Baden-Baden 1999

Buchwald, Delf
Die canones der Auslegung und rationale juristische Begründung, in Archiv für Rechts- und Sozialphilosophie 1993, S. 16 ff.

Bydlinski, Franz
Juristische Methodenlehre und Rechtsbegriff, 2. Auflage, Wien 1991 (Juristische Methodenlehre)

Calabresi, Guido
The Costs of Accidents – A Legal and Economic Analysis, 5. Auflage, New Haven 1977 (Costs of Accidents)

Calabresi, Guido/Melamed, A. Douglas
Property Rights, Liability Rules and Inalienability: One View of the Cathedral, in Harvard Law Review 85 (1972), S. 1089 ff.

Coase, Ronald H.
The Problem of Social Cost, in 3 Journal of Law & Economics 1960, S. 1 ff.

Cooter, Robert/Ulen, Thomas
Law and Economics, 3. Auflage, Reading 2000

Damrau, Jürgen
Die Entwicklung einzelner Prozeßmaximen seit der Reichszivilprozeßordnung von 1877; Paderborn 1975 (Prozeßmaximen)

Deckert, Martina R.
Effizienz als Kriterium der Rechtsanwendung, in Rechtstheorie 26 (1995), S. 117 ff.

Deckert, Martina R.
Folgenorientierung in der Rechtsanwendung, München 1995 (Folgenorientierung)

Demsetz, Harold
Toward a Theory of Property Rights, in Furubotn, Eirik G./Pejovick, Svetozar (Hrsg.) The Economics of Property Rights, Cambridge 1974, S. 31 ff.

Deutsch, Erwin
Allgemeines Haftungsrecht, 2. Auflage, Köln 1996

Diederichsen, Uwe
Zur Rechtsnatur und systematischer Stellung von Beweislast und Anscheinsbeweis, in Versicherungsrecht 1966, S. 211 ff.

Diederichsen, Uwe
Fortschritte im dogmatischen Verständnis des Anscheinsbeweises, in Zeitschrift für Zivilprozeß 81. Band 1968, S. 45 ff.

Dietl, Clara-Erika/Lorenz, Egon
Wörterbuch für Recht, Wirtschaft und Politik, Teil I Englisch-Deutsch, 6. Auflage, München 2000

Dölle, Hans
Pflicht zur redlichen Prozeßführung, in Festschrift für Otto Riese aus Anlaß seines siebzigsten Geburtstages, Karlsruhe 1964, S. 279 ff.

Dreier, Horst (Hrsg.)
Grundgesetz – Kommentar, Band 2, Tübingen 1998

Eidenmüller, Horst
Effizienz als Rechtsprinzip: Möglichkeiten und Grenzen der ökonomischen Analyse des Rechts; 2. Auflage, Tübingen 1998 (Effizienz als Rechtsprinzip)

Eidenmüller, Horst
Rechtswissenschaft als Realwissenschaft, in Juristische Zeitung 1999, S. 53 ff.

Eisenführ, Franz/Weber, Martin
Rationales Entscheiden, 3. Auflage, Berlin 1999

Erfurter Kommentar zum Arbeitsrecht
herausgegeben von *Dieterich, Thomas/Hanau, Peter/Schaub, Günter*, 2. Auflage, München 2001

Erman, Walter
Handkommentar zum Bürgerlichen Gesetzbuch, 10. Auflage, Münster 2000

Esser, Josef
Vorverständnis und Methodenwahl in der Rechtsfindung, Frankfurt 1970

Esser, Josef/Weyers, Hans-Leo
Schuldrecht, Band II Besonderer Teil, Teilband 2, 8. Auflage, Heidelberg 2000 (Schuldrecht BT)

Fastenrath, Jörg
Arzthaftpflichtprozeß und Beweislastverteilung, Frankfurt 1990

Fezer, Karl-Heinz
Aspekte einer Rechtskritik an der economic analysis of law und am property rights approach, in Juristische Zeitung 1986, S. 817 ff.

Fezer, Karl-Heinz
Nochmals: Kritik an der ökonomischen Analyse des Rechts, in Juristische Zeitung 1988, S. 223 ff.

Fikentscher, Wolfgang
Schuldrecht, 9. Auflage, Berlin 1997

Fischer, Robert
Die Weiterbildung des Rechts durch die Rechtsprechung, Karlsruhe 1971 (Weiterbildung des Rechts)

Friedman, Richard D.
Economic Analysis of Evidentiary Law: an Underused Tool, an Underplowed Field, in 19 Cardozo Law Review 1998, S. 1531 ff.

Gabler-Wirtschafts-Lexikon
15. Auflage, Wiesbaden 2000

Gautschi, Walter
Beweislast und Beweiswürdigung bei freiem richterlichen Ermessen, Zürich 1913 (Beweislast und Beweiswürdigung)

Germelmann, Claas-Hinrich/Matthes, Hans-Christoph/Prütting, Hanns/ Müller Glöge, Rudi
Arbeitsgerichtsgesetz, 4. Auflage, München 2002

Gmehling, Bernhard
Die Beweislastverteilung bei Schäden aus Industrieimmissionen, Köln 1989

Gottwald, Peter
Schadenszurechnung und Schadensschätzung, München 1979

Gottwald, Peter
Grundprobleme der Beweislastverteilung, Juristische Ausbildung 1980, S. 225 ff./303 ff.

Gottwald, Peter
Die ökonomische Analyse zur Kritik und Reform des Zivilprozeßrechts, in Festschrift für Hans W. Fasching, Wien 1988, S. 181 ff.

Greger, Reinhard
Beweis und Wahrscheinlichkeit, Köln 1978

Grunsky, Wolfgang
Arbeitsgerichtsgesetz, 7. Auflage, München 1995

Habel, Michael
Kostenerstattung bei vorangegangenen Versäumnisurteil, in Neue Juristische Wochenschrift 1997, S. 2357 ff.

von Hardenberg, Rüdiger
Das Privatgutachten im Zivilprozeß – unter Berücksichtigung der Rechtslage im Strafprozeß, Erlangen 1975 (Privatgutachten)

Hart, Henry M./Wechsler, Herbert
The Judicial Code and Rules of Procedure in the Federal Courts, Mineola 1978 (Judicial Code and Rules of Procedure)

Hartmann, Peter
Kostengesetze, 31. Auflage, München 2002

Hassemer, Winfried
Juristische Hermeneutik, in Archiv für Rechts- und Sozialphilosophie 1986, S. 195 ff.

Hay, Bruce L.
Allocating the Burden of Proof, in 72 Indiana Law Journal 1997, S. 651 ff.

Hay, Bruce L./Spier, Kathryn E.
Burdens of Proof in Civil Litigation: An Economic Perspective, in 26 The Journal of Legal Studies 1997, S. 413 ff.

Heinemann, Klaus
Die Beweislastverteilung bei positiven Forderungsverletzungen, Köln 1988

Heinrich, Christian
Die Beweislast bei Rechtsgeschäften, Köln 1996

Hoeren, Thomas
Der Grundsatz der Verfahrensökonomie – Wurzeln, Inhalt, Grenzen, in Jahrbuch Junger Zivilrechtswissenschaftler 1994, Stuttgart 1994, S. 117 ff. (Verfahrensökonomie)

Hofmann, Edgar
Die Umkehr der Beweislast in der Kausalfrage, Karlsruhe 1972

Hopt, Klaus J.
Schadensersatz aus unberechtigter Verfahrenseinleitung, München 1968

Horn, Norbert
Zur ökonomischen Rationalität des Privatrechts – Die privatrechtstheoretische Verwertbarkeit der „Economic Analysis of Law", in Archiv für die civilisitische Praxis 176. Band, 1976, S. 307 ff.

Huber, Michael
Das Beweismaß im Zivilprozeß, Köln 1983

Jakobs, Horst Heinrich/Schubert, Werner
Die Beratung des Bürgerlichen Gesetzbuches, Recht der Schuldverhältnisse §§ 241 bis 432, Berlin 1978

Jansen, Paul
Gesetz über die freiwillige Gerichtsbarkeit, Band I, 2. Auflage, Berlin 1969

Jarass, Hans D./Pieroth, Bodo
Grundgesetz für die Bundesrepublik Deutschland, 6. Auflage, München 2002

Jauernig, Othmar
Zivilprozeßrecht; 27. Auflage; München 2002

Jauernig, Othmar (Hrsg.)
Bürgerliches Gesetzbuch, 9. Auflage, München 1999

Kaplow, Louis/Shavell, Steven
Why the Legal System is less efficient than the Income Tax in Redistributing Income, in 23 Journal of Legal Studies 1994, S. 667 ff.

Kaufmann, Franz Josef
Die Beweislastproblematik im Arzthaftungsprozeß, Köln 1984

Kegel, Gerhard
Der Individualanscheinsbeweis und die Verteilung der Beweislast nach überzeugender Wahrscheinlichkeit, in Festgabe für Heinrich Kronstein, Karlsruhe 1967, S. 321 ff.

Keidel, Theodor/Kuntze, Joachim/Winkler, Karl
Freiwillige Gerichtsbarkeit, 14. Auflage, München 1999

Kirchgässner, Gebhard
Führt der homo oeconomicus das Recht in die Irre?, in Juristische Zeitung 1991, S. 104 ff.

Kleinknecht, Theodor/Meyer-Goßner, Lutz
Strafprozeßordnung, 45. Auflage, München 2001

Koch, Hans-Joachim/Rüßmann, Helmut
Juristische Begründungslehre, München 1982

Köhler, Helmut
Vertragsrecht und „Property Rights“-Theorie, in Zeitschrift für das gesamte Handelsrecht 144 (1980), S. 589 ff.

Kötz, Hein,
Ziele des Haftungsrechts, in Festschrift für Ernst Steindorff zum 70. Geburtstag, Berlin 1990

Kötz, Hein/Wagner, Gerhard
Deliktsrecht, 9. Auflage, Neuwied 2001

Koller, Ingo
Probleme des Haftungsausschlusses in Allgemeinen Geschäftsbedingungen – Die Grenzen des Haftungsausschlusses in den Allgemeinen Lagerbedingungen des Deutschen Möbeltransportes, in Versicherungsrecht 1980, S. 1 ff.

Konzen, Horst
Rechtsverhältnisse zwischen Prozeßparteien, Berlin 1976 (Rechtsverhältnisse)

Kopp, Ferdinand O./Schenke, Wolf-Rüdiger
Verwaltungsgerichtsordnung; 12. Auflage, München 2000

Kropshofer, Birger
Untersuchungsgrundsatz und anwaltliche Vertretung im Verwaltungsprozeß, Berlin 1981 (Untersuchungsgrundsatz)

Kübler, Friedrich
Die Autorität der Sachnähe, in Festschrift für Walter Stimpel zum 68. Geburtstag am 29. November 1985, Berlin 1985, S. 3 ff.

Kübler, Friedrich
Effizienz als Rechtsprinzip – Überlegungen zum rechtspraktischen Gebrauch ökonomischer Argumente, in Festschrift für Ernst Steindorff zum 70. Geburtstag, Berlin 1990, S. 687 ff.

Langbein, John H.
The German Advantage in Civil Procedure, in 52 University of Chicago Law Review 1985, S. 823 ff.

Larenz, Karl
Lehrbuch des allgemeinen Schuldrechts Band 1, 14. Auflage, München 1987 (Schuldrecht AT)

Larenz, Karl/Canaris, Claus-Wilhelm
Methodenlehre der Rechtswissenschaft, 3. Auflage, Berlin 1995 (Methodenlehre)

Larenz, Karl/Canaris, Claus-Wilhelm
Lehrbuch des Schuldrechts Band II/2 Besonderer Teil, 13. Auflage, München 1994 (Schuldrecht BT)

Laux, Helmut
Entscheidungstheorie, 4. Auflage, Berlin 1998

Lee, Thomas R.
Pleading and Proof: The Economics of Legal Burdens, in Brigham Young University Law Review 1997, S. 1 ff.

Lehmann, Michael
Bürgerliches Recht und Handelsrecht – eine juristische und ökonomische Analyse, Stuttgart 1983 (Bürgerliches Recht und Handelsrecht)

Lehmann, Michael
Vertragsanbahnung durch Werbung, München 1981

Leipold, Dieter
Beweislastregeln und gesetzliche Vermutungen, Berlin 1966 (Beweislastregeln)

Leipold, Dieter
Zivilprozeßrecht und Ideologie – am Beispiel der Verhandlungsmaxime –, in Juristische Zeitung 1982, S. 441 ff.

Leipold, Helmut
Theorie der Property Rights: Forschungsziele und Anwendungsbereiche, in Wirtschaftswissenschaftliches Studium 1978, S. 518 ff.

Leonhard, Franz
Die Beweislast, 2. Auflage, Berlin 1926

Linke, Hartmut
Parteifreiheit und Richterinitiative im Scheidungsverfahren, in Festschrift für Günther Beitzke zum 70. Geburtstag, Berlin 1979, S. 269 ff.

Löwe, Henning
Der Gedanke der Prävention im deutschen Schadensersatzrecht: Die Flucht in den Geldersatz immaterieller Schäden; zugleich eine Besprechung der Caroline-Urteile des Bundesgerichtshofs und des Draehmpaehl-Urteils des Europäischen Gerichtshofs, Frankfurt am Main 2000 (Der Gedanke der Prävention im deutschen Schadensersatzrecht)

Löwe-Rosenberg
Die Strafprozeßordnung und das Gerichtsverfassungsgesetz, herausgegeben von Peter Rieß, 3. Band §§ 198 – 295; 24. Auflage, Berlin 1987

Maunz, Theodor/Dürig, Günter/Herzog, Roman/Scholz, Rupert
Grundgesetz-Kommentar, Band II Artikel 12-20, Lieferungen 1 bis 39, Juli 2001

Medicus, Dieter
Ist Schweigen Gold? – Zur Widerlegung der Rechtsvermutungen aus §§ 891, 1006 BGB, in Festschrift für Fritz Baur, Tübingen 1981, S. 63 ff.

Mertens, Hans-Joachim
Der Begriff des Vermögensschadens im Bürgerlichen Recht, Stuttgart 1967

Von Mettenheim, Christoph
Der Grundsatz der Prozeßökonomie im Zivilprozeß, Berlin 1970 (Prozeßökonomie)

Motive zu dem Entwurfe eines Bürgerlichen Gesetzbuches für das Deutsche Reich
Amtliche Ausgabe, Band II, Recht der Schuldverhältnisse, Berlin 1896 (Mot. II)

Müller, Tobias
Wahrscheinlichkeitshaftung von Alternativtätern – Ein Beitrag zur Dogmatik des § 830 BGB, Frankfurt am Main 2001 (Wahrscheinlichkeitshaftung von Alternativtätern)

Münchener Kommentar zum Bürgerlichen Gesetzbuch
herausgegeben von *Rebmann, Kurt/Säcker, Franz Jürgen*, München
Band 1 Allgemeiner Teil §§ 1-240, 4. Auflage 2001
Band 2 Schuldrecht Allgemeiner Teil §§ 241 – 432, 4. Auflage 2001
Band 5 Schuldrecht Besonderer Teil III §§ 705 – 853, 3. Auflage 1997
Band 9 Erbrecht §§ 1922 – 2385, §§ 27 – 35 BeurkG, 3. Auflage 1997

Münchener Kommentar zur Zivilprozeßordnung mit Gerichtsverfassungsgesetz und Nebengesetzen
herausgegeben von *Lüke, Gerhard/Wax, Peter*, Band 1 §§ 1 – 354, 2. Auflage, München 2000

Musielak, Hans-Joachim
Die Grundlagen der Beweislast im Zivilprozeß, Berlin 1975 (Grundlagen der Beweislast)

Musielak, Hans-Joachim
Beweislastverteilung nach Gefahrenbereichen – Eine kritische Betrachtung der Gefahrenbereichslehre des Bundesgerichtshofes, in Archiv für die civilistische Praxis 176. Band, 1976, S. 465 ff.

Musielak, Hans-Joachim
Das Överviktsprinzip – Zum Verhältnis von richterlicher Überzeugung und Wahrscheinlichkeit, in Festschrift für Gerhard Kegel, Frankfurt am Main 1977, S. 451 ff.

Musielak, Hans-Joachim (Hrsg.)
Kommentar zur Zivilprozeßordnung, 2. Auflage, München 2000

Nell, Ernst Ludwig
Wahrscheinlichkeitsurteile in juristischen Entscheidungen, Berlin 1983

Nikisch, Arthur
Zivilprozeßrecht, 2. Auflage, Tübingen 1952

Ott, Claus/Schäfer, Hans Bernd
Die ökonomische Analyse des Rechts – Irrweg oder Chance wissenschaftlicher Rechtserkenntnis, in Juristische Zeitung 1988, S. 213 ff.

Palandt, Ott
Bürgerliches Gesetzbuch, 61. Auflage, München 2002

Parker, Jeffrey S./Kobayashi, Bruce H.
Evidence, in Encyclopedia of Law and Economics, Volume V: The Economics of Crime and Litigation, Bouckaert, Boudewijn/de Geert, Gerrit (Hrsg.), Cornwall 2000, S. 290 ff.

Pindyck, Robert S./Rubinfeld, Daniel L.
Microeconomics, 4. Auflage, New Jersey 1998

Posner, Richard A.
An Economic Approach to Legal Procedure and Judicial Administration, in 2 The Journal of Legal Studies 1973, S. 399 ff.

Posner, Richard A.
Economic Analysis of Law, 5. Auflage, New York 1998

Posner, Richard A.
An Economic Approach to the Law of Evidence, in 51 Stanford Law Review 1999, S. 1477 ff.

Prange, Kerstin
Materiell-rechtliche Sanktionen bei Verletzung der prozessualen Wahrheitspflicht durch Zeugen und Parteien, Berlin 1995 (Sanktionen bei Verletzung der prozessualen Wahrheitspflicht)

Prölss, Jürgen
Beweiserleichterungen im Schadensersatzprozeß, Karlsruhe 1966 (Beweiserleichterungen)

Protokolle der Kommission für die zweite Lesung des Entwurfs des Bürgerlichen Gesetzbuchs, Berlin
Band I, Allgemeiner Theil und Recht der Schuldverhältnisse Abschn. I, Abschn. II Tit. I, 1897 (Prot. I)
Band III, Sachenrecht, 1899 (Prot. III)

Prütting, Hanns
Gegenwartsprobleme der Beweislast, München 1983 (Gegenwartsprobleme)

Prütting, Hanns
Die Grundlagen des Zivilprozesses im Wandel der Gesetzgebung, in Neue Juristische Wochenschrift 1980, S. 361 ff.

Redeker, Konrad/van Oertzen, Hans-Joachim/Redeker, Martin/Kothe, Peter
Verwaltungsgerichtsordnung, 13. Auflage, Stuttgart 2000

Reinecke, Gerhard
Die Beweislastverteilung im Bürgerlichen Recht und Arbeitsrecht als rechtspolitische Aufgabe, Berlin 1976 (Beweislastverteilung)

Reinecke, Gerhard
Die gerichtliche Feststellung des Inhalts mündlich geschlossener Verträge, in Juristenzeitung 1977, S. 159 ff.

Reinhardt, Michael
Die Umkehr der Beweislast aus verfassungsrechtlicher Sicht, in Neue Juristische Wochenschrift 1994, S. 93 ff.

Rogowski, Arno
Auf welcher gesetzlichen Grundlage beruht der Schadensersatz-Anspruch des Gläubigers im Falle der Zuwiderhandlung des Schuldners bei Unterlassungs-Obligationen und weshalb trifft den Gläubiger die Beweislast?, in Archiv für die civilistische Praxis 104. Band, 1909, S. 303 ff.

Romme`, Oliver
Der Anscheinsbeweis im Gefüge von Beweiswürdigung, Beweismaß und Beweislast, Köln 1989 (Anscheinsbeweis)

Rosenberg, Leo
Die Beweislast auf der Grundlage des Bürgerlichen Gesetzbuchs und der Zivilprozeßordnung, 5. Auflage, München 1965 (Beweislast)

Rosenberg, Leo/Schwab, Karl Heinz
Zivilprozeßrecht, 14. Auflage, München 1986

Rosenberg, Leo/Schwab, Karl Heinz/Gottwald, Peter
Zivilprozeßrecht, 15. Auflage, München 1993

Rosenberg, David/Shavell, Steven
A Model in Which Suits Are Brought for their Nuisance Value, in 5 International Review of Law & Economics 1985, S. 1 ff.

Roxin, Claus
Strafverfahrensrecht, 25. Auflage, München 1998

Rüßmann, Helmut
Anmerkung zu BGH ZZP 103 (1990), 61, S. 65 ff.

Rüthers, Bernd
Rechtstheorie, München 1999

Sachs, Michael (Hrsg.)
Grundgesetz – Kommentar, 2. Auflage, München 1999

Salje, Peter
Ökonomische Analyse des Rechts aus deutscher Sicht, in Rechtstheorie 15 (1984), S. 277 ff.

Schack, Haimo
Einführung in das US-amerikanische Zivilprozeßrecht, 2. Auflage, München 1995

Schäfer, Hans Bernd/Ott, Claus
Lehrbuch der ökonomischen Analyse des Zivilrechts, 3. Auflage, Berlin 2000 (Ökonomische Analyse des Zivilrechts)

Schatz, Stefan
Die Beweisvereitelung in der Zivilprozeßordnung, Köln 1992

Schlemmer-Schulte, Sabine
Beweislast und Grundgesetz, Köln 1995

Schlosser, Peter
Zivilprozeßrecht I, 2. Auflage, München 1991

Schmidt, Eike
Zweck des Zivilprozesses und seine Ökonomie, Frankfurt/Main 1973 (Zweck des Zivilprozesses)

Schmidt-Salzer, Joachim
Die Bedeutung der Entsorgung- und der Schwimmschalterentscheidung des Bundesgerichtshofes für das Produkthaftungsrecht, in Betriebs-Berater 1979, S. 1 ff.

Schneider, Egon
Beweis und Beweiswürdigung, 5. Auflage, München 1994

Schönke, Adolf/Schröder, Horst
Strafgesetzbuch, 26. Auflage, München 2001

Schwab, Karl Heinz
Zur Abkehr moderner Beweislastlehren von der Normentheorie, in Festschrift für Hans-Jürgen Bruns, Köln 1978, S. 505 ff.

Schwering, Walter
System der Beweislast im englisch-amerikanischen Zivilprozeß, Karlsruhe 1969 (System der Beweislast)

Schumann, Ekkehard
Die Prozeßökonomie als rechtsethisches Prinzip, in Festschrift für Karl Larenz zum 70. Geburtstag, München 1973, S. 271 ff.

Schurtmann, William/Walter Otto L.
Der amerikanische Zivilprozeß, Frankfurt am Main 1978

Schwintowski, Hans-Peter
Ökonomische Theorie des Rechts, in Juristische Zeitung 1998, S. 581 ff.

Shapira, Ron A.
Economic Analysis of the Law of Evidence: A Caveat, in 19 Cardozo Law Review 1998, S. 1607 ff.

Soergel, Hans Theodor
Kommentar zum Bürgerlichen Gesetzbuch, Stuttgart
Band 2 Allgemeiner Teil 2, §§ 104 – 240, 13. Auflage, 1999
Band 2 Schuldrecht I, §§ 241 – 432, 12. Auflage, 1990
Band 6 Sachenrecht, §§ 854 – 1296, 12. Auflage, 1990

Statistisches Bundesamt (Hrsg.)
Statistisches Jahrbuch 2000 für die Bundesrepublik Deutschland, Wiesbaden 2000 (Statistisches Jahrbuch 2000)

von Staudinger, Julius
Kommentar zum Bürgerlichen Gesetzbuch mit Einführungsgesetz und Nebengesetzen, Berlin
Erstes Buch Allgemeiner Teil §§ 164 – 240, 1995
Zweites Buch Recht der Schuldverhältnisse §§ 249 – 254, 1998
Zweites Buch Recht der Schuldverhältnisse §§ 255 – 314, 2001
Zweites Buch Recht der Schuldverhältnisse §§ 362 – 396, 2000
Zweites Buch Recht der Schuldverhältnisse §§ 823 – 825, 1999
Drittes Buch Sachenrecht §§ 985 – 1011, 1999

Stein, Friedrich/Jonas, Martin
Kommentar zur Zivilprozeßordnung, 21. Auflage, Tübingen 1993

Steinmetzler, Ulrich Antonius
Funktionales Privatrechtsverständnis und ökonomische Analyse des Rechts, in Juristische Arbeitsblätter 1998, S. 335 ff.

Stickelbrock, Barbara
Die Kollision von Prozeßmaximen im Scheidungverbundverfahren; Köln 1996 (Prozeßmaximen im Scheidungsverbundverfahren)

Stoll, Hans
Die Beweislastverteilung bei positiven Vertragsverletzungen, in Festschrift für Fritz von Hippel zum 70. Geburtstag, Tübingen 1967, S. 517 ff.

Stoll, Hans
Haftunsverlagerung durch beweisrechtliche Mittel, in Archiv für die civilistische Praxis 176. Band, 1976; S. 145 ff.

Stout, Lynn A.
Type I Error, Type II Error, and the Private Securities Litigation Reform Act, in 38 Arizona Law Review 1996, S. 711 ff.

Strate, Gerhard
Zur Kompetenz im Hauptverfahren; in Strafverteidiger 1985, S. 337 ff.

Stürner, Rolf
Die Aufklärungspflicht der Parteien des Zivilprozesses; Tübingen 1976

Sward, Ellen E.
Values, Ideology, and the Evolution of the Adversary System, in 64 Indiana Law Journal 1989, S. 301 ff.

Thomas, Heinz/Putzo, Hans/Reichold, Klaus/Hüßtege, Rainer
Zivilprozeßordnung; 24. Auflage, München 2002

Ulen, Thomas S.
Rational Choice Theory in Law and Economics, in Encyclopedia of Law and Economics, Volume I: The History and Methodology of Law and Economics, Bouckert, Boudewijn/de Geest, Gerrit (Hrsg.), Cornwall 2000, S.790 ff.

Varian, Hal R.
Mikroökonomie (aus dem Amerikanischen übersetzt von Michaela Kleber und Martin Weigert), 3. Auflage, München 1994

Varian, Hal R.
Grundzüge der Mikroökonomik (aus dem Amerikanischen übersetzt von Prof. Dr. Reiner Buchegger), 4. Auflage, München 1999 (Mikroökonomik)

Wahrendorf, Volker
Die Prinzipien der Beweislast im Haftungsrecht, Köln 1976 (Prinzipien der Beweislast)

Walter, Gerhard
Der Anwendungsbereich des Anscheinsbeweises, in Zeitschrift für Zivilprozeß 90 (1977), S. 270 ff.

Wassermeyer, Heinz
Der prima facie beweis und die benachbarten Erscheinungen, Münster 1954 (Prima facie Beweis)

Graf von Westphalen, Friedrich
Produkthaftungshandbuch Band 1, 2. Auflage, München 1997

Weyers, Hans-Leo
Über Sinn und Grenzen der Verhandlungsmaxime im Zivilprozeß, in Dogmatik und Methode Josef Esser zum 65. Geburtstag, Kronberg 1975, S. 193 ff.

Wieczorek, Bernhard/Schütze, Rolf A.
Zivilprozeßordnung und Nebengesetze, 3. Auflage, Berlin 1998

Wolf, Manfred
Sachenrecht, 17. Auflage, München 2001

Wolff, Heinrich A.
Die Pflicht der Beteiligten im Verwaltungsprozeß zur Wahrheit und zur Vollständigkeit; in Bayerische Verwaltungsblätter 1997, S. 585 ff.

Zeiss, Walter
Die arglistige Prozeßpartei, Berlin 1967

Zettel, Günther
Der Beibringungsgrundsatz; Berlin 1977 (Beibringungsgrundsatz)

Ziekow, Jan
Die Pflicht der Behörden zur Gewährung von Informationen an die Verwaltungsgerichte; in Bayerische Verwaltungsblätter 1992, S. 132 ff.

Zöller, Richard
Zivilprozeßordnung, 23. Auflage, Köln 2002

A. Einleitung

Das Problem der Beweislastverteilung im Zivilprozeß ist in der Jurisprudenz schon oft Thema eingehender wissenschaftlicher Untersuchungen gewesen.[1] Dies zurecht, denn eine richterliche Entscheidung aufgrund von Beweislastgrundsätzen hat für die beweisbelastete Partei einschneidende Bedeutung. Trotz Innehabens eines materiell-rechtlichen Anspruchs kann die Partei den Prozeß verlieren, da sie nicht in der Lage ist, den Anspruch zu beweisen. Wegen dieser eminenten Bedeutung der Beweislast ist auch der Satz gerechtfertigt, die Beweislast sei das „Rückgrat des Prozesses".[2]

Der Begriff der Beweislast ist dabei nicht eindeutig. Es sind zwei unterschiedliche Situationen und Sichtweisen zu berücksichtigen. So ist einmal zu fragen, welche Partei ein bestimmtes Tatbestandsmerkmal zu beweisen hat, sog. subjektive Beweislast oder Beweisführungslast. Diese stellt eine echte Last für die Partei dar, Beweisanträge zu stellen und konkrete Beweismittel zu benennen.[3] Zum anderen hat der Richter die objektive Beweislast oder Feststellungslast zu beachten. Danach bestimmt sich unabhängig vom Verhalten der Parteien, zu wessen Nachteil im Falle der Unaufklärbarkeit einer Tatsache (*non liquet*) die Entscheidung zu fällen ist.[4] Zwischen diesen verschiedenen Beweislastbegriffen besteht eine Verbindung. Die Verteilung der subjektiven Beweislast folgt zwingend den Regeln der objektiven Beweislast.[5] Dies ist auch logisch, da immer derjenige den Beweis antreten wird, der das Risiko des Prozeßverlustes trägt. Da sich die Begriffe weitgehend entsprechen, soll im folgenden nur von Beweislast und Beweislastverteilung gesprochen werden.

Der Begriff der konkreten Beweisführungslast soll dagegen in dieser Abhandlung weitgehend außen vor bleiben. Er beschreibt die Situation, daß im Verlauf eines Prozesses je nach Überzeugungsbildung des Gerichts beide Prozeßparteien abwechselnd zur Beweisführung aufgerufen sein können.[6] Beide Begriffe, die subjektive und objektive Beweislast, kennzeichnen

---

[1] Vgl. nur *Rosenberg*, Die Beweislast auf der Grundlage des Bürgerlichen Gesetzbuches und der Zivilprozeßordnung; *Musielak*, Die Grundlagen der Beweislast im Zivilprozeß; *Prütting*, Gegenwartsprobleme der Beweislast

[2] MünchKomm-ZPO/*Prütting*, § 286, Rn. 100

[3] MünchKomm-ZPO/*Prütting*, § 286, Rn. 95; *Musielak/Foerste*, ZPO, § 286, Rn. 33; *Gottwald*, JURA 1980, S. 226

[4] MünchKomm-ZPO/*Prütting*, § 286, Rn. 98; *Zöller/Greger*, ZPO, Vor § 284, Rn. 18; *Musielak/Foerste*, ZPO, § 286, Rn. 32; *Gottwald*, JURA 1980, S. 227

[5] MünchKomm-ZPO/*Prütting*, § 286, Rn. 97; *Baumgärtel*, Beweislastpraxis, Rn. 15; *Gottwald*, JURA 1980, S. 226; *Zöller/Greger*, ZPO, Vor § 284, Rn. 18

[6] MünchKomm-ZPO/*Prütting*, § 286, Rn. 101; *Baumgärtel*, Beweislastpraxis, Rn. 21

nämlich die abstrakte Beweislast, d.h. die rechtssatzbezogene Bestimmung der Beweislast für ein Tatbestandsmerkmal.[7] Dagegen kann die Frage, welche Partei konkret beweisführungspflichtig ist, nicht generell beantwortet werden. Dies hängt von der jeweiligen konkreten Situation der Beweiswürdigung ab.[8]

Ferner braucht nicht auf den Begriff der Darlegungslast, auch als Behauptungslast bezeichnet, eingegangen zu werden. Im Rahmen dieser Last obliegt es den Parteien, konkrete Tatsachenbehauptungen aufzustellen, deren Subsumtion die Zuerkennung der begehrten Rechtsfolge rechtfertigen würde.[9] Da eine Partei im Prozeß im Regelfall, bevor sie Beweis für eine Tatsache anbietet, diese darlegt, folgt die Darlegungslast in wesentlichen Fragen der Beweislast.[10] Abzugrenzen ist der Begriff der Beweislast auch von dem des Beweismaßes, der in dieser Untersuchung an der einen und der anderen Stelle relevant ist. Das Beweismaß zeigt den Maßstab der richterlichen Überzeugung im Rahmen der Beweiswürdigung nach § 286 ZPO hinsichtlich des „Bewiesenseins“ einer streitigen Tatsache an.[11]

Eine befriedigende Lösung des Problems der Beweislastverteilung ist trotz seiner Relevanz im Prozeß immer noch nicht gefunden worden. Seit Geltung der ZPO von 1877 wurde eine Vielzahl von grundlegenden Ansätzen entwickelt.[12] Ebenfalls finden sich viele Ansätze, um konkrete Beweislastprobleme, z.B. im Arzthaftungsrecht, Produkthaftungsrecht und Vertragsrecht, zu lösen.[13] In dieser Arbeit soll nun ein neuer Lösungsansatz *de lege lata* aufgeworfen und überprüft werden. Inwieweit die Verteilung der Beweislast unter Berücksichtigung des Effizienzkriteriums vorgenommen werden kann, ist Gegenstand der nachfolgenden Untersuchung. Dieser aus der Rechtslehre der Vereinigten Staaten von Amerika stammende Ansatz orientiert sich an den Methoden und Zielen der ebenfalls in den USA entwickelten Lehre der *„Economic Analysis of Law“*, also der ökonomischen Analyse des Rechts.

Die ökonomische Analyse des Rechts ist eine Rechtsmethodik, die sich mit der Frage beschäftigt, wie Rechtsnormen und gerichtliche Entscheidungen einen ökonomisch wünschenswerten Zustand herbeiführen können. Dabei

---

[7] *Rosenberg*, Beweislast, S. 168; *Schlemmer-Schulte*, Beweislast und Grundgesetz, S. 10; *Prütting*, Gegenwartsprobleme, S. 9

[8] MünchKomm-ZPO/*Prütting*, § 286, Rn. 101

[9] *Musielak*, Grundlagen der Beweislast, S. 50; *Prütting*, Gegenwartsprobleme, S. 44

[10] *Prütting*, Gegenwartsprobleme, S. 44

[11] *Zöller/Greger*, ZPO, § 286, Rn. 17; MünchKomm-ZPO/*Prütting*, § 286, Rn. 28

[12] Vgl. *Prütting*, Gegenwartsprobleme, S. 179 ff.

[13] Vgl. *Kaufmann*, Die Beweislastproblematik im Arzthaftungsprozeß; *Fastenrath*, Arzthaftpflichtprozeß und Beweislastverteilung; *Heinrich*, Die Beweislast bei Rechtsgeschäften; *Heinemann*, Die Beweislastverteilung bei positiven Forderungsverletzungen

wird diese Rechtsmethode auf jede Disziplin des Rechts angewendet, so auch auf das Zivilverfahrensrecht.[14] Die deutsche Jurisprudenz setzt sich mit diesem Ansatz erst seit dem letzten Jahrzehnt auseinander. Dabei ist diese Rechtsmethode größtenteils auf Ablehnung gestoßen und auch heute noch sehr umstritten.[15] In den gängigen Abhandlungen zur juristischen Methodenlehre bleibt die ökonomische Analyse des Rechts unberücksichtigt. Nur einzelne Monographien setzen sich mit der Methodik der ökonomischen Analyse des Rechts auseinander. Deswegen ist die Behauptung gerechtfertigt, daß die ökonomische Analyse des Rechts ein Schattendasein fristet, wenn es um die Lösung juristischer Probleme und Fragestellungen geht.[16]

Zunehmend aber wird gefordert, die Rechtswissenschaft als Realwissenschaft zu begreifen und ökonomische Theorien bei der Beurteilung von juristischen Fragestellungen anzuwenden.[17] Diese Arbeit kommt dieser Forderung im Bereich des Zivilverfahrensrechts nach und will ökonomischen Argumenten Zutritt zu einem Rechtsgebiet verschaffen, in dem wirtschaftliche Erwägungen in der Praxis eine nicht unbedeutende Rolle spielen. Sie greift damit auch einen Anstoß von *Gottwald* auf, die objektive Beweislast nach ökonomischen Prinzipien zu verteilen, um besonderen Risiken des Prozeßverlusts Rechnung zu tragen.[18]

Die Untersuchung will aufzeigen, daß die *Economic Analysis of Law* einen geeigneten Ansatz zur Verteilung der Beweislast begründen kann. Dabei ist in einem ersten Schritt auf die derzeitigen Lösungsansätze in Literatur und Rechtsprechung hinzuweisen (B). Sodann muß geklärt werden, ob ökonomische Argumente zur Regelung der Beweislast überhaupt herangezogen werden können (C). Anschließend wird eine Entscheidungsregel entwickelt, die die Beweislast unter der Berücksichtigung des Effizienzkriteriums verteilt (D). In einem weiteren Schritt soll die Vereinbarkeit der gewonnenen Entscheidungsregel mit dem geltenden Recht überprüft werden (E). Dabei steht ihre Übereinstimmung mit dem Grundgesetz, den besonderen Beweislastregeln des BGB, der von der Rechtsprechung angewandten Grundregel, der Rechtsprechung im Produkthaftungsrecht sowie mit in der Jurisprudenz umstrittenen Beweislastfragen im Vordergrund. Ferner wird sich der rechtspolitischen Wirkung der Entscheidungsregel im Deliktsrecht zugewandt (F).

---

[14] Vgl. *Posner*, Economic Analysis of Law, der alle Rechtsgebiete einer ökonomischen Betrachtungsweise unterzieht

[15] Vgl. zur Diskussion: *Fezer*, JZ 1986, S. 817 ff.; dagegen *Ott/Schäfer*, JZ 1988, S. 213 ff. mit Replik *Fezer*, JZ 1988, S. 223 ff.

[16] Vgl. *Lehmann*, Bürgerliches Recht und Handelsrecht, in dem er rechtliche Lösungen einer ökonomischen Wertung unterzieht.; auch *Lehmann*, Vertragsanbahnung durch Werbung

[17] *Schwintowski*, JZ 1998, S. 581 ff.; *Eidenmüller*, JZ 1999, S. 53 ff.

[18] *Gottwald*, Festschrift für Fasching, S. 185

Abschließend werden die Auswirkungen der Entscheidungsregel im Prozeß beleuchtet (G), bevor die Ergebnisse der Untersuchung in Thesen zusammengefaßt werden und ein Ausblick gewährt wird (H).

B. Die verschiedenen Ansätze zur Beweislastverteilung

I. Normative Theorie bzw. Normentheorie und modifizierte normative Theorie

Die normative Theorie, von *Musielak* und *Prütting* als modifizierte normative Theorie erweitert, geht von der These aus, daß die Normen der Rechtsordnung zueinander in unterschiedlichen Beziehungen stehen, daß sie sich ergänzen und unterstützen oder entgegenarbeiten und ausschließen können und daß aus diesem Verhältnis die Beweislastverteilung abzuleiten sei.[19] Die Beweislastverteilung ergebe sich aus dem Aufbau der gesetzlichen Bestimmungen und deren Verschiedenheit, so daß diese Theorie auch als Satzbaulehre bezeichnet wird.[20] Für die Verteilung der Beweislast der Parteien stellt sie folgende Grundregel auf: „Diejenige Partei, deren Prozeßbegehr ohne die Anwendung eines bestimmten Rechtssatzes keinen Erfolg haben kann, trägt die Beweislast dafür, daß die Merkmale des Rechtssatzes im tatsächlichen Geschehen verwirklicht sind, kurz: jede Partei hat die Voraussetzungen der ihr günstigen Norm zu beweisen".[21] Daraus folgt, daß der Kläger die nach dem materiellen Recht erforderlichen Anspruchsvoraussetzungen beweisen muß, der Beklagte dagegen die anspruchshindernden, anpruchshemmenden oder anpruchsvernichtenden Tatbestandselemente zu beweisen hat.[22] Dieses System der Beweislastverteilung wird dogmatisch durch Gewohnheitsrecht legitimiert[23], zumal der Grundgedanke der Normentheorie der langen Tradition des römischrechtlichen Prinzips *„ei incumbit probatio qui dicit, non qui negat"*[24] entstamme.[25] Ferner wird es als stillschweigendes Gesetzesrecht bezeichnet, da diese Regel in § 193 des ersten Entwurfs des Bürgerlichen Gesetzbuchs 1888 enthalten war, vor Erlaß des BGB Gewohnheitsrecht war und durch beredtes Schweigen in den Rahmen des gesetzten Rechts einbezogen ist.[26]

Die Normentheorie bildete lange Zeit die gesicherte Grundlage für Rechtsprechung und Lehre, jedoch ist sie verschiedenster Kritik ausgesetzt. So

---

[19] *Musielak*, Grundlagen der Beweislast, S. 287; *Rosenberg*, Beweislast, S. 105 f.; *Prütting*, Gegenwartsprobleme, S. 265 f.

[20] *Gottwald*, JURA 1980, S. 229; vgl. auch *Baumgärtel*, Beweislastpraxis, Rn. 155

[21] *Rosenberg*, Beweislast, S. 98 f.; vgl. auch *Musielak*, Grundlagen der Beweislast, S. 288; *Schwab*, Festschrift für Bruns, S. 506; *Prütting*, Gegenwartsprobleme, S. 265 f.

[22] *Gottwald*, JURA 1980, S. 229

[23] *Stein/Jonas/Leipold*, ZPO, § 286, Rn. 38

[24] *Paulus*, D.22.3.2. zitiert nach *Schwab*, Festschrift für Bruns, S. 516 – „derjenige muß beweisen, der klagt, nicht der, der bestreitet"

[25] *Schwab*, Festschrift für Bruns, S. 516 f.; *Prütting*, Gegenwartsprobleme, S. 269

[26] *Leipold*, Beweislastregeln, S. 46

wird ihr vor allem entgegen gehalten , daß die Gruppe der rechtshindernden Tatsachen in Abgrenzung zu den rechtsbegründenden Tatsachen willkürlich bestimmt ist. Dabei ist unbestritten, daß sich diese Trennung von rechtsbegründenden und rechtshindernden Merkmalen in materieller Hinsicht nicht durchführen läßt, da sie im materiellen Recht nicht von Bedeutung ist.[27] Wegen dieser Problematik ist die Normentheorie unbrauchbar. Die Beweislastverteilung nach dem Merkmal „rechtshindernd" ist ein begriffsjuristischer Zirkelschluß, eine Tautologie, ein Argumentieren vom Ergebnis her.[28] Schließlich muß eingewendet werden, daß auch die Modifizierungen durch *Musielak* diesbezüglich keine Klarheit geschafft haben.[29] Die normative Theorie kann nicht eindeutig die Frage beantworten, auf Grund welcher „Operationsregel" der Richter zur Nichtanwendung einer Norm im Falle eines *non-liquet* ermächtigt wird.[30]

II. Beweislastverteilung nach Gefahrenbereichen

Die Lehre von der Verteilung der Beweislast nach Gefahrenbereichen bedeutet keine Modifizierung der Normentheorie, vielmehr liegt ihr eine ganz andere Denkweise, nämlich der Zurechnungsgedanke[31], zugrunde. Nach ihr ist die Beweislast nach Gefahrenbereichen oder Sphären abzugrenzen.[32] Die Ursache für das Entstehen von Schäden wird einem bestimmten Gefahrenbereich, entweder dem des Schädigers oder des Geschädigten, zugeordnet und daraus werden Folgerungen für die Beweislastverteilung gezogen.[33] Die Partei, in deren Gefahrenbereich die Ursache des Schadens fällt, ist für die jeweilige Tatsache beweispflichtig, da sie näher daran ist, die Folgen des Nichterwiesenseins zu tragen.[34] Als Gefahrenbereich wird in diesem Zusammenhang der tatsächliche Lebensbereich der Partei verstanden, den sie kraft der ihr zur Verfügung stehenden rechtlichen und tatsächlichen Mittel zu beherrschen vermag.[35] Diese Abgrenzung nach Gefahrenbereichen sei möglich, da das Gesetz hinsichtlich der Beweislast eine Lücke enthalte, und folge aus dem zwingenden Gebot der Gerechtigkeit.[36] So vermag der Ge-

---

[27] *Prütting*, Gegenwartsprobleme, S. 267; *Rosenberg/Schwab*, Zivilprozeßrecht, 14. Auflage, § 105 II 2a; *Musielak*, Grundlagen der Beweislast, S. 294 f.

[28] *Reinecke*, Beweislastverteilung, S. 189; im Ergebnis *Leipold*, Beweislastregeln, S. 42 f.; *Prütting*, Gegenwartsprobleme, S. 266

[29] *Prütting*, Gegenwartsprobleme, S. 266

[30] *Schwab*, Festschrift für Bruns, S. 506

[31] *Prölss*, Beweiserleichterungen, S. 72; *Prütting*, Gegenwartsprobleme, S. 213

[32] *Prölss*, Beweiserleichterungen, S. 65 ff.; *Larenz*, Schuldrecht AT, S. 344

[33] *Prütting*, Gegenwartsprobleme, S. 213

[34] *Prölss*, Beweiserleichterungen, S. 72; *Schwab*, Festschrift für Bruns, S. 514

[35] *Prölss*, Beweiserleichterungen, S. 83; *Prütting*, Gegenwartsprobleme, S. 215

[36] *Prölss*, Beweiserleichterungen, S. 73/74 ff.; *Prütting*, Gegenwartsprobleme, S. 214

schädigte den Gefahrenbereich des Schädigers nicht zu übersehen und gerät dadurch in Beweisnotstand. Trüge er das Risiko der Unaufklärbarkeit, so könnte er seine Ansprüche nicht realisieren. Der vom Gesetz gewährte Anspruch würde zum nullum ius herabsinken.[37] Der andere Argumentationsstrang liegt im Präventivzweck von Haftungsnormen. Die Gefahrenbereichslehre verhindere das Entstehen von Schäden, wenn der Schädiger um sein Risiko der Unaufklärbarkeit weiß.[38]

Diesem Ansatz wird aber entgegengehalten, daß der Begriff des Gefahrenbereichs ungenau und konturlos, von *Prölss* jedenfalls zu weit gefaßt ist.[39] Daraus ergibt sich im Ergebnis eine allgemeine Risikohaftung, die abzulehnen ist. Da sich Gefahrenbereiche überschneiden und Drittursachen einwirken können, muß an der Feststellung der objektiven Pflichtverletzung festgehalten werden.[40] Der Gedanke der Beweisnot läßt sich nicht durch räumlich abgegrenzte Sphären lösen, zumal dem materiellen Zivilrecht der Sphärengedanke fremd ist[41] und sich mit einer analogen Anwendung von §§ 282, 285 BGB bei Beweis des Verschuldens das gleiche Ergebnis erzielen läßt.[42]

III. Verteilung der Beweislast nach Wahrscheinlichkeit

Die in der Literatur entwickelten Ansätze, die die Beweislast nach dem Wahrscheinlichkeitsprinzip verteilen wollen, sind vielfältig und differieren untereinander. Insbesondere muß unterschieden werden, ob die Verteilung nach der Wahrscheinlichkeit der konkreten Tatsachenbehauptung oder nach der abstrakten Wahrscheinlichkeit des Lebens erfolgt. Aus einer konkreten Betrachtungsweise folgt, daß die Beweislast grundsätzlich derjenige hat, der zu seinen Gunsten etwas behauptet, was nicht überwiegend wahrscheinlich ist.[43] Danach muß jeder die Tatsachen beweisen, die ihm günstig, aber unwahrscheinlicher sind als ihr Gegenteil. Bei 50 % Wahrscheinlichkeit soll dem Angreifer die Beweislast obliegen.[44]

Begründet wird dieser Ansatz zum einen damit, daß die überwiegende Wahrscheinlichkeit „das Beste ist, was wir haben können", und zum anderen

---

[37] *Prölss*, Beweiserleichterungen, S. 75
[38] *Prölss*, Beweiserleichterungen, S. 76
[39] *Prütting*, Gegenwartsprobleme, S. 217; *Schwab*, Festschrift für Bruns, S. 515; *Baumgärtel*, Beweislastpraxis, Rn. 163
[40] *Schwab*, Festschrift für Bruns, S. 515 f.
[41] *Prütting*, Gegenwartsprobleme, S. 218
[42] *Musielak*, AcP 176, S. 486
[43] *Kegel*, Festgabe für Kronstein, S. 335; *Prütting*, Gegenwartsprobleme, S. 192 f. m.w.N.
[44] *Kegel*, Festgabe für Kronstein, S. 336

mit dem Gedanken der Leichtigkeit der Beweisführung, der wiederum aus dem dem Prozeßrecht innewohnenden Grundsatz von Treu und Glauben entstammt.[45] Die Verteilung der Beweislast nach der abstrakten Wahrscheinlichkeit gebietet, daß jeweils der weniger wahrscheinliche Vorgang zu beweisen ist.[46] *Reinecke* folgert dieses Prinzip aus der Untersuchung der von der normativen Theorie aufgestellten Grundregel und der Beweislastsonderregeln. Dabei soll die Beweislast in den meisten Fällen nach dem Wahrscheinlichkeitsprinzip verteilt sein.[47] Er rekurriert auf abstrakte Wahrscheinlichkeiten[48] und postuliert, daß dasjenige „bewiesen werden muß, was nicht überwiegend wahrscheinlich ist".[49] Nach *Wahrendorf* spricht bei Haftungstatbeständen die Wahrscheinlichkeit dafür, daß die Pflichtverletzung den Schaden herbeiführt und nicht eine andere Ursache. Es bestehe eine „Erfolgsaffinität" zwischen dem Schaden und der Pflichtverletzung des Schädigers, wenn sie nach dem natürlichen Lauf der Dinge geeignet war, den eingetretenen Schaden herbeizuführen.[50]

Die Wahrscheinlichkeitstheorien werden aber für die Feststellung der Beweislastverteilung für ungeeignet gehalten. Schon Begriff und Inhalt der Wahrscheinlichkeit werfe Schwierigkeiten auf. Werde sie als konkrete verstanden, so kann sie in einer Prozeßsituation nie mit der Beweislast verknüpft sein. Die abstrakte Wahrscheinlichkeit gerät dagegen in Konflikt mit der Starrheit einer Beweislastnorm und ihr fehlen die der Beweislast eigenen materiell-rechtlichen Wertungsgesichtspunkte.[51] Weiterhin wird eingewandt, daß sich eine große Rechtsunsicherheit ergibt und die Kalkulierbarkeit von Prozessen gefährdet ist, da Wahrscheinlichkeitsaussagen schwer zu ermitteln sind.[52] Den Wahrscheinlichkeitstheorien fehle ferner das dogmatische Fundament[53], was vor allem damit zusammenhänge, daß der richtige Ansatzpunkt für das Wahrscheinlichkeitsprinzip nicht im Bereich der Beweislast liegt, sondern im Bereich der Beweiswürdigung.[54]

---

[45] *Kegel*, Festgabe für Kronstein, S. 335/339 f.

[46] *Reinecke*, Beweislastverteilung, S. 51; ähnlich *Wahrendorf*, Prinzipien der Beweislast, S. 72; *Prütting*, Gegenwartsprobleme, S. 197 f. m.w.N.

[47] *Reinecke*, Beweislastverteilung, S. 51/189

[48] *Reinecke*, Beweislastverteilung, S. 40 ff.; vgl. *Prütting*, Gegenwartsprobleme, S. 197

[49] *Reinecke*, Beweislastverteilung, S. 51

[50] *Wahrendorf*, Prinzipien der Beweislast, S. 72; vgl. *Prütting*, Gegenwartsprobleme, S. 207 ff.

[51] *Prütting*, Gegenwartsprobleme, S. 212

[52] *Prütting*, Gegenwartsprobleme, S. 194

[53] *Prütting*, Gegenwartsprobleme, S. 194

[54] *Musielak*, Grundlagen der Beweislast, S. 291; *Baumgärtel*, Beweislastpraxis, Rn. 51; *Schwab*, Festschrift für Bruns, S. 513

IV. Vorgehensweise der Rechtsprechung

Abseits der speziellen Beweislastregelungen des BGB, z.B. der §§ 179 Abs. 1, 282, 358, 363, 636 Abs. 2 BGB, verteilt die Rechtsprechung die Beweislast unter den Parteien nach der Grundregel der Normentheorie.[55] Sie weicht jedoch in einer Vielzahl von Fällen von dieser Regel ab, sei es durch Analogiebildungen oder durch richterliche Rechtsfortbildung. So wendet sie bei Ansprüchen aus pVV und cic die §§ 282, 285 BGB analog an, wenn es um den Beweis des Verschuldens geht.[56] Bei Werk- und Dienstverträgen hat die Rechtsprechung in richterlicher Rechtsfortbildung die Gefahrenbereichslehre herangezogen. Danach muß sich der Unternehmer für seinen Herrschafts- und Verantwortungsbereich entlasten.[57] Die Verteilung der Beweislast nach Gefahrenbereichen wird zudem bei Fällen der Produzentenhaftung und Arzthaftung angewendet. In diesen Bereichen hat die Rechtsprechung durch Richterrecht ein ausdifferenziertes Beweislastverteilungssystem hinsichtlich der jeweils strittigen Tatsachen geschaffen, auf das hier nicht näher eingegangen werden kann.[58] Für diese Untersuchung ist festzuhalten, daß in den oben genannten Haftungsfragen von der Grundregel abgewichen wird, Gefahrenbereichsargumente angewendet werden oder eine Beweislastumkehr aus Billigkeitserwägungen erfolgt. Auch im Falle von Beweisvereitelungen durch die beweispflichtige Partei hält die Rechtsprechung eine Beweislastumkehr für möglich.[59] In Einzelfällen verteilt sie die Beweislast nach Wahrscheinlichkeitserwägungen, vor allem im Arbeitsrecht.[60] So hat der BGH entschieden, daß das Vorliegen eines Ausnahmefalls nicht vom Gläubiger, sondern vom Schädiger zu beweisen ist.[61]

So ist im Ergebnis festzuhalten, daß die Rechtsprechung nicht allein der Normentheorie folgt, sondern sich auf dem Boden aller dargestellten Theorien bzw. Lösungsansätze bewegt, sei es durch Analogieschlüsse, sei es durch richterliche Rechtsfortbildung, um dem materiellen Recht zum Erfolg zu verhelfen.

---

[55] BGH NJW 1991, 1052 (1053); BGH NJW 1993, 2168 (2170); BGHZ 113, 222 (225); BGHZ 121, 357 (364)

[56] Hinsichtlich pVV BGHZ 23, 288 (290), BGHZ 28, 251; hinsichtlich cic BGH NJW 1962, 31 (32)

[57] BGHZ 23, 288 (290); BGHZ 28, 251; BGH NJW-RR 1995, 684

[58] Vgl. BGH NJW 1969, 269 (274); *Stein/Jonas/Leipold*, ZPO, § 286, Rn 86 f./126; MünchKomm-ZPO/*Prütting*, § 286, Rn 122 f./140/151

[59] BGHZ 6, 224; *Stein/Jonas/Leipold*, ZPO, § 286, Rn. 121

[60] BAG NJW 1995, 2941 (2942); *Prütting*, Gegenwartsprobleme, S. 195 f.

[61] BGH NJW 1998, 1864 (1865)

V. Stellungnahme

1. Kritik

Die der verschiedenen Lösungsansätze können allesamt nicht überzeugen. Der Normentheorie ist zwar zuzugeben, daß die von ihr aufgestellte Grundregel in einem Großteil der Fälle die richtige Lösung angibt. Sie vermag aber letztlich nicht zu erklären, warum dies so ist. Es erfolgt nur der Hinweis auf die Struktur des Gesetzes, jedoch keine Erklärung warum es so beschaffen ist. Dies zeigt sich in besonderen Maße bei den rechtshindernden Einwendungen. Aus diesem Grund kann sie auch das System der Beweislastverteilung bei Arzt- und Produkthaftungsfällen nicht erklären.

Aber auch den anderen Ansätzen ist nicht zuzustimmen. Gegen die Gefahrenbereichslehre muß eingewendet werden, daß sie letztlich nicht erklärt, warum die Beweislast entsprechend der Sphären erfolgen soll. Das Argument, ansonsten bleibe der materielle Anspruch ein *„nullum ius"*, ist ergebnisorientiert und zu kurz gegriffen. Offen bleibt, wieso der Partei ein bestimmte Sphäre zugewiesen wird. Daraus folgt auch das Problem, den einzelnen Gefahrenbereich exakt zu bestimmen.

Die Kritik an den Wahrscheinlichkeitstheorien erscheint ebenfalls berechtigt. Der Einwand des fehlenden dogmatischen Fundaments kann jedenfalls nicht entkräftet werden. Kritisch zu betrachten ist auch die Bestimmung der Wahrscheinlichkeiten. Solange nicht deutlich wird, welche statistischen Methoden und Wahrscheinlichkeitsberechnungen anzuwenden sind, bleiben Wahrscheinlichkeitsaussagen ungenau und damit unbrauchbar. Erst wenn die Wahrscheinlichkeitsaussagen rational überprüfbar werden, verlieren sie den Makel der Rechtsunsicherheit. Die Beurteilung der konkreten Wahrscheinlichkeit ist richtig erkannt auch eine Frage der Beweiswürdigung. Dies schließt allerdings die Verwendung von Wahrscheinlichkeiten im Rahmen der Beweislast nicht aus. Die Verteilung der Beweislast nach der abstrakten Wahrscheinlichkeit ist in vielen Fällen schon durch das Gesetz angelegt, so z.B. in § 104 BGB, wonach die Geschäftsfähigkeit die Regel, ihr Fehlen die Ausnahme ist. Daher muß das Unwahrscheinlichere, die Geschäftsunfähigkeit, bewiesen werden.[62] Dies zeigt aber auch, daß ein richtiger Kern in dieser Ansicht steckt. Generell jedoch bleibt die schwierige Kollektivbildung und die Ermittlung von Wahrscheinlichkeiten problematisch.[63]

---

[62] *Palandt/Heinrichs*, § 104, Rn 8; BGH NJW 1972, 681 (683)

[63] *Prütting*, Gegenwartsprobleme, S. 212

2. Folgerungen

Die Vorgehensweise der Rechtsprechung hinsichtlich der Verteilung der Beweislast unter den Parteien hat gezeigt, daß es an einem ganzheitlichen und schlüssigen Konzept zur Lösung dieses Problems fehlt. Dies liegt insbesondere daran, daß eine ausdrückliche gesetzliche Regelung, wie die Beweislastverteilung erfolgen soll, abgesehen von speziellen gesetzlichen Regelungen nicht existiert.

Ein Heranziehen der von der normativen Theorie entwickelten Grundregel als normativer Ersatz ist abzulehnen. Diese stellt kein stillschweigendes Gesetzesrecht, wie von *Leipold* postuliert[64], dar. So ist einmal der Begriff dogmatisch fragwürdig. Zwar kennt die Rechtsmethodologie ein beredtes Schweigen des Gesetzes. Dieses ist von der Lücke im engeren Sinne zu unterscheiden. Von einer solchen Lücke spricht man, wenn das Gesetz unvollständig ist, wo es vom Wertungsplan der Gesetzgebung betrachtet eine vollständige Regelung angestrebt hat.[65] Beredtes Schweigen liegt dagegen vor, wenn das Gesetz aus der Sicht des Gesetzgebers gewollt keine Regelung des Problems enthält.[66] Bei der Auslegung des Gesetzes muß untersucht werden, ob eine planwidrige Regelungslücke vorliegt, da nur dann deren Schließung durch einen Analogieschluß erfolgt. Ansonsten bleibt es bei der Anwendung des positiv gesetzten Rechts.

Der Hinweis auf die Beweislastregel in § 193 des ersten Entwurfs des BGB stützt die These vom stillschweigenden Gesetzesrecht bzw. beredten Schweigen des Gesetzes nicht. Der Anlaß, warum diese Norm nicht in die endgültige Fassung des BGB aufgenommen wurde, ist umstritten. Das Weglassen wird zum einen mit der Selbstverständlichkeit der Norm[67] begründet und zum anderen damit, daß der Gesetzgeber die bei der Beweislastverteilung maßgebenden Billigkeits- und Zweckmäßigkeitsgesichtspunkte erkannte und dieses Problem der flexibleren Handhabung der Gerichte überlassen wollte.[68] Zwar ist der ersten Meinung zuzugeben, daß § 193 ausdrücklich gestrichen wurde, da diese Bestimmung nach Ansicht der Kommission selbstverständlich sei.[69] Jedoch wandte sich die Kommission gegen die Aufnahme von Beweislastregeln auch aus einem anderen Grund. Für diese seien „logische Gründe sowie Billigkeits- und Zweckmäßigkeitsrücksichten maßgebend, so daß durch die Aufstellung genereller Be-

---

[64] *Leipold*, Beweislastregeln, S. 46
[65] *Larenz/Canaris*, Methodenlehre, S. 192; *Rüthers*, Rechtstheorie, Rn. 844
[66] *Rüthers*, Rechtstheorie, Rn. 838
[67] *Stein/Jonas/Leipold*, ZPO, § 286, Rn. 37; *Musielak/Foerste*, ZPO, § 286, Rn. 35
[68] *Wahrendorf*, Prinzipien der Beweislast, S. 54
[69] Prot. I, S. 259, zu § 193

stimmungen Nichts gewonnen werde".[70] Die Normen der §§ 193 ff. BGB des ersten Entwurfs über den Beweis seien doktrinär und wissenschaftlich und müßten daher gestrichen werden.[71] Dies spricht eher für die zweite Ansicht, Regelungen über die Beweislast der flexibleren, auf den Einzelfall bezogenen Entscheidung der Gerichte zu überlassen. Es liegt somit keine planwidrige Regelungslücke im engeren Sinne vor. Abgesehen von speziellen Beweislastnormen, z.B. in §§ 179 Abs. 1, 282, 358, 363, 636 Abs. 2 BGB, hat der Gesetzgeber auf eine generelle Beweislastregel verzichtet, da er diese Rechtsfrage aus oben aufgeführten Gründen nicht gesetzlich fixieren, vielmehr die Lösung derselben gerade der Rechtsprechung überlassen wollte.[72] Damit liegt kein beredtes Schweigen des Gesetzes vor, sondern eine geplante Unvollständigkeit.[73] Das Schweigen kann nicht in dem Sinne gedeutet werden, daß von einem stillschweigenden Gelten von § 193 BGB erster Entwurf des BGB ausgegangen werden soll, da die Protokolle und Motive zum BGB dies nicht eindeutig belegen. Vielmehr muß das Schweigen als Aufforderung an die Rechtsprechung verstanden werden, Beweislastregeln zu entwickeln.

Ferner kann § 193 BGB erster Entwurf auch nicht als historisches Argument dienen, da darin keine Regelung hinsichtlich der rechtshindernden Einwendungen, dem zentralen Problem der Normentheorie, getroffen wurde.[74] Die Grundregel gilt auch nicht aufgrund Gewohnheitsrechts. Die Rechtsprechung hat seit jeher alle Theorien angewendet und mehrere sachliche Gesichtspunkte bei ihrer Entscheidung einfließen lassen. Dies und die dauernde Kritik der Normentheorie zeigt, daß es an der erforderlichen langjährigen Übung fehlt und sich eine Rechtsüberzeugung noch nicht herausgebildet hat.[75] Gewohnheitsrecht läßt sich auch nicht aus der historischen Tradition des römischen Rechtssatzes ableiten, daß derjenige, der den Anspruch geltend macht, sein Entstehen beweisen muß.[76] Diese Aussage beinhaltet zwar den logischen Kern, daß der Kläger sein Begehren darlegt und beweist, jedoch ist darin das Problem der anspruchshindernden Einwendungen eben-

---

[70] Prot. I, S. 259

[71] Prot. I, S. 259

[72] Vgl. Mot. I, S. 382: darin findet sich der Hinweis, daß von Anfang an Einwände gegen die Bestimmungen der §§ 193 – 197 bestanden, da das Aufstellen von solchen Regeln der Rechtswissenschaft überlassen sein sollte.

[73] *Rüthers*, Rechtstheorie, Rn. 835

[74] Vgl. *Musielak/Foerste*, ZPO, § 286, Rn. 35: die darin zitierte Grundregel trifft keine Regelung hinsichtlich der rechtshindernden Tatbestandsmerkmale

[75] *Baumgärtel*, Beweislastpraxis, Rn. 151, nach dem es an einer für die Entstehung von Gewohnheitsrecht erforderlichen „*opinio necessitatis*" fehlt; vgl. zum Entstehen von Gewohnheitsrecht auch *Larenz/Canaris*, Methodenlehre, S. 246

[76] Vgl. *Prütting*, Gegenwartsprobleme, S. 269 f.

falls ausgeklammert.[77] Die Reichweite der klägerischen Obliegenheit hinsichtlich seines Vorbringens bleibt somit ungenau.

Es liegt aber eine Lücke im weiteren Sinn oder Rechtslücke vor. Eine solche ist gegeben, wenn das Fehlen einer rechtlichen Regelung nicht schon gemessen am Plan des Gesetzes selbst, aber gemessen an den Erfordernissen der Gesamtrechtsordnung als behebungsbedürftige Unvollständigkeit erscheint.[78] Die Beweislastverteilung im Zivilprozeß ist nur in speziellen Fällen normiert, sei es im BGB oder anderen Gesetzen. Unter der Berücksichtigung des Zivilrechts – oder enger des Zivilverfahrensrechts – fehlt es jedoch an einer Regelung, die angibt, wie die Beweislast grundsätzlich zu verteilen ist. Somit ist die Beweislast, gerade bezogen auf die Gesamtrechtsordnung, unvollständig und damit regelungsbedürftig. Aus diesem Grund hat sich schon bisher die Rechtsprechung auf dem Boden der Normentheorie ein flexibles System von Beweislastgrundsätzen durch richterliche Rechtsfortbildung geschaffen. Dieses Vorgehen findet häufig Zustimmung in der Literatur, die dem Richter bei der Beweislastverteilung sogar eine freiere Stellung zubilligen will.[79]

---

[77] *Prütting*, Gegenwartsprobleme, S. 277

[78] *Larenz/Canaris*, Methodenlehre, S. 246 – Bezeichnung als Lücke im weiteren Sinn; *Rüthers*, Rechtstheorie, Rn. 855 – Bezeichnung als Rechtslücke (Gebietslücke)

[79] *Reinecke*, Beweislastverteilung, S. 87/190

C. Rechtsfortbildung unter Berücksichtigung des Effizienzkriteriums

Die Darstellung in Abschnitt B hat gezeigt, daß weder in der Literatur noch in der Rechtsprechung ein vollkommenes System im Recht der Beweislastverteilung existiert. Diese Darstellung widmet sich der Frage, ob die ökonomische Analyse des Rechts und das von ihr entwickelte Effizienzkriterium die Entscheidung, wem im Zivilprozeß die Beweislast für eine bestimmte Tatsache auferlegt werden soll, steuern kann. Dabei müssen aber in einem ersten Schritt die Ziele und Methoden der ökonomischen Analyse dargestellt und das Effizienzkriterium definiert werden. Weiterhin ist zu untersuchen, ob das deutsche Zivilverfahrensrecht dem Effizienzkriterium überhaupt zugänglich ist. Im Gesetz findet sich keine konkrete Anleitung für den Richter, den Zivilprozeß nach ökonomischen Gesichtspunkten zu gestalten, so daß in einem zweiten Schritt zu fragen ist, ob das Zivilverfahrensrecht im Rahmen einer richterlichen Rechtsfortbildung nach dem Effizienzkriterium fortgebildet werden kann. Diesen Problemkreisen soll in diesem Abschnitt C nachgegangen werden.

I. Die Ziele und Methoden der ökonomischen Analyse des Rechts unter Berücksichtigung des Zivilprozeßrechts

Diese Untersuchung widmet sich der Frage, inwieweit das Effizienzkriterium die Beweislastverteilung beeinflussen kann. Hinter dem Begriff „Effizienzkriterium" stehen die Ansätze und Wertungsmodelle der ökonomischen Analyse des Rechts. Diese sollen hier kurz dargestellt werden, wobei es nicht Aufgabe sein kann, die Forschungsrichtung der ökonomischen Analyse des Rechts zu bewerten und zu kritisieren.[80]

1. Grundlagen

Die ökonomische Analyse des Rechts als Methode der Rechtswissenschaft wurde in den 60er Jahren in den USA als *„Economic Analysis of Law"* bzw. *„Law and Economics"* begründet. Das philosophische Fundament findet die ökonomische Analyse des Rechts in dem von *Jeremy Bentham* begründeten Utilitarismus.[81] Dieser geht von der Ansicht aus, daß sich das Gemeinwohl als Summe der Interessen der Gesellschaftsmitglieder zusammensetze, so

---

[80] Vgl. hierzu Auseinandersetzung zwischen *Fezer*, JZ 1986, S. 817 ff. und *Ott/Schäfer*, JZ 1988, S. 213

[81] *Eidenmüller*, Effizienz als Rechtsprinzip, S. 22/173 f.

daß danach eine Entscheidung utilitaristisch gerechtfertigt ist, wenn dadurch das Gemeinwohl erhöht wird.[82] Die aus dem Utilitarismus hervorgegangene Wohlfahrtsökonomik ist die wirtschaftswissenschaftliche Grundlage. Ihr Ziel ist es, Institutionen zu schaffen, die die gesamtgesellschaftliche Wohlfahrt maximieren.[83] Konzeptionell wird von dem ökonomischen Verhaltensmodell ausgegangen, in dessen Mittelpunkt der *homo oeconomicus*[84], d.h. ein rational handelnder und seinen Gewinn bzw. Nutzen maximierender Mensch, steht.[85] Andere Handlungsanreize wie Mißgunst, Neid und Altruismus sind ausgeschlossen.[86] Die Entscheidungssituation in einem solchen Modell wird durch zwei Elemente charakterisiert: die Möglichkeit, individuelle Präferenzen zu bilden und nach diesen zu entscheiden sowie das Bestehen von Restriktionen, die den Handlungsspielraum des Individuums begrenzen.[87]

Trotz der Kritik eines solchen Modells und Menschenbildes[88] wird vielfach vorgeschlagen, es auch in der Rechtswissenschaft zu verwenden, einmal mangels einer besseren Alternative und zum anderen wegen der partiellen Anwendbarkeit.[89] Für diese Untersuchung muß der Frage nachgegangen werden, inwieweit im Bereich des Zivilverfahrensrechts das ökonomische Verhaltensmodell Anwendung finden kann. Könnte dies bejaht werden, wäre ein erstes Indiz für eine ökonomisierte Betrachtungsweise dieses Rechtsgebiets gefunden.

Ob die Partei bei Führen eines Zivilprozesses als *homo oeconomicus* agiert, bestimmt sich nach zwei Kriterien. Die Partei muß erstens eigenständig handeln, was der Fall ist , wenn sie entsprechend ihrer eigenen Präferenzen und nicht entsprechend der Präferenzen anderer handelt.[90] Dabei muß sie

---

[82] *Bentham*, Principles of Morals and Legislation, S. 12 f.; siehe dazu auch *Schäfer/Ott*, Ökonomische Analyse des Zivilrechts, S. 39; *Eidenmüller*, Effizienz als Rechtsprinzip, S. 24 ff.

[83] *Eidenmüller*, Effizienz als Rechtsprinzip, S. 21

[84] Im englischen Sprachgebrauch resourceful, evaluating, maximizing man (REMM)

[85] *Posner*, Economic Analysis of Law, S. 4; *Eidenmüller*, Effizienz als Rechtsprinzip, S. 29; *Schäfer/Ott*, Ökonomische Analyse des Zivilrechts, S. 56 ff.; *Kirchgässner*, JZ 1991, S. 106

[86] *Kirchgässner*, JZ 1991, S. 106

[87] *Kirchgässner*, JZ 1991, S. 106; *Eidenmüller*, Effizienz als Rechtsprinzip, S. 35; *ders.*, JZ 1999, S. 55; *Ulen*, Rational Choice Theory in Law and Economics, S. 792

[88] *Fezer*, JZ 1988, S. 228

[89] *Kirchgässner*, JZ 1991, S. 107; *Eidenmüller*, Effizienz als Rechtsprinzip, S. 40 f.; *ders.*, JZ 1999, S. 55 f. mit Hinweis auf das nicht ertragreiche Konzept des homo sociologicus' Dahrendorfs; siehe auch *Ulen*, Rational Choice Theory in Law and Economics, S. 793 f., der fünf Gründe für die Brauchbarkeit des REMM-Models angibt.

[90] *Kirchgässner*, JZ 1991, S. 106; *Cooter/Ulen*, Law and Economics, S. 330

ihren eigenen Nutzen maximieren wollen.[91] Die Prozeßparteien haben die individuelle Präferenz, den Prozeß möglichst zu gewinnen, denn dies ist gleichbedeutend mit dem Streben nach Nutzenmaximierung. Diese Bemühung, für sich aus dem Prozeß größtmöglichen Nutzen zu ziehen, ist unschwer zu bejahen. Jede Partei wird im Laufe eines Prozesses zu jeder Zeit versuchen, diesen für sich vorteilhaft zu beenden, um den Verlust hinsichtlich des Streitwerts und die Prozeßkosten zu minimieren. Es ist nicht vorstellbar, daß Prozesse angestrengt werden, um jemand anderen zu ärgern oder ihm zu gefallen.[92] Vielmehr stehen eindeutig definierbare Interessen dahinter, so z.B. das Erlangen eines bestimmten Geldbetrages, das Unterlassen geschäftsschädigender Äußerungen bzw. die Feststellung der Vaterschaft, entweder um der Unterhaltszahlung zu entgehen oder ein Umgangsrecht zu erhalten. Daher wird die Partei Tatsachen darlegen und beweisen, um den Prozeß zu gewinnen, bzw. einen Vergleich abschließen, um bei unsicherer Situation die Kostenbelastung so günstig wie möglich zu gestalten. Folglich ist das Handeln der Prozeßpartei eigenständig und nutzenmaximierend.

Zweitens muß das Verhalten der Partei rational sein. Dies ist gegeben, wenn sie in der Lage ist, entsprechend ihrem individuellen relativen Vorteil zu handeln, d.h. ihren Handlungsspielraum abzuschätzen, zu bewerten und danach zu handeln.[93] Den Parteien ist es während eines Prozesses immer möglich, ihre Handlungsalternativen abzuschätzen und zu bewerten. Trotz nie vollständiger Information kann eine Partei untersuchen, ob sie den Prozeß gewinnen wird, ob sie ein Vergleich besser stellt oder ob sie die Forderung besser anerkennen soll. Bei drohendem Prozeßverlust hat sie die Möglichkeiten der Klagerücknahme, der einseitigen Erledigterklärung oder des Verzichts. Deren Nutzen kann von ihr bewertet werden und dann danach entschieden werden. Daß Parteien verschiedene Alternativen, wie der Prozeß ausgehen könnte, bewerten, zeigt besonders deutlich, daß Unternehmen für drohenden Prozeßverlust in ihrer Bilanz Rückstellungen bilden. Damit wird der Prozeßverlust konkret in Geld bewertet. Dies zeigt die Rationalität des Parteiverhaltens im Prozeß.

Aufgrund dieser tatsächlichen Betrachtungen kann das ökonomische Verhaltensmodell auf den Zivilprozeß übertragen werden. Die jeweilige Partei

---

[91] *Eidenmüller*, Effizienz als Rechtsprinzip, S. 33 f.; *Kirchgässner*, JZ 1991, S. 106; *Ulen*, Rational Choice Theory in Law and Economics, S. 792

[92] Selbst wenn dies vereinzelt der Fall wäre, ist dadurch das ökonomische Verhaltensmodell nicht erschüttert. Ein triftiger Einwand ergibt sich erst, wenn das Führen von Prozessen systematisch irrational und uneigennützig wäre. vgl. *Eidenmüller*, Effizienz als Rechtsprinzip, S. 40 f.

[93] *Kirchgässner*, JZ 1991, S. 106; *Cooter/Ulen*, Law and Economics, S. 330; *Ulen*, Rational Choice Theory in Law and Economics, S. 791

ist auf ihren eigenen Nutzen aus dem Prozeß bedacht, so daß sie dem Modellbild des *homo oeconomicus* entspricht. Für die weitere Untersuchung soll von der Annahme, daß eine Partei als *homo oeconomicus* handelt, ausgegangen werden.

2. Ziele und Methoden

Die Methodik der ökonomischen Analyse des Rechts ist geprägt durch eine Kombination der Methoden der Mikroökonomie, insbesondere der Wohlfahrtsökonomik, und denen der Rechtswissenschaft sowie der empirischen Sozialforschung.[94] Ihre Ansätze und Modelle sind daher weit verzweigt und vielschichtig. Gemeinsam ist ihnen aber, daß sie die Herbeiführung eines effizienten Zustandes bezwecken. Ihre Vorgehensweise ist dabei folgenorientiert. Auf der Grundlage des ökonomischen Verhaltensmodell wird in einer Folgenanalyse ermittelt, welche Auswirkungen eine bestimmte Norm oder ein rechtliches Institut in der Wirklichkeit hat. Dann findet die Folgenbewertung statt. Die Auswirkungen rechtlicher Regeln oder gerichtlicher Standards werden in Anlehnung an die moderne Wohlfahrtsökonomik auf der Grundlage des ökonomischen Effizienzkriteriums bewertet.[95] Gleichzeitig trifft sie normative Aussagen, ob ein alternativer rechtlicher Zustand, der von einer anderen rechtlichen Regelung zu erwarten wäre, „besser" im Sinne von effizienter ist.[96]

3. Definition des Effizienzkriteriums

Die Definition des Effizienzkriteriums erfolgt aus mikroökonomischer, genauer aus wohlfahrtsökonomischer Sichtweise.[97] Diese soll an dieser Stelle nur kurz aufgezeigt werden, da auf die im folgenden dargestellten Kriterien genauer bei ihrer Anwendung eingegangen wird.

Eine Entscheidung ist nach *Vilfredo Pareto* einmal dann effizient, wenn durch sie jedes Mitglied der Gesellschaft einen Vorteil hat; sog. Paretosuperiore Entscheidung.[98] Zum anderen wird ein Zustand, z.B. hervorgerufen durch eine Rechtsnorm oder gerichtliche Entscheidung, als Paretoeffizient oder Pareto-optimal bezeichnet, von dem aus die Besserstellung

---

[94] *Steinmetzler*, JA 1998, S. 336

[95] *Eidenmüller*, Effizienz als Rechtsprinzip, S. 74/400; *Steinmetzler*, JA 1998, S. 338

[96] *Ott/Schäfer*, JZ 1988, S. 217; *Steinmetzler*, JA 1998, S. 336/338

[97] *Eidenmüller*, Effizienz als Rechtsprinzip, S. 41; *Steinmetzler*, JA 1998, S. 338

[98] Vgl. *Schäfer/Ott*, Ökonomische Analyse des Zivilrechts, S. 25; dies., JZ 1988; S. 218; *Eidenmüller*, Effizienz als Rechtsprinzip, S. 48; *Posner*, Economic Analysis of Law, S. 14

einer Person nur gelingt, wenn mindestens eine andere Person dadurch einen Nachteil erleidet.[99] Die Schwäche der Pareto-Kriterien als universelles Entscheidungskriterium[100] überwindet das Kaldor-Hicks-Kompensationskriterium. Danach ist eine Entscheidung effizient, wenn die Begünstigten aus ihren Gewinnen die Benachteiligten voll entschädigen könnten, und sie trotzdem ein Nettovorteil übrigbehielten. Dabei wird lediglich die Möglichkeit der Entschädigung, nicht deren tatsächliche Durchführung gefordert.[101] Diese Entscheidungsregel findet in der Praxis häufig Anwendung in Form von Kosten-Nutzen-Vergleichen.[102]

Aufbauend auf diese Kriterien macht es sich die ökonomische Analyse des Rechts als rechtspolitische Theorie zur Aufgabe, das geltende Recht an ökonomischen Effizienzkriterien im Sinne einer optimalen Verteilung der Wirtschaftsgüter (Ressourcenallokation) zu bewerten. Ziel ist es, die Rechtsordnung optimal instrumental umzugestalten, um das nach ökonomischen Erkenntnissen Erreichbare so weit wie möglich zu realisieren.[103] Dabei spielt das Coase-Theorem eine entscheidende Rolle.[104] Dieses besagt, daß in einer Gesellschaft, in der Handlungsrechte eindeutig spezifiziert sind und Transaktionskosten zur Übertragung und Durchsetzung dieser Rechte gleich null sind, die Allokation der Ressourcen identisch und Pareto-effizient ist, egal wie die Handlungsrechte verteilt sind.[105] Da Transaktionskosten niemals gleich null sind, geht es darum, diese zu minimieren und so dem Pareto-effizienten Zustand nahe zu kommen. Das Effizienzziel besteht folglich in der Minimierung von Transaktionskosten.

In die gleiche Richtung bewegt sich die *Property Rights Theory*. Deren Annahme geht dahin, daß die Ausübung von *Property Rights* („Handlungsrechte“) nicht nur interne Belange des Rechtsinhabers berührt, sondern auch Dritte betrifft, indem bei ihnen soziale Kosten verursacht werden. Dies sind negative externe Effekte.[106] Die *Property Rights Theory* will einen effizienten Zustand erreichen, indem die Handlungsrechte so zugewiesen werden,

---

[99] Vgl. *Schäfer/Ott*, Ökonomische Analyse des Zivilrechts, S. 26; dies., JZ 1988, S. 218; *Eidenmüller*, Effizienz als Rechtsprinzip, S. 48; *Cooter/Ulen*, Law and Economics, S. 12

[100] Vgl. *Eidenmüller*, Effizienz als Rechtsprinzip, S. 50; *Steinmetzler*, JA 1998, S. 338; *Kirchgässner*, JZ 1991, S. 109 – „fehlende Trennschärfe“

[101] Vgl. *Schäfer/Ott*, Ökonomische Analyse des Zivilrechts, S. 32; *dies.*, JZ 1988, S. 218; *Kirchgässner*, JZ 1991, S. 109; *Eidenmüller*, Effizienz als Rechtsprinzip, S. 51; *Cooter/Ulen*, Law and Economics, S. 44

[102] *Eidenmüller*, Effizienz als Rechtsprinzip, S. 51 f.

[103] *Steinmetzler*, JA 1998, S. 336

[104] *Fezer*, JZ 1986, S. 820

[105] Vgl. *Coase*, 3 J. of Law and Economics 1960, S. 6; siehe auch *Schäfer/Ott*, Ökonomische Analyse des Zivilrechts, S. 90; *Schwintowski*, JZ 1998, S. 582; *Salje*, Rechtstheorie 15 (1984), S. 284

[106] Vgl. *Demsetz*, Toward a Theory of Property Rights, S. 32 ff.; *Fezer*, JZ 1986, S. 820 f.

daß negative externe Effekte internalisiert werden, d. h. die externen Handlungsfolgen in irgendeiner Form dem Handelnden zurechenbar gemacht werden.[107] Unvermeidbare externe Effekte sollen den treffen, der sie mit den geringsten Kosten vermeiden kann. Dies ist dann der *„cheapest cost avoider"*. Die Entscheidung, ihm die Kosten aufzuerlegen, ist effizient, da dadurch Transaktionskosten minimiert werden und eine präventive Kostensenkung erreicht wird.[108]

So bleibt festzuhalten, daß der Begriff Effizienz verschiedene, jedoch verwandte Aussagen beinhaltet. Für diese Untersuchung soll Effizienz eines Zustands bzw. einer Entscheidung immer dann gegeben sein, wenn sie nach einer der obigen Definitionen oder einem der obigen Modelle vorliegt.

Nichts mit dem Effizienzbegriff gemein hat der Grundsatz der Prozeßökonomie. Dieser Grundsatz hat eine Rationalisierungsaufgabe. Sie besteht darin, den Prozeßzweck, der in der Feststellung und Verwirklichung subjektiver Rechte gesehen wird[109], bei möglichst geringem Aufwand in möglichst hohem Maße zu fördern.[110] Dabei steht zuerst die Beschleunigung des einzelnen Verfahrens durch Vermeidung überflüssiger Schritte im Vordergrund. Weiterhin beinhaltet er die Vermeidung überflüssiger Prozesse und die Erreichung eines vorgegebenen Ziels von vornherein durch das einfachste Verfahren.[111] Prozeßökonomisch ist der Verfahrensweg, der möglichst kurz und kostengünstig den Prozeßzweck erreicht.[112] Der Begriff der Prozeßökonomie ist aber kein wirtschaftswissenschaftlicher, sondern ein verfahrensrechtlicher Relationsbegriff, der seine Konkretisierung allein über den Prozeßzweck erlangt.[113] Daraus folgt aber, daß mit diesem Grundsatz nicht Effizienz im obigen Sinne intendiert ist. Vielmehr ist damit der in der Ökonomik gebräuchliche Begriff der Wirtschaftlichkeit gemeint, nämlich irgendein vorgegebenes Ziel mit möglichst geringem Aufwand bzw. mit gegebenen Aufwand ein bestimmtes Ziel in hohem Maße zu erfüllen.[114] Der entscheidende Unterschied ist, daß die ökonomische Analyse des Rechts die

---

[107] *Fezer*, JZ 1986, S. 821; *Demsetz*, Toward a Theory of Property Rights, S. 32; *Salje*, Rechtstheorie 15 (1984), S. 285; *Behrens*, Rechtstheorie 12 (1981), S. 477

[108] *Behrens*, Rechtstheorie 12 (1981), S. 486; *Salje*, Rechtstheorie 15 (1984), S. 285 f.

[109] *Rosenberg/Schwab/Gottwald*, Zivilprozeßrecht, § 1 III 1

[110] *Schumann*, 1. Festschrift für Larenz, S. 277; vgl. *Hoeren*, Verfahrensökonomie, S. 159

[111] *von Mettenheim*, Prozeßökonomie, S. 26 f.; *Gottwald*, Festschrift für Fasching, S. 183

[112] *Schmidt*, Zweck des Zivilprozesses, S. 39; vgl. *Schumann*, 1. Festschrift für Larenz, S. 287

[113] *Schmidt*, Zweck des Zivilprozesses, S. 9; *Hoeren*, Verfahrensökonomie, S. 119; wohl auch *Schumann*, 1. Festschrift für Larenz, S. 287, auch wenn er in dem Grundsatz der Prozeßökonomie ein rechtsethisches Prinzip sieht

[114] *Eidenmüller*, Effizienz als Rechtsprinzip, S. 55; vgl. dazu auch Gabler-Wirtschafts-Lexikon, Stichwort „Wirtschaftlichkeitsprinzip"

Erreichung von Effizienz, die Prozeßökonomie aber die schnelle Erreichung des Prozeßzwecks bzw. die Vermeidung von Prozessen zum Ziel hat. Dieses Ziel soll nur mit möglichst geringen Mitteln erreicht werden.[115] Der Grundsatz der Prozeßökonomie beinhaltet folglich kein Effizienzziel, die Ausrichtung einer Entscheidung nach diesem Grundsatz führt keinen effizienten Zustand nach den dargestellten Definitionen herbei.

II. Möglichkeit einer richterlichen Rechtsfortbildung

Wo gesetzliche Regelungen fehlen, wo also das positive Recht für das jeweilige Rechtsproblem keine Lösung bereitstellt, kann und muß die Rechtsprechung im Prozeß die Entscheidung in richterlicher Rechtsfortbildung herbeiführen. Dies ist verfassungsrechtlich anerkannt.[116] Die Ausführungen in Abschnitt B haben gezeigt, daß eine allgemeine Regelung über die Beweislastverteilung im Zivilprozeß nicht existiert. Es besteht diesbezüglich eine Lücke im weiteren Sinn bzw. eine Rechtslücke, so daß eine Fortbildung des Rechts möglich ist.

1. Arten der richterlichen Rechtsfortbildung

Methodisch kann der Richter das Recht in zweifacher Weise fortbilden. So kommt eine gesetzesimmanente Rechtsfortbildung (Rechtsanwendung *praeter legem* im Rahmen des gesetzlichen Plans) und eine gesetzesübersteigende Rechtsfortbildung (Rechtsanwendung *extra legem, sed intra ius*) in Betracht.[117] Welche Art von Rechtsfortbildung vorzunehmen ist, hängt von der Qualität der Lücke im Gesetz ab.

Die gesetzesimmanente Rechtsfortbildung erfolgt bei einer planwidrigen Gesetzeslücke, auch als Lücke im engeren Sinn bezeichnet. Das Gesetz ist dort unvollständig, wo es Vollständigkeit angestrebt hat, es aber eine Regelung hinsichtlich einer Frage vermissen läßt, die nicht dem rechtsfreien Raum zu überlassen ist.[118] Die Ausfüllung dieser festgestellten Gesetzeslücke erfolgt durch einen Analogieschluß. Die Rechtsfolge einer nach der Tatbestandsformulierung unmittelbar gar nicht passenden Norm wird auf den ähnlichen, aber ungeregelten Fall erstreckt.[119]

---

[115] Vgl. *Eidenmüller*, Effizienz als Rechtsprinzip, S. 56

[116] BVerfGE 34, 269 (287)

[117] *Koch/Rüßmann*, Juristische Begründungslehre, S. 248; *Larenz/Canaris*, Methodenlehre, S. 187

[118] *Larenz/Canaris*, Methodenlehre, S. 192; *Rüthers*, Rechtstheorie, Rn. 844

[119] *Bydlinski*, Juristische Methodenlehre, S. 475; *Rüthers*, Rechtstheorie, Rn. 889

Wie bisher gezeigt, ist die Frage, wie im Zivilprozeß die Beweislast verteilt wird, weder im BGB noch in der ZPO positiv normiert. Im BGB finden sich nur einzelne auf spezielle Fälle bezogene Regelungen wie z.B. die §§ 179 Abs. 1, 282, 345, 358, 363, 442, 611 a Abs. 1 Satz 3, 636 Abs. 2 und 2336 Abs. 3 BGB.[120] Ein vollkommenes System der Beweislastverteilung kann daher nicht in gesetzesimmanenter Rechtsfortbildung gefunden werden, da eine analogiefähige Norm fehlt. Aus den speziellen Beweislastnormen des BGB kann ein holistisches System nicht deduziert werden, da sie nicht auf ein verallgemeinerungsfähiges Prinzip zurückzuführen sind. So trifft § 179 Abs. 1 BGB eine Beweislastverteilung nur für das Vertretergeschäft. Bei dem Anspruch des Dritten aus § 179 Abs.1 BGB muß der Vertreter die Tatsache Vertretungsmacht nachweisen. Diese Norm ist allenfalls anlogiefähig hinsichtlich eines Botengeschäfts, jedoch unbrauchbar für andere Rechtsgeschäfte. § 282 BGB erlegt dem Schuldner die Beweislast für sein Nicht-Vertreten müssen aus der Erwägung heraus auf, daß dieser die Umstände, die zur Unmöglichkeit geführt haben, besser aufklären kann.[121] Diese Norm kann zwar auf alle vertraglichen und gesetzlichen Schuldverhältnisse angewendet werden, so auch auf die pVV und cic, aber nicht auf Gewährleistungs- oder gleiche deliktische Ansprüche. In diesen Fällen ist eine Analogie nicht möglich.[122] Dies zeigt die begrenzte Anwendbarkeit des § 282 BGB. Der § 363 BGB hat einen begrenzten Anwendungsbereich nur im Rahmen der Erfüllung. Er gibt dem Gläubiger die Beweislast, da es für den Schuldner nach der Leistung schwierig ist, deren Ordnungsmäßigkeit zu beweisen, der Gläubiger sich aber leicht durch Zurückweisung der Leistung vor Nachteilen schützen kann.[123] Auch die anderen genannten Regelungen haben singulären Charakter. § 442 BGB gilt nur beim Rechtskauf. Die Regelung des § 611 Abs. 1, Satz 3 BGB ist aufgrund der EG-Richtlinie 97/80 ins BGB aufgenommen worden.[124] Die §§ 636 Abs. 2 bzw. 2336 Abs. 3 BGB betreffen spezielle werkvertragliche oder erbrechtliche Institute.

2. Voraussetzungen der gesetzesübersteigenden Rechtsfortbildung

Wenn eine Analogie mangels analogiefähiger Normen nicht möglich ist, besteht Raum für eine gesetzesübersteigende Rechtsfortbildung.[125] Diese Art

[120] MünchKomm-ZPO/*Prütting*, § 286, Rn 107; vgl. hinsichtlich weiterer spezieller Beweislastregeln außerhalb des BGB *Prütting*, Gegenwartsprobleme, S. 292 ff.

[121] *Palandt/Heinrichs*, § 282, Rn. 2; MünchKomm/*Emmerich*, § 282, Rn. 3; BGH NJW 1965, 1583 (1584)

[122] *Erman/Battes*, § 282, Rn. 5; BGH NJW 2757 (2758); MünchKomm-ZPO/*Prütting*, § 286, Rn. 155; aA MünchKomm/*Emmerich*, § 282, Rn. 13

[123] MünchKomm/*Wenzel*, § 363, Rn. 2

[124] *Palandt/Putzo*, § 611a, Rn. 14

[125] *Bydlinski*, Juristische Methodenlehre, S. 481; *Rüthers*, Rechtstheorie, Rn. 846/855

der Rechtsfortbildung bezeichnet eine Rechtsanwendung, die sich über den Plan des Gesetzes hinaus, aber innerhalb des Rahmens und der leitenden Prinzipien der Gesamtrechtsordnung bewegt.[126] Dadurch kann ein neues Rechtsinstitut, das in dem ursprünglichen Plan des Gesetzes nicht vorgesehen war, mit Rücksicht auf ein unabweisbares Bedürfnis des Rechtsverkehrs, ein in seiner Bedeutung erst später erkanntes Rechtsprinzip oder Verfassungsprinzip, geschaffen werden.[127] Beweggrund einer Rechtsfortbildung kann ein tiefgreifender Wandel der Normsituation sein, denn eine Norm steht ständig im Kontext der sozialen Verhältnisse und der gesellschaftlich-politischen Anschauungen. Das hat zur Folge, daß mit zunehmenden zeitlichen Abstand zwischen Gesetzesbefehl und richterlicher Entscheidung dessen schöpferische Fortbildung des Rechts notwendig wird.[128] Unabhängig davon, welcher Geltungsgrund der Rechtsfortbildung zugrunde liegt, so ist sie doch nur unter folgenden Voraussetzungen möglich.

a) Regelungsbedürftigkeit des Rechtsproblems

Es muß sich zuallererst um eine Rechtsfrage, d.h. um eine Frage, die nach einer rechtlichen Antwort verlangt, handeln. Für die Rechtsordnung irrelevante Vorgänge müssen unberücksichtigt bleiben und dürfen vom Richter nicht geregelt werden.[129] Dies ist für das Recht der Beweislast unproblematisch zu bejahen. Die Frage der Beweislast kann über Gewinn oder Verlust eines Prozesses entscheiden. Sie hat deshalb großen Einfluß auf das Verhalten der Parteien vor Gericht, was zur Bezeichnung der Beweislast als "Rückgrat des Prozesses"[130] geführt hat. Demgegenüber besteht keine generelle gesetzliche Regelung dieses Problems. Vielmehr basieren viele Beweislastregeln auf Richterrecht, das sich auf verschiedene Ansätze bezieht.[131] Zwar hat sich die Rechtsprechung gegen die Billigkeit und die Umstände des Einzelfalls als Kriterien der Beweislastverteilung gewandt[132], jedoch oft auch allgemeine Gerechtigkeitserwägungen wie "besondere Interssenlagen"[133], "Zumutbarkeit bei der Beweisführung"[134] und "schutzbedürftige Interessen des Geschädigten"[135] vorgetragen. Diese Uneinheitlichkeit in der dogmatischen Begründung der

[126] *Koch/Rüßmann*, Juristische Begründungslehre, S. 248
[127] *Larenz/Canaris*, Methodenlehre, S. 232
[128] BVerfGE 34, 269 (288)
[129] *Larenz/Canaris*, Methodenlehre, S. 245
[130] MünchKomm-ZPO/*Prütting*, § 286, Rn. 100
[131] Siehe oben B IV
[132] Vgl. BGH MDR 1997, 495 (496); BGH NJW 1988, 2303 (2304)
[133] BGH NJW 1973, 1688 (1689)
[134] BGH NJW 1986, 59 (61)
[135] BGH NJW 1969, 269 (274)

Beweislastverteilung, die schwer faßbare und kaum verallgemeinerungsfähige bzw. verwertbare Kategorien enthält[136], führt zur Rechtsunsicherheit bei den Parteien eines Prozesses. Daher verlangt diese Rechtsfrage nach einer schlüssigen rechtlichen Anwort, die die Gründe für die Beweislastverteilung auf eine rationale Grundlage stellt. Damit wird auch dem Rechtsstaatsprinzip nachgekommen, das die Berechenbarkeit und Klarheit staatlichen Handelns fordert und insbesondere die Gerichte zu rational überprüfbarer Argumentation anhält.[137]

b) Bedürfnis nach gesetzesübersteigender Rechtsfortbildung

Das Rechtsproblem ist zudem weder mit der Gesetzesauslegung noch mit einer gesetzesimmanenten Rechtsfortbildung angemessen zu lösen, so daß ein Bedürfnis nach gesetzesübersteigender Rechtsfortbildung entstanden ist.[138] Eine allgemein gültige Regel, wie die Beweislast zu verteilen ist, ist im Gesetz nicht zu finden. Der im ersten Entwurf des BGB enthaltene § 193 wurde wieder herausgenommen, so daß eine Gesetzesauslegung nicht möglich ist. Auch eine gesetzesimmanente Rechtsfortbildung kann – wie oben dargestellt – nicht durchgeführt werden.

c) Vorhandensein einer Lücke im weiteren Sinn

Schließlich bedarf es einer Lücke im weiteren Sinne oder Rechtslücke. Es muß eine rechtliche Regelung zwar nicht schon gemessen an dem Plan des Gesetzes selbst, wohl aber gemessen an den Erfordernissen der Gesamtrechtsordnung als behebungsbedürftige Unvollständigkeit fehlen.[139] Die Darstellung der in Rechtswissenschaft und Rechtsprechung vertretenen Ansätze zur Beweislastverteilung im Zivilprozeß hat gezeigt, daß bezogen auf das Zivilverfahrensrecht als Gesamtrechtsordnung eine grundsätzliche Regelung der Beweislast fehlt. Es liegt damit eine Lücke im weiteren Sinn vor. Das Zivilverfahrensrecht enthält hier eine ergänzungsbedürftige Unvollständigkeit[140], denn das Fehlen einer solchen Regelung gesteht dem

---

[136] *Reinhardt*, NJW 1994, S. 95; dieser sieht im übrigen bei den einzelnen Beweislastentscheidungen eher eine rechtspolitische als rechtsdogmatische Motivation der Rechtsprechung zutage treten

[137] *Dreier/Schultze-Fielitz*, GG, Art. 20 (Rechtsstaat), Rn 164/166; *Sachs*, GG, Art. 20, Rn. 125; vgl. BVerfGE 34, 269 (291)

[138] Vgl. *Larenz/Canaris*, Methodenlehre, S. 245

[139] *Rüthers*, Rechtstheorie, Rn. 855; *Larenz/Canaris*, Methodenlehre, S. 246; *Bydlinski*, Juristische Methodenlehre, S. 474 – Bezeichnung als „Prinziplücke"

[140] Vgl. *Larenz/Canaris*, Methodenlehre, S. 246

Richter eine Beweislastentscheidung aus verschiedensten, nicht mehr nachvollziehbaren Erwägungen zu.

d) Legitimation durch Rechtsprinzipien

Die gesetzesübersteigende Rechtsfortbildung zum Schließen einer Lücke im weiteren Sinn muß durch spezifisch rechtliche – nicht nötig gesetzliche – Kriterien, insbesondere durch allgemeine Rechtsprinzipien oder Rechtswerte legitimiert sein.[141] Die Rechtsprechung darf das Recht nur mit Rücksicht auf ein rechtsethisches Prinzip bzw. Rechtsprinzip fortbilden.[142] Ihr ist nicht erlaubt, eigene rechtspoltische Zweckmäßigkeitserwägungen anzubringen, d.h. sie darf nicht selbst *„policy-maker"*[143] sein. Auch ist sie nicht befugt, eigene Wertvorstellungen zu verwirklichen, vielmehr hat sie den Wertungen des Gesetzgebers Rechnung zu tragen.[144] Ein rechtsethisches Prinzip, im folgenden nur Rechtsprinzip, ist ein richtungsgebender Maßstab einer rechtlichen Normierung, der vermöge seiner eigenen Überzeugungskraft rechtliche Entscheidungen zu rechtfertigen mag.[145] Als Prinzip ist es nicht unmittelbar auf Einzelfälle anwendbar, sondern ein Leitgedanke.[146]

e) Ergebnis

Die Untersuchung der Voraussetzungen der gesetzesübersteigenden Rechtsfortbildung hat gezeigt, daß im Recht der Beweislastverteilung eine solche möglich ist. Die Rechtsprechung hat auch schon im Wege der Rechtsfortbildung Beweislastverteilungen vorgenommen.[147] Soll nun das Recht der Beweislastverteilung unter Berücksichtigung des Effizienzkriteriums fortgebildet werden, so ist zu fragen, ob das ökonomische Effizienzziel ein Rechtsprinzip des Zivilverfahrensrecht ist. Das Effizienzziel kann nämlich bei der Rechtsfortbildung nur dort eine Rolle spielen, wo es bereits ein Rechtsprin-

---

[141] *Rüthers*, Rechtstheorie, Rn. 910; *Larenz/Canaris*, Methodenlehre, S. 246

[142] *Larenz/Canaris*, Methodenlehre, S. 240 ff.; *Bydlinski*, Juristische Methodenlehre, S. 474

[143] BVerfGE 82, 6 (12); *Rüthers*, Rechtstheorie, Rn. 910; *Eidenmüller*, Effizienz als Rechtsprinzip, S. 460; *Deckert*, Rechtstheorie 26 (1995), S. 118

[144] BVerfGE 38, 386 (396)

[145] *Larenz/Canaris*, Methodenlehre, S. 240

[146] *Larenz/Canaris*, Methodenlehre, S. 240; vgl. zum Begriff des Prinzips *Eidenmüller*, Effizienz als Rechtsprinzip, S. 461ff.

[147] BGH NJW 1969, 269 (270); BGH NJW 1977, 379 (380); BGH NJW 1992, 560 (562); vgl. auch *Stein/Jonas/Leipold*, ZPO, § 286, Rn. 49, 130 ff. m.w.N.; MünchKomm-ZPO/*Prütting*, § 286, Rn. 123; *Zöller/Greger*, ZPO, Vor § 284, Rn. 19 – 20a m.w.N.

zip ist.[148] Dann gehört es zu den „allgemeinen Rechtsgrundlagen, die für das betreffende Rechtsverhältnis maßgeblich sind".[149] Dieser Frage muß in einem nächsten Schritt nachgegangen werden.

III. Effizienz als Rechtsprinzip des Zivilverfahrensrecht

1. Einführung

Im Zivilprozeß sind grundsätzlich die wirtschaftlichen Auswirkungen der gerichtlichen Lösung für die Parteien zu beachten, wie auch der wirtschaftliche Wert einer Streitlösung und die Gesamtkosten der Prozeßführung für die Parteien zu berücksichtigen sind.[150] Dies ergibt sich daraus, daß der Zivilprozeß ein vielfältiges soziales Phänomen ist.[151] Die Parteien werden diese wirtschaftlichen Auswirkungen berücksichtigen, so daß sie als *homines oeconomici* behandelt werden.[152] Nicht schon aufgrund dieser wirtschaftlichen Relevanz eines Zivilprozesses kann aber davon ausgegangen werden, daß das Zivilverfahrensrecht als Normenkomplex ökonomische Effizienz zum Ziel hat.

Das Zivilrecht in seiner ganzen Breite beinhaltet jedenfalls kein „globales Rechtsprinzip"[153] der Effizienz.[154] Ein solches ist nicht aus der Verfassung ableitbar, da sie wirtschaftspolitisch neutral ist und nicht nach nur effizientem Recht verlangt.[155] Auch entsprechen die Wertungen des Zivilrechts nicht allein ökonomischen Werten. Diese, insbesondere der Grundsatz der Abwägung nach dem Verhältnismäßigkeitsprinzip, folgen nicht streng dem ökonomischen Kosten/Nutzen-Kalkül.[156]

Sollen aber die Gerichte dieses Rechtsprinzip bei der richterlichen Rechtsfortbildung im Recht der Beweislastverteilung berücksichtigen dürfen, so muß Effizienz wenigstens ein lokales Rechtsprinzip des Zivilverfahrensrechts als einer bestimmten zivilrechtlichen Materie sein.[157] Um diesen

---

[148] *Eidenmüller*, Effizienz als Rechtsprinzip, S. 478
[149] BVerfGE 84, 212 (226 f.)
[150] *Rosenberg/Schwab/Gottwald*, Zivilprozeßrecht, § 1 VIII
[151] Vgl. *Gottwald*, Festschrift für Fasching, S. 182
[152] Siehe oben C I 1
[153] Nach *Eidenmüller*, Effizienz als Rechtsprinzip, S. 464 sind globale Rechtsprinzipien solche, die aufgrund ihrer rechtssystematischen Stellung im Grundgesetz auf Gesetzgebung und Rechtsfortbildung in allen Bereichen einwirken
[154] Überzeugend *Eidenmüller*, Effizienz als Rechtsprinzip, S. 463 – 478
[155] BVerfGE 50, 290 (337 f.); vgl. *Eidenmüller*, Effizienz als Rechtsprinzip, S. 464
[156] *Eidenmüller*, Effizienz als Rechtsprinzip, S. 468 – 472
[157] Vgl. *Eidenmüller*, Effizienz als Rechtsprinzip, S. 459/465

Nachweis zu führen, müssen die Normen der Zivilprozeßordnung und die dem Zivilverfahrensrecht immanenten Prozeßgrundsätze untersucht werden. Die Prozeßgrundsätze stellen eine grundlegende Wertentscheidung auf dem Gebiet des Verfahrensrecht dar, die Bedeutung erlangen, wenn es um das Schließen von Lücken des Gesetzes geht.[158] Den Prozeßgrundsätzen muß das Prinzip Effizienz immanent sein, das dann Fundament einer gesetzesübersteigenden Rechtsfortbildung wäre.

Eine gesetzliche Grundlage in der ZPO, die explizit aufzeigt, daß dem deutschen Zivilverfahrensrecht ein Rechtsprinzip der Effizienz zugrunde liegt, findet sich nicht. Diesbezüglich kommen allenfalls die Regelungen hinsichtlich der Verteilung der Kosten gemäß §§ 91 ff. ZPO in Betracht, da nur sie eine wirtschaftliche Komponente enthalten. Bei den Prozeßgrundsätzen soll die Verhandlungsmaxime begutachtet werden, da auf ihr die Regelungen über die Beweislast beruhen.[159]

2. Die Kostenregelungen

Die Kostenregeln der §§ 91 ff. ZPO unterliegen dem Gebot kostensparender Prozeßführung.[160] Die Parteien sollen dazu angehalten werden, Kosten zu vermeiden, indem sie keine unnötigen Prozesse führen und begonnene Prozesse beschleunigen, schnell beenden bzw. sie nicht verschleppen. § 91 ZPO strebt dabei grundsätzlich Kostengerechtigkeit an. Um die Kostenregelungen für eine Begründung einer Rechtsfortbildung fruchtbar zu machen, ist gesondert zu überprüfen, ob diese Regelungen effizient im Sinne der Wertungskriterien der ökonomischen Analyse des Rechts sind.[161]

Eine Forderung der ökonomischen Analyse des Rechts an rechtliche Regelungen ist hierbei die Verhinderung von negativen externen Effekten.[162] Rechtsnormen sollen so ausgestaltet werden, daß die aus ihnen resultierenden Handlungsfolgen möglichst schon von vornherein als interne Effekte auftreten und eben nicht als externe Effekte.[163] Ein externer Effekt liegt vor, wenn Handlungen eines Individuums beim Gebrauch einer Ressource Fol-

---

[158] *Stein/Jonas/Leipold*, ZPO, vor § 128, Rn. 4

[159] BGH NJW 1990, 3151

[160] *Musielak/Wolst*, ZPO, § 91, Rn. 1

[161] *Eidenmüller*, Effizienz als Rechtsprinzip, S. 56

[162] *Salje*, Rechtstheorie 15 (1984), S. 290; *Behrens*, Rechtstheorie 12 (1981), S. 486

[163] *Behrens*, Rechtstheorie 12 (1981), S. 486; *Calabresi/Melamed*, 85 Harvard L. Rev. 1972, S. 1096 f.

gen für andere haben, die nicht kompensiert werden und die sich nicht in der privaten Kosten-Ertrags-Rechnung des Individuums niederschlagen.[164]

Die Kostenregelungen der §§ 91 ff. ZPO schreiben vor, daß die Prozeßkosten von den prozeßführenden Parteien getragen werden. Dies wird z.B. deutlich in § 91 Abs. 1 ZPO, der der unterliegenden Partei die Kostentragungslast auferlegt und in § 92 Abs. 1 ZPO, der die Kostenteilung zwischen den Parteien regelt. Die Prozeßkosten sind dabei nur die unmittelbaren Aufwendungen der Parteien zur Führung des Rechtsstreits und zerfallen in gerichtliche und außergerichtliche Kosten.[165] Ferner betreffen die Kostenregelungen der §§ 91 ff. ZPO nur das Verhältnis der Parteien untereinander.[166] Es ist zu berücksichtigen, daß die anfallenden gerichtlichen Kosten nicht vollständig die tatsächlichen Kosten des Gerichts decken, denn es kommen noch Administrativ- und Unterhaltungskosten hinsichtlich der Sachmittel, Gebäude etc. hinzu, die nicht als Gebühren und Auslagen nach dem Kostenverzeichnis des GKG auf die Parteien umgelegt werden. Die daraus entstehenden Ausfallbeträge sind nämlich nur mittelbare Aufwendungen, die auch ohne den konkreten Prozeß der Parteien entstanden wären. Somit stellen sie definitionsgemäß keine Prozeßkosten dar. Sie müssen vom Staat, finanziert durch Steuerbeiträge, getragen werden.[167] Allerdings kann konstatiert werden, daß die Parteien die Kosten ihres Prozesses, der konkret ihr Streitverhältnis zum Gegenstand hat, selbst zu tragen haben. Diese müssen also die Kosten des Rechtsstreits in ihre private Kosten-Ertrags-Rechnung mitaufnehmen. Hinsichtlich der Prozeßkosten, auch wenn diese nur pauschaliert erhoben werden, wird die Gesellschaft in ihrer Allgemeinheit durch die Prozeßführung ihrer einzelnen Mitglieder nicht belastet. Die Kostenregelungen der ZPO rufen keine externen Effekte hervor.

Ein weiterer Weg, Effizienz zu erreichen, ist, die Kosten denjenigen aufzuerlegen, der die Kosten mit den geringsten Mitteln vermeiden kann.[168] Diese Vorgehensweise hat eine Minimierung von Transaktionskosten und präventive Kostensenkung zum Ziel.[169] Auch die Prozeßkosten, gerichtliche wie

---

[164] *Schäfer/Ott*, Ökonomische Analyse des Zivilrechts, S. 98; vgl. *Varian*, Mikroökonomik, S. 541 ff.

[165] *Thomas/Putzo*, ZPO, Vorbem § 91, Rn. 2 – 5; *Musielak/Wolst*, ZPO, vor § 91, Rn. 3

[166] *Musielak/Wolst*, ZPO, vor § 91, Rn. 2; *Baumbach-Lauterbach/Hartmann*, ZPO, Übers § 91, Rn. 9

[167] Dieser Ausfallbetrag ist ein negativer externer Effekt, den die Allgemeinheit trifft. Er soll hier aber unbeachtet bleiben.

[168] Vgl. *Calabresi*, The Costs of Accidents, S. 135; *Behrens*, Rechtstheorie 12 (1981), S. 486

[169] *Salje*, Rechtstheorie 15 (1984), S. 285 f.; vgl. *Calabresi*, The Costs of Accidents, S. 24 ff.

außergerichtliche, sind Transaktionskosten.[170] Dadurch werden *cheapest-cost-avoider*-Grundsätze auf das Kostenrecht übertragen, weil es dieselben oben genannten Ziele verfolgt. Die Frage, ob einzelne Kostennormen diesen Kriterien genügen, soll an den Regelungen der §§ 93, 95, 97 Abs. 2, 344 ZPO untersucht werden. Diese Normen treffen vom Grundsatz des § 91 ZPO abweichende Verteilungen der Kostenfolgen. Die Abweichungen müßten ihren Geltungsgrund darin haben, daß dadurch ein Zustand erreicht wird, der effizienter ist als bei Anwendung des § 91 ZPO.

Der § 93 ZPO legt dem obsiegenden Kläger die Prozeßkosten zur Last, wenn der Beklagte durch sein Verhalten keinen Anlaß zur Klage gegeben hat und den Anspruch sofort anerkennt. Die Norm hat die Intention, unnötige Prozesse zu vermeiden, denn der Kläger hätte sich mit dem Beklagten aufgrund dessen Verhaltens auch außergerichtlich einigen können.[171] Durch diese Anordnung der Kostentragung wird aber auch bewirkt, daß derjenige die Kosten trägt, der sie am ehesten hätte vermeiden können. Der Kläger hätte durch ein richtiges vorprozessuales Verhalten seinen Anspruch befriedigen und somit die Prozeßkosten vermeiden können. § 93 ZPO führt damit zur präventiven Kostensenkung, da sie dem *cheapest-cost-avoider* die Kosten aufbürdet.

Die §§ 95, 97 Abs. 2 ZPO wollen eine Verfahrensbeschleunigung bewirken[172], indem sie demjenigen die Kosten auferlegen, der einen Termin oder eine Frist versäumt bzw. es unterlassen hat, im früheren Rechtszug ihm schon damals zum Obsiegen verhelfende Tatsachen vorzubringen. Damit verfolgen die Kostennormen der §§ 95, 97 Abs. 2 ZPO das Ziel, den Zivilprozeß so schnell wie möglich durchzuführen, was dem Grundsatz der Prozeßökonomie entspricht. Dieser ist aber nicht vergleichbar mit dem ökonomischen Effizienzziel.[173] Zudem haben die Normen der §§ 95, 97 Abs. 2 ZPO strafenden Charakter, indem sie der verzögernden Partei die Kosten auferlegen.[174] § 344 ZPO als Sonderregel gegenüber § 95 ZPO bezweckt den Schutz des Gegners des Säumigen vor den Mehrkosten der Säumnis.[175]

Ob die §§ 95, 97 Abs. 2, 344 ZPO darüber hinaus eine effiziente Kostenverteilung unter den streitenden Parteien anstreben, muß im folgenden untersucht werden. Das ist jedenfalls bei den genannten Tatbeständen der Fall, da sie keine Umverteilung von notwendig entstehenden Kosten bewirken.

---

170 *Salje*, Rechtstheorie 15 (1984), S. 282

171 MünchKomm-ZPO/*Belz*, § 93, Rn. 1; *Musielak/Wolst*, ZPO, § 93, Rn. 1

172 MünchKomm-ZPO/*Belz*, § 95, Rn. 1, § 97, Rn. 15; *Musielak/Wolst*, ZPO, § 95, Rn. 1, § 97, Rn. 1

173 Siehe oben C I 2

174 *Musielak/Wolst*, ZPO, § 97, Rn. 1

175 LG Bonn, Rpfleger 1996, 174; *Baumbach-Lauterbach/Hartmann*, ZPO, § 344, Rn. 2

Vielmehr regeln sie die Kostenlast bei zusätzlich entstandenen Kosten, die durch vermeidbares, den Sorgfaltsanforderungen nicht entsprechendes Verhalten entstanden sind.[176] Durch die Säumnis einer Partei bzw. ihr Vorbringen von Tatsachen erst im nächsten Rechtszug entstehen weitere Kosten wie Zeugen- und Sachverständigengebühren sowie Reisekosten und Kosten als Zeitversäumnisentschädigung.[177] Hätte die Partei ihre Tatsachen und Beweise rechtzeitig dargelegt bzw. keinen Termin versäumt, so wären diese Kosten nicht entstanden. Die genannten Kostenregelungen sollen solche zusätzlichen Kosten verhindern und sind damit ein Instrument zur präventiven Kostensenkung. Sie weisen derjenigen Partei die Kosten zu, die diese am einfachsten hätte vermeiden können, mit anderen Worten dem *cheapest-cost-avoider*. Aus diesem Grund stellen die §§ 95, 97 Abs. 2, 344 ZPO auch effiziente Regelungen dar.

Als Ergebnis hinsichtlich der Beurteilung der Kostenregelungen der ZPO ist festzuhalten, daß die grundsätzliche Anordnung des § 91 ZPO zur Internalisierung der Prozeßkosten führt, was die Erfüllung des Effizienzziels darstellt. § 93 ZPO stellt eine effiziente Regelung dar, da sie präventiv eventuelle Prozeßkosten vermeidet, während die §§ 95, 97 Abs. 2, 344 ZPO effiziente Regelungen sind, da sie dem *cheapest-cost-avoider* die Kostenlast aufbürdet.

Auch wenn die grundsätzliche Anordnung der Kostenverteilung der §§ 91, 92 ZPO sowie die Regelungen der §§ 93, 95, 97 Abs. 2, 344 ZPO effizient im Sinne der ökonomischen Analyse des Rechts sind, so führt dies nicht dazu, daß Effizienz als ein Rechtsprinzip des Zivilverfahrensrechts angesehen werden kann. Die Kostenregeln stellen nämlich nur einen Teilbereich des Zivilverfahrensrecht dar und spielen bei Ablauf eines Prozesses für die Entscheidungen des Gerichts nur eine untergeordnete Rolle, zumal sie auch der Verfahrensvereinfachung dienen.[178] Ebenso muß berücksichtigt werden, daß die Parteien in ihrem Verhalten bei Führen eines Prozesses nicht allein durch die Kostennormen der §§ 91 ff. ZPO geleitet werden. Daher zeigt das Innewohnen von Effizienz in den Kostenregelungen nur an, daß das Zivilverfahrensrecht effiziente Normen beinhaltet. Effizienz als ein Leitgedanke läßt sich daraus aber nicht gewinnen.

---

[176] *Stein/Jonas/Bork*, ZPO, § 95, Rn. 3

[177] *Thomas/Putzo*, ZPO, § 95, Rn. 2; MünchKomm-ZPO/*Prütting*, § 344, Rn. 13; vgl. *Habel*, NJW 1997, S. 2358

[178] *Baumbach-Lauterbach/Hartmann*, ZPO, Übers § 91, Rn. 10/11 – das Kostenrecht ist trotz der wirtschaftlichen Bedeutung nur Nebenschauplatz des Zivilprozesses

3. Verhandlungsmaxime und Effizienz

Das Rechtsprinzip der Effizienz könnte auch in dem Verfahrensgrundsatz der Verhandlungsmaxime verankert sein. Dazu muß aber erst vorab geklärt werden, ob der deutsche Zivilprozeß von der Verhandlungsmaxime bestimmt wird.

Dies ist nach einhelliger Meinung zu bejahen. Trotz Novellierungen der Zivilprozeßordnung wird mit Ausnahme bei Ehesachen in § 616 ZPO und Kindschaftssachen gemäß §§ 640 Abs. 1, 616 Abs. 1 ZPO[179] auch heute noch von der Geltung der Verhandlungsmaxime als tragendem Grundsatz des Zivilverfahrensrechts ausgegangen[180], und – da dieser Grundsatz in der Zivilprozeßordnung nicht ausdrücklich normiert ist – dogmatisch *e contrario* den §§ 293 Satz 2, 616, 617, 640, 640 d, 653, 952 Abs. 3 ZPO[181] und aus den §§ 128 Abs. 1, 285 Abs. 2, 313 Abs.1 Nr. 3 a.F.[182], 335 Abs. 1 Nr. 1 ZPO[183] entnommen. Allerdings wird nach herrschender Ansicht der Zivilprozeß nicht von einer Verhandlungsmaxime in reinster Form beherrscht, sondern von einer in modifizierter Form.[184] Diese Modifikationen der Verhandlungsmaxime sollen aber für die weiteren Betrachtungen vorerst unberücksichtigt bleiben. Sie werden später aufgegriffen.

a) Die Begriffe Verhandlungsmaxime und Inquisitionsmaxime

Der Inhalt der Verhandlungsmaxime muß in Abgrenzung zu ihrer Antipode, der Inquisitionsmaxime bestimmt werden, da die Prozeßrechtswissenschaft bei der Organisation eines Zivilprozesses nur diese beiden alternativen Prozeduren kennt.[185] Folglich ist auch bei der Auswahl der effizientesten Verfahrensart zwischen diesen beiden alternativen Organisationsformen zu wählen. Vor der Überprüfung der ökonomische Wirkung der gegenläufigen

---

[179] Siehe dazu *Stickelbrock*, Prozeßmaximen im Scheidungsverbundverfahren

[180] BVerfGE 67, 39 (42)

[181] *Prütting*, NJW 1980, S. 362; *Zettel*, S. 41; unter Heranziehung teilweise verschiedener Normen zur Begründung des e contrario Arguments; zum Ganzen auch *Damrau*, Prozeßmaximen, S. 23 ff.

[182] Der Tatbestand des Urteils war nach dieser Vorschrift die „Darstellung des Sach- und Streitstandes auf Grundlage der mündlichen Vorträge der Parteien"; Nachweise bei *Zettel*, S. 35; *Brüggemann*, judex statutor und judex investigator, S. 116 f.; Diese Vorschrift wurde durch die Vereinfachungsnovelle 1976 geändert

[183] *Prütting*, NJW 1980, S. 362; *Damrau*, Prozeßmaximen, S. 21 ff., der insbesondere auf § 128 I ZPO, daß die Parteien vor dem Gericht, nicht mit dem Gericht verhandeln, aufmerksam macht; siehe zum Ganzen auch *Zettel*, Beibringungsgrundsatz, S. 30 ff.

[184] *Bettermann*, ZZP 91 (1978), S. 391

[185] *Weyers*, Festgabe für Esser, S. 194; das Maximendenken ablehnend *Bomsdorf*, Prozeßmaximen und Rechtswirklichkeit, S. 278

Institute muß eine begriffliche Klärung beider erfolgen. Beide Institute beschreiben ein Verfahren, wie ein bestimmter Sachverhalt vor Gericht rekonstruiert wird, der dann Entscheidungsgrundlage des Gerichts ist.[186] Sie sind damit abzugrenzen von den Instituten der Dispositionsmaxime bzw. Offizialmaxime, die die Verfügungsfreiheit der Parteien über den Streitgegenstand und damit über Gegenstand und Inhalt des Verfahrens betreffen.[187] Diese können hierfür aber unbeachtet bleiben, da die Beweislastverteilung ihren Geltungsgrund in der Verhandlungsmaxime bzw. Inquisitionsmaxime hat. Die subjektive Beweislast ist insoweit Sanktion für die unvollständige bzw. umstrittene Sachverhaltsdarlegung bei Geltung der Verhandlungsmaxime, die objektive Beweislast Entscheidungsregel bei unvollständig und umstritten gebliebenen Sachverhalt.[188]

aa) Die Inquisitionsmaxime

Die Inquisitionsmaxime oder der Untersuchungsgrundsatz beschreibt ein Verfahren, in dem das Gericht den Sachverhalt aufklärt.[189] Das Handeln der Parteien, die den Prozeß führen wollen, erschöpft sich darin, daß sie mit ihren Anliegen vor Gericht gehen und den Rechtsstreit bei diesem anhängig machen. Ab diesem Zeitpunkt ist das Gericht berechtigt und auch verpflichtet, ohne Rücksicht auf Parteivortrag und -verhalten oder Beweisangebote, von Amts wegen Tatsachen zu erforschen, in die Verhandlung einzuführen, und gegebenenfalls diese zu beweisen.[190] Eine weitere Mitwirkung der Parteien erfolgt nicht. Hier können §§ 155 Abs. 2, 160 Abs. 2, 244 Abs. 2 StPO, § 86 Abs. 1 VwGO, § 12 FGG und § 83 Abs. 1 ArbGG, die die Inquisitionsmaxime jeweils für den Strafprozeß, den Verwaltungsprozeß, das Verfahren der freiwilligen Gerichtsbarkeit und für das arbeitsgerichtliche Beschlußverfahren normieren, vergleichend herangezogen werden.

Voraussetzung, damit das Gericht diese Aufgaben wahrnehmen kann, ist, daß ihm ein staatlicher Ermittlungsapparat zur Verfügung steht, der für das Gericht die Wahrheit des Streitstoffes in dem Rechtsstreit untersucht.[191] Das Gericht kann dessen Hilfe in Anspruch nehmen, muß dies aber nicht. Es wird ihn nur dann einschalten, wenn es dies für nötig erachtet. Dieser Ermittlungsapparat ermittelt nun von Amts wegen die Tatsachen und die dazu gehörenden Beweismittel, die für die Entscheidung von Bedeutung sind. Die

---

[186] *Weyers*, Festgabe für Esser, S. 194

[187] *Thomas/Putzo/Reichold*, ZPO, Einl I, Rn. 5; *Baumbach-Lauterbach/Hartmann*, ZPO, Grdz § 128, Rn. 21

[188] *Weyers*, Festgabe für Esser, S. 195 f.; siehe auch oben A

[189] *Weyers*, Festgabe für Esser, S. 194

[190] *Thomas/Putzo/Reichold*, ZPO, Einl I, Rn. 6

[191] *Rosenberg/Schwab*, Zivilprozeßrecht, § 78 I 5

Existenz eines staatlichen Ermittlungsapparates ist bei Geltung der Inquisitionsmaxime ein wesentliches Element, wie ein Vergleich zum strafgerichtlichen Verfahren und dem Verfahren der freiwilligen Gerichtsbarkeit, aber auch zum verwaltungsgerichtlichen Verfahren bzw. arbeitsgerichtlichen Beschlußverfahrens zeigt.

Im Strafprozeß übernimmt die Staatsanwaltschaft die Ermittlungstätigkeit, da sie im strafrechtlichen Vorverfahren aufgrund des Legalitätsprinzips gemäß § 152 Abs. 2 StPO[192] im Rahmen des Untersuchungsgrundsatzes nach § 160 Abs. 1 StPO dazu berufen ist. Folglich werden wesentliche Ermittlungen hinsichtlich des Sachverhalts und dessen Beweisbarkeit schon im Vorfeld vorgenommen und nur durch Vortrag in der mündlichen Verhandlung zum Gegenstand der vom Gericht geleiteten Hauptverhandlung gemacht. Aber auch nachdem mit Anklageerhebung die Verfahrensherrschaft auf das Gericht übergegangen ist, übernimmt die Staatsanwaltschaft weitere ermittelnde Tätigkeiten. Einmal kann und muß das Gericht, wenn es der Ansicht ist, der Sachverhalt sei nur unzureichend ermittelt, der Staatsanwaltschaft die Ergänzung ihrer Ermittlungen anheimgeben.[193] Des weiteren kann das Gericht nach § 202 StPO vorgehen und weitere einzelne Beweiserhebungen anordnen. Hierbei wird es aber die Beweise nicht selbst erheben, sondern wiederum die Staatsanwaltschaft ersuchen, die Beweiserhebung vorzunehmen.[194] Die Inanspruchnahme der Staatsanwaltschaft zur Durchführung der Beweisanordnung des Gerichts ist ein Fall der Amtshilfe, so daß die hierfür geltenden Grundsätze maßgebend sind.[195] Somit kann die Staatsanwaltschaft als die bestimmende Ermittlungsbehörde des Strafprozesses im Hinblick auf die Eruierung von Tatsachen und Beweise bezeichnet werden, auch wenn das Gericht nach § 244 Abs. 2 StPO eine Amtsermittlungspflicht hat. Der Umfang dieser Pflicht ergibt sich nämlich aus den Akten, Anträgen und Anregungen sowie dem Verfahrensablauf.[196] Die Eingrenzung des Tatsachenstoffes sowie die Ermittlung der nötigen Beweismittel wurde daher durch die Staatsanwaltschaft vorgenommen.

Im Verfahren der freiwilligen Gerichtsbarkeit gibt es keine solche Ermittlungsbehörde, die allein zur Aufklärung des Sachverhalts für das Gericht berufen ist. Vielmehr fungiert als Ermittlungsapparat eine Vielzahl von Behörden wie das Jugendamt oder die Polizei, derer sich das Gericht bedient.

---

[192] *Roxin*, Strafverfahrensrecht, § 14, Rn. 5, § 15, Rn. 3; *Beulke*, Strafprozeßrecht, § 2, Rn. 21

[193] RGSt 76, 254 (256)

[194] *Löwe-Rosenberg/Rieß*, StPO, § 202, Rn. 12; *Kleinknecht/Meyer-Goßner*, StPO, § 202, Rn. 3; strittig ist hierbei, ob die Staatsanwaltschaft nur befugt, oder auch verpflichtet ist, die Beweiserhebung für das Gericht vorzunehmen

[195] *Strate*, StV 1985, S. 340; *Löwe-Rosenberg/ Rieß*, StPO, § 202, Rn. 12

[196] *Kleinknecht/Meyer-Goßner*, StPO, § 244, Rn 12

Diese darf das Gericht bei seinen Ermittlungen zu Hilfe nehmen, indem es amtliche Auskünfte einholt und Akten anfordert.[197]

Im Verwaltungsprozeß bedient sich das Gericht ebenfalls der Behörden. Diese sind nach § 99 VwGO verpflichtet, Urkunden und Akten vorzulegen und Auskünfte zu erteilen.[198] Diese Rechtsnorm konkretisiert die Amtshilfe der Behörden bei der Sachaufklärung des Gerichts und ist daher eine Folge des Untersuchungsgrundsatzes des § 86 Abs. 1 VwGO[199]. Des weiteren darf das Gericht bei der Sachverhaltsermittlung auf die von der beteiligten Behörde getroffenen Tatsachenfeststellungen zurückgreifen, soweit sie überzeugend und unzweifelhaft sind.[200] Abweichend vom „strengen" Untersuchungsgrundsatz wurde im Verwaltungsprozeß nach § 86 Abs. 1 Satz 1, 2. Hs. VwGO dieser durch eine Mitwirkungspflicht der Parteien ergänzt.[201] Ähnliche Regelungen existieren für das arbeitsgerichtliche Beschlußverfahren. Der Amtsermittlungspflicht des Gerichts aufgrund § 83 Abs. 1 Satz 1 ArbGG steht gemäß § 83 Abs. 1 Satz 2 ArbGG eine Mitwirkungspflicht der Parteien gegenüber.[202] Weiterhin bestimmt § 83 Abs. 2 ArbGG, daß das Gericht unter anderem Urkunden einsehen und Auskünfte einholen darf. Für Behörden ergibt sich eine Pflicht, Urkunden zur Verfügung zu stellen und Auskünfte zu erteilen, aus der Pflicht zur Amtshilfe.[203]

Die Mitwirkungspflichten der Parteien im verwaltungsgerichtlichen Verfahren bzw. im arbeitsgerichtlichen Beschlußverfahren beeinflussen die Ermittlungspflicht des Gerichts und stellen daher eine Modifizierung des Untersuchungsgrundsatzes dar.[204] Die Pflicht des Gerichts und der Parteien zur Sachverhaltsermittlung ist in einer ineinandergreifenden Verantwortungsteilung zu sehen.[205] Weiterhin kann für das Gericht ohne vorherige Mitwirkung der Beteiligten kein Anlaß zu Ermittlungen bestehen[206], was dem Grundsatz der Amtsermittlungspflicht eigentlich widerspricht. Aufgrund dieser Aufgabenteilung zwischen Gericht und Parteien sollte bei diesen Verfahren besser von „modifizierter Inquisitionsmaxime" gesprochen werden.

---

[197] *Jansen*, FGG, § 12, Rn. 41 f./46; *Keidel/Kayser*, FGG, § 12, Rn 44

[198] *Kopp/Schenke*, VwGO, § 99, Rn. 1; *Ziekow*, BayVBl 1992, S. 132

[199] *Kopp/Schenke*, VwGO, § 99, Rn. 1; *Ziekow*, BayVBl 1992, S. 132 f.

[200] *Kopp/Schenke*, VwGO, § 86, Rn. 8

[201] *Kropshofer*, Untersuchungsgrundsatz, S. 63; *Wolff*, BayVBl 1997, S. 586; *Kopp/Schenke*, VwGO, § 86, Rn. 11, der hierin eine Prozeßförderungspflicht der Parteien sieht

[202] Erfurter-Kom/*Eisemann*, ArbGG, § 83, Rn. 2; *Germelmann/Matthes/Prütting/Müller-Glöge*, ArbGG, § 83, Rn. 89 f.

[203] *Germelmann/Matthes/Prütting/Müller-Glöge*, ArbGG, § 83, Rn. 99

[204] *Grunsky*, ArbGG, § 83, Rn. 5; *Wolff*, BayVBl 1997, S. 585

[205] *Wolff*, BayVBl 1997, S. 586 f.

[206] *Germelmann/Matthes/Prütting/Müller-Glöge*, ArbGG, § 83, Rn. 93; *Redeker/van Oertzen*, VwGO, § 86, Rn. 17

Daraus folgt, daß diese beiden gerichtlichen Verfahren nur bedingt als Beispiel für ein Verfahren mit Inquisitionsmaxime herangezogen werden können.

Im Gegensatz dazu kennt der Zivilprozeß nach einhelliger Meinung gar keine Mitwirkungspflicht bzw. Aufklärungspflicht der Parteien.[207] Die Parteien haben allenfalls eine Prozeßförderungspflicht, die aber im Zusammenhang mit dem Grundsatz der Prozeßökonomie gesehen werden muß.[208] Sie hat jedoch keinen Einfluß auf die Frage, auf welche Weise ein bestimmter Sachverhalt rekonstruiert wird.

Dieser Ermittlungsapparat, der im Strafverfahren durch die Staatsanwaltschaft, in den übrigen Verfahren durch die Vielzahl von Fachbehörden repräsentiert wird, wird im wesentlichen durch die Allgemeinheit über Steuerbeiträge finanziert. Zwar hat die unterliegende Partei auch in den Verfahren mit Inquisitionsmaxime Gebühren als Gerichtskosten zu tragen[209], jedoch stellt diese Gebührenlast kein Wesensmerkmal dieser Verfahren dar. Denn auch in bürgerlichen Rechtsstreitigkeiten, bei denen die Verhandlungsmaxime gilt, hat die unterliegende Partei die Gerichtsgebühren zu tragen.[210] Da bei beiden Organisationsformen Gerichtsgebühren erhoben werden, kann dies nicht als ein Kriterium herangezogen werden, welche der beiden als effizient einzustufen ist. Aus diesem Grund kann auch die Tatsache, daß diese Gebühren nicht die gesamten Kosten decken und somit einen externen Effekt bedingen, unberücksichtigt bleiben.

Entscheidender ist es, den Blick auf die Kosten der konkreten Ermittlungstätigkeit zu richten. Dabei wird die Kostenfreiheit des Ermittlungsapparates im Strafprozeß, in dem die Inquisitionsmaxime in Reinform gilt, besonders deutlich. So ist das Ermittlungsverfahren der Staatsanwaltschaft, die im Strafverfahren die wesentliche Ermittlungsbehörde ist, gebührenfrei.[211]

---

[207] MünchKomm-ZPO/*Prütting*, § 286, Rn. 128; *Baumbach-Lauterbach/Hartmann*, ZPO, Grdz § 128, Rn. 11; *Stein/Jonas/Leipold*, ZPO, § 138, Rn. 22; BGH NJW 1990, 3151; *Rosenberg/Schwab/Gottwald*, Zivilprozeßrecht, § 117 VI 2; aA *Stürner*, Die Aufklärungspflicht der Parteien des Zivilprozesses, S. 104/378

[208] *Baumbach-Lauterbach/Hartmann*, ZPO, Grdz § 128, Rn. 12; *Thomas/Putzo/Reichold*, ZPO, § 282, Rn. 1

[209] Vgl. nur hinsichtlich des Strafverfahrens Teil 6 und hinsichtlich des verwaltungsgerichtlichen Verfahrens Teil 2 der Anlage 1 zu § 11 Abs. 1 GKG; hinsichtlich des Verfahrens der freiwilligen Gerichtsbarkeit § 1 KostO

[210] Vgl. hierzu Teil 1 der Anlage 1 zu § 11 Abs. 1 GKG

[211] *Hartmann*, Kostengesetze, Überbl § 40 GKG, Rn. 3

Jedoch ist zu beachten, daß in den Verfahren mit Inquisitionsmaxime bestimmte Auslagen von den Parteien erstattet werden müssen.[212] Dabei werden teilweise die tatsächlichen Kosten erhoben, zum Beispiel solche für die Beförderung von Personen.[213] Es findet aber auch eine pauschalierte Kostenerhebung, zum Beispiel für Schreibauslagen oder die Versendung von Akten[214], unabhängig von den tatsächlichen Kosten statt. Weiterhin werden Kosten erst erhoben, wenn ein bestimmter Betrag überschritten ist, so für Post- und Telekommunikationsdienstleistungen.[215] Darunter fallen aber nicht die Kosten für Ermittlungen durch eine Telefonüberwachung.[216] Diese Beispiele zeigen, daß die Parteien nicht für sämtliche Ermittlungsarbeit der Behörden zahlen müssen. Vielmehr ist davon auszugehen, daß diese Kosten im wesentlichen von der Allgemeinheit getragen werden.

Somit ist gezeigt worden, daß in Verfahrensordnungen, die von der Inquisitionsmaxime beherrscht werden, ein Ermittlungsapparat in Form von staatlichen Behörden existiert, der – wenn auch im Rahmen des Amtshilfeverfahren – die Sachverhaltsaufklärung und Beweiserhebung übernimmt. Insbesondere bei Verfahren mit modifizierter Inquisitionsmaxime überwiegt die Mitwirkung staatlicher Behörden im Wege der Amtshilfe. Eine Ausnahme hierzu stellt allenfalls der § 616 Abs. 1 ZPO dar, der bei Ehesachen aufgrund des öffentlichen Interesses am Schutz der Ehe die Inquisitionsmaxime statuiert[217], die aber durch § 616 Abs. 2 ZPO eingeschränkt ist.[218] Bei Verfahren in Kindschaftssachen gilt gemäß den §§ 640 Abs. 1, 616 Abs. 1 ZPO ebenfalls die Inquisitionsmaxime, da auch hier ein öffentliches Interesse an der Feststellung des Rechtsverhältnisses besteht.[219] Das Gericht ist in beiden Verfahren nicht auf die Darlegungen der Parteien angewiesen, sondern kann selbst Ermittlungen anstellen und dabei die Parteien vernehmen bzw. anhören sowie dienstliche Kenntnisse aus anderen Verfahren verwerten und Akten beiziehen.[220] Aus diesem Grund sowie wegen der Einschränkungen des

---

[212] Vgl. die abschließende Aufzählung in Teil 9 der Anlage 1 zu § 11 Abs. 1 GKG; soweit darin kein Kostenersatz vorgesehen ist, entfällt eine Ersatzpflicht, *Hartmann*, Kostengesetze, Übers 9000 KV, Rn. 1

[213] Vgl. Ziffer 9008 a) der Anlage 1 zu § 11 Abs. 1 GKG

[214] Vgl. Ziffer 9000 a), Ziffer 9003 der Anlage 1 zu § 11 Abs. 1 GKG

[215] Ziffer 9001/9002 – Telekommunikationsleistungen und Postdienstleistungen erst ab einen Betrag von 50 EUR der Anlage 1 zu § 11 Abs. 1 GKG

[216] *Hartmann*, Kostengesetze, 9001 KV, Rn. 2

[217] *Wieczorek/Schütze/Becker-Eberhard*, ZPO, § 616, Rn. 1; *Linke*, Festschrift für Beitzke, S. 271; vgl. dazu *Stickelbrock*, Prozeßmaximen im Scheidungsverbundverfahren, S. 94 f.; *Jauernig*, Zivilprozeßrecht, § 25 IX

[218] *Wieczorek/Schütze/Becker-Eberhard*, ZPO, § 616, Rn. 17 f.; *Stein/Jonas/Schlosser*, ZPO, § 616, Rn. 3; *Thomas/Putzo/Hüßtege*, ZPO, § 616, Rn. 5

[219] *Musielak/Borth*, ZPO, § 640, Rn. 1

[220] *Wieczorek/Schütze/Becker-Eberhard*, ZPO, § 616, Rn. 5; *Musielak/Borth*, ZPO, § 616, Rn. 2

§ 616 Abs. 2 ZPO bei Ehesachen wird die Inanspruchnahme von Behörden regelmäßig nicht nötig sein, ausgeschlossen ist diese aber nicht. Das Gericht kann, soweit es dies für erforderlich hält, von Behörden Urkunden, zum Beispiel die Heiratsurkunde vom Standesamt, anfordern. Diese sind zur Vorlage aufgrund der Amtshilfe verpflichtet.

In der folgenden Untersuchung soll daher ein Ermittlungsapparat vorausgesetzt werden, der – vergleichbar mit der Staatsanwaltschaft – auch eine staatliche Behörde sein und durch die Allgemeinheit in Form von Steuern finanziert werden soll. Diese Staatsbehörde ist mit der Ermittlung der Tatsachen und der dazugehörigen Beweise betraut. Ein Bürger, der einen Rechtsstreit führen will, kann dann diesen Ermittlungsapparat zur Führung des Prozesses kostenlos in Anspruch nehmen, ohne daß ein anderer von der Nutzung desselben ausgeschlossen ist. Der Ermittlungsapparat ist somit von Nicht-Rivalität gekennzeichnet.[221] Der staatliche Ermittlungsapparat kann von jedem genutzt werden, niemand kann von der Nutzung ausgeschlossen werden, so daß er sich zudem durch Nicht-Exklusivität auszeichnet.[222] Diese beiden Merkmale kennzeichnen den Ermittlungsapparat nach mikroökonomischer Begriffsbildung als ein öffentliches Gut.

bb) Die Verhandlungsmaxime

Bei der Verhandlungsmaxime bzw. dem Beibringungsgrundsatz in Reinform dagegen machen die Parteien den Rechtsstreit nicht nur bei Gericht anhängig, sondern sie führen auch den Streitstoff in den Prozeß ein, entscheiden über seine Feststellungsbedürftigkeit und betreiben seine Feststellung.[223] Daher kümmern sie sich um das Heranschaffen der für sie nötigen Tatsachen und Beweismittel selbst.

Das Gericht darf dagegen Tatsachen, die nicht von einer Partei vorgetragen sind, nicht bei seiner Entscheidung berücksichtigen.[224] Die Feststellung der Wahrheit einer Tatsachenbehauptung und die Beweiserhebung durch das Gericht ist nur zulässig, wenn die Wahrheit bestritten ist bzw. wenn die Partei Beweis angeboten hat.[225] Ein staatlicher Ermittlungsapparat wie bei

---

[221] *Schäfer/Ott*, Ökonomische Analyse des Zivilrechts, S. 87; *Cooter/Ulen*, Law and Economics, S. 42

[222] *Schäfer/Ott*, Ökonomische Analyse des Zivilrechts, S. 87; *Cooter/Ulen*, Law and Economics, S. 42

[223] *Thomas/Putzo/Reichold*, ZPO, Einl I, Rn. 2; siehe auch *Sward*, 64 Indiana L. J. 1989, S. 302

[224] *Bathe*, Verhandlungsmaxime und Verfahrensbeschleunigung, S. 28

[225] *Thomas/Putzo/Reichold*, ZPO, Einl I, Rn. 2

der Inquisitionsmaxime ist nicht nötig und existiert auch nicht[226], da das Gericht nicht zur Amtsermittlung befugt ist[227] und die Parteien die Aufklärungstätigkeit des Gerichts sogar blockieren können.[228] Die Parteien tragen nämlich die Kosten für die Ermittlung der entsprechenden Tatsachen und Beweismittel selbst.

b) Effizienz als Rechtsprinzip der Verhandlungsmaxime

Zu fragen ist nun, ob der Verhandlungsmaxime das Rechtsprinzip der Effizienz innewohnt. Für die Statuierung dieses Grundsatzes in der ZPO werden zwei Begründungen angeführt. Zum einen ist die Verhandlungsmaxime Garantie dafür, neben der Dispositionsmaxime auf dem Gebiet des formellen Rechts Privatautonomie in den Prozeß hinein zu gewähren – sogenannte „ideologische" Begründung.[229] Zum anderen wird die Verhandlungsmaxime als ein *Procedere* angesehen, das ein ökonomisches Verfahren zur Rekonstruktion der wirklichen Vorgänge abgibt – sogenannte „technische" Begründung.[230] So wurde vermutet, die Verhandlungsmaxime sei bei der Mehrzahl der Prozesse ein geeignetes Mittel, auf kürzestem Wege den wahren Sachverhalt nachzubilden. Die Parteien verfolgen nämlich widerstreitende Interessen und kontrollieren sich gegenseitig bei der Sachverhaltsdarstellung. Dieser Interessengegensatz wird für so groß angesehen, daß man glaubt, es kann den Parteien überlassen werden, das Material zur Feststellung des wahren Sachverhalts zu beschaffen.[231] Auch wurde erkannt, daß das gegeneinander gerichtete Interesse der Parteien für vollständige Information und gegenseitige Korrektur den erhöhten Aufwand einer staatlichen Ermittlungstätigkeit erübrigen läßt. Die Anweisung der Verhandlungsmaxime an den Richter, die Beibringung des Tatsachenstoffs durch die Parteien abzuwarten, stellt sich als Weisung dar, ein langfristig gesehen „ökonomischstes" Verfahren durchzuführen.[232]

Als Ergebnis ist festzuhalten, daß der Sinn der Verhandlungsmaxime auch darin gesehen wird, ein ökonomisches Verfahren zu gewährleisten. Jedoch hat die Rechtswissenschaft, vor allem *Bernhardt* und *Weyers*, nur vermutet bzw. behauptet, daß der Verhandlungsmaxime ein irgendwie geartetes öko-

---

[226] *Jauernig*, Zivilprozeßrecht, § 25 VIII 1

[227] *Zöller/Greger*, ZPO, § 273, Rn. 7; vgl. *Musielak/Foerste*, ZPO, § 273, Rn. 12; *Sward*, 64 Indiana L. J. 1989, S. 302 – „passive decisionmaker"

[228] *Bathe*, Verhandlungsmaxime und Verfahrensbeschleunigung, S. 35

[229] *Weyers*, Festgabe für Esser, S. 200 m.w.N. in Fn. 35

[230] *Weyers*, Festgabe für Esser, S. 200; *Bomsdorf*, Prozeßmaximen und Rechtswirklichkeit, S. 282; *Nikisch*, Zivilprozeßrecht, S. 193

[231] *Bernhardt*, Festgabe für Rosenberg, S. 13 f.

[232] *Weyers*, Festgabe für Esser, S. 200

nomisches Prinzip zu Grunde liegt. Der Beweis dagegen, daß der Verhandlungsmaxime das Rechtsprinzip der Effizienz innewohnt, wurde nicht erbracht, da zu Beginn der Rezeption der ZPO die „ideologische" Begründung im Vordergrund stand. Dies liegt daran, daß die ZPO von 1877 als ein bürgerlich-liberales Gesetz erlassen wurde[233] und dieser Einfluß als vorrangig angesehen wurde. Zu dieser Zeit wurde eine Kodifikation wie die Zivilprozeßordnung als formal-abstraktes Gebilde angesehen, das eine Rahmenordnung vorgibt, das jedoch politisch neutral ist und keinen Einfluß auf menschliches Verhalten nehmen kann.[234] Der „technische" Begründungsstrang ist anfangs vernachlässigt worden. Erst später wurde ihm, vor allem durch *Weyers*, stärkere Bedeutung zugemessen. Dies zeigt auch den Wandel der Normsituation – ein möglicher Grund einer Rechtsfortbildung, der auch verstärkt ökonomische Argumente Eingang in die Rechtswissenschaft finden läßt.

Auch die Forschungsrichtung der ökonomischen Analyse des Rechts hat sich mit der „ökonomischen" Wirkungsweise der Verhandlungsmaxime noch nicht eingehender befaßt.[235] Daher soll nun deren „technische" Begründung genauer untersucht werden, indem mit den Wertungsmodellen der ökonomischen Analyse des Rechts, mithin mikroökonomischen Methoden, bewiesen werden soll, daß der Verhandlungsmaxime das Rechtsprinzip der Effizienz innewohnt.

Dieser Beweis ist zum einen dadurch zu führen, daß gezeigt wird, daß die Verhandlungsmaxime ein effizientes Verfahren im Gegensatz zur Inquisitionsmaxime gewährleistet. Es ist also darzustellen, daß die Verhandlungsmaxime als rechtliche Organisationsform des Zivilprozesses dem wohlfahrtsökonomischen Effizienzkriterium genügt und das Institut der Inquisitionsmaxime nicht.[236] Zum anderen ist zu beweisen, daß die Verhandlungsmaxime die Parteien im Prozeß zu ökonomischerem Verhalten anhält, als dies bei Geltung der Inquisitionsmaxime der Fall wäre.

aa) Das Pareto-Kriterium

Um das Pareto-Kriterium für die Untersuchung fruchtbar zu machen, müssen zwei soziale Zustände statuiert werden, deren Folgen miteinander zu

---

[233] *Baumbach-Lauterbach/Hartmann*, ZPO, Grdz § 128, Rn. 20; *Leipold*, JZ 1982, S. 443

[234] Vgl. *Kübler*, Festschrift für Steindorff, S. 691

[235] Vgl. *Posner*, 51 Stanford L. Rev. 1999, S. 1487 ff., der die beiden gegensätzlichen Modelle, *„inquisitorial system"* und *„adversarial system"*, miteinander vergleicht und Unterschiede darstellt, letztlich aber nicht die effiziente Wirkung des *„adversarial system"* beweist

[236] Vgl. *Eidenmüller*, Effizienz als Rechtsprinzip, S. 41

vergleichen sind. Die beiden sozialen Zustände werden in dieser Untersuchung durch die alternativen möglichen Organisationsformen des Zivilprozesses, Verhandlungsmaxime und Inquisitionsmaxime, repräsentiert. Ausgehend von einem Zustand, in dem die Verhandlungsmaxime statuiert ist, kann danach gefragt werden, ob die Entscheidung, zur Organisationsform der Inquisitionsmaxime überzugehen, eine Pareto-optimale bzw. eine Pareto-effiziente Entscheidung darstellt. Dies wäre der Fall, wenn im Zustand der Inquisitionsmaxime kein Gesellschaftsmitglied die Verhandlungsmaxime vorzieht und die Besserstellung eines Gesellschaftsmitglieds nur möglich ist, wenn ein anderes einen Nachteil dadurch erleidet.[237] Da bei der Inquisitionsmaxime – wie bereits dargestellt – der staatliche Ermittlungsapparat das beherrschende Instrument ist, muß weiter gefragt werden, ob die Gesellschaftsmitglieder die Etablierung eines solchen wünschen.

Daher ist im folgenden nach ökonomischen Methoden zu untersuchen, wann der Ermittlungsapparat, der als ein öffentliches Gut bezeichnet werden kann[238], zur Verfügung gestellt werden soll. Die Entscheidung der Gesellschaftsmitglieder, ob dieses öffentliche Gut einzuführen ist, ist im Modell nachzubilden. Da aber die Personenzahl in einer Gesellschaft wie der in Deutschland sehr groß ist und damit das Modell mathematisch nicht mehr darstellbar ist, sollen hier in einem mikroökonomischen Modell nur zwei Personen P1 und P2 diese Entscheidung treffen. Bei dieser Entscheidung, das öffentliche Gut einzuführen oder nicht, muß sich jede Person P1 und P2 fragen, ob sich dies für sie lohnt.[239] Dabei sei v1 und v2 das Anfangsvermögen einer jeden Person. Jede Person muß zur Einführung des öffentlichen Gutes einen Geldbeitrag leisten, der mit g1 bzw. g2 bezeichnet werden soll. Es sind somit folgende Notierungen voranzustellen:

v1: Anfangsvermögen von P1
v2: Anfangsvermögen von P2

g1: Beitrag von P1 zum öffentlichen Gut (z.B. eine Steuer)
g2: Beitrag von P2 zum öffentlichen Gut

Leisten die Personen P1 und P2 ihren Beitrag zum öffentlichen Gut, so verbleibt ihnen ein Restbetrag x1 bzw. x2, über den sie im Rahmen ihres privaten Konsums frei verfügen können. Das Anfangsvermögen v einer jeden Person setzt sich also aus dem Beitrag g und dem zum Verbrauch verbleibenden Betrag x zusammen. Mathematisch dargestellt ergibt sich:

---

237 Vgl. *Schäfer/Ott*, Ökonomische Analyse des Zivilrechts, S. 26; *Eidenmüller*, Effizienz als Rechtsprinzip, S. 48
238 Siehe oben C III 3 a) aa)
239 *Varian*, Mikroökonomik, S. 594

P1: v1 = x1 + g1
P2: v2 = x2 + g2

Das den Personen P1 und P2 zum privaten Konsum verbleibende Geld x1 bzw. x2 ergibt sich jeweils aus dem Anfangsvermögen v abzüglich des Beitrages g. Das bedeutet, daß der private Konsum jeder Person durch ihr Anfangsvermögen bestimmt ist.[240] Dies läßt sich wie folgt darstellen:

P1: x1 = v1 – g1: zum privaten Verbrauch verbleibendes Geld
P2: x2 = v2 – g2: zum privaten Verbrauch verbleibendes Geld

Weiterhin muß angenommen werden, daß der Preis für das öffentliche Gut Ermittlungsapparat c ist. Die beiden Personen P1 und P2 können das öffentliche Gut nur anschaffen, wenn ihre Beiträge g1 und g2 zusammen mindestens c sind.

g1 + g2 > c (nötig, um das öffentliche Gut anzuschaffen)

Die Entscheidung, ob das öffentliche Gut eingeführt wird, hängt von den Nutzenfunktionen der Personen P1 und P2 ab. Die Nutzenfunktion u einer Person hängt von ihrem privaten Konsum x und der Verfügbarkeit G des öffentlichen Gutes ab.[241] Sie werden für die Person P1 als u1(x1, G) und für die Person P2 als u2(x2, G) dargestellt.

P1: u1(x1; G)
P2: u2(x2; G)

Für jede Person sind zwei Nutzenfunktionen denkbar. Auf die Person P1 bezogen bedeutet das folgendes. Einmal kann sie das öffentliche Gut zur Verfügung haben. G wird dann mit 1 bezeichnet. Zum anderen kann es für sie auch nicht verfügbar sein. G ist dann gleich 0. Im ersten Fall kann P1 das öffentliche Gut nutzen (G = 1), jedoch muß sie auch den Beitrag g1 dafür zahlen und hat den Betrag x1 = v1 – g1 für den privaten Konsum zur Verfügung. Die Nutzenfunktion lautet dann:

u1(v1 – g1, 1)

Im anderen Fall steht P1 das öffentliche Gut nicht zur Verfügung (G = 0), so daß sie den Beitrag g1 nicht entrichten muß. Dafür kann sie ihr Anfangsvermögen v1 für den privaten Konsum benutzen. Die Nutzenfunktion lautet:

---

240 *Varian*, Mikroökonomik, S. 595

241 Vgl. *Varian*, Mikroökonomik, S. 594 f.

$u1(v1, 0)$

Die Person P1, und entsprechend die Person P2, kann nun zwischen beiden Nutzenfunktionen wählen. Entweder will sie das öffentliche Gut nutzen und verzichtet dafür auf Mittel für den privaten Konsum oder sie verzichtet auf das öffentliche Gut, um ihr gesamtes Vermögen für den privaten Konsum zur Verfügung zu haben. Um diese Wahl zu treffen, werden die beiden Personen unabhängig voneinander nun den Wert des öffentlichen Gutes für sich bewerten. Dabei werden sie den Wert des öffentlichen Gutes für sich unterschiedlich bewerten. Dieser Wert wird dadurch gemessen, daß man fragt, wieviel jede Person zu zahlen bereit wäre, um das öffentliche Gut „staatlicher Ermittlungsapparat" in Anspruch nehmen zu können. Diese Berechnung erfolgt durch das Konzept des Vorbehaltspreises r. Der Vorbehaltspreis gibt dabei den maximalen Betrag an, den eine Person für das öffentliche Gut zu zahlen bereit ist.[242]

Vorbehaltspreis bei P1:
Der Preis r1 ist der Preis, zu dem P1 indifferent zwischen der Zahlung von r1 und damit Verfügbarkeit des Gutes und andererseits der Nichtverfügbarkeit ist, wobei P1 dann das gesamte Vermögen v1 behält. Es ergeben sich daraus für P1 zwei Nutzenfunktionen. Einmal eine Nutzenfunktion bei Verfügbarkeit des öffentlichen Gutes, aber geringerem Restvermögen $x1 = v1 - r1$, und zum anderen eine bei Nichtverfügbarkeit, jedoch mit Innehaben des Ausgangsvermögens v1. Beide alternativen Nutzenfunktionen sind, da P1 bei dem bestimmten Preis indifferent hinsichtlich beider Zustände ist, gleichwertig, so daß sich ergibt $u1(v1 - r1; 1) = u1(v1; 0)$

Vorbehaltspreis bei P2:
Entsprechend zu P1 ergibt sich für P2: $u2(v2 - r2; 1) = u2(v2; 0)$

Gemäß der Definition ist eine Allokation von Gütern dann Pareto-effizient, wenn es keine Möglichkeit gibt, beide Personen besser zu stellen.[243] Dies gilt auch für das Zurverfügungstellen des öffentlichen Gutes Ermittlungsapparat. Dabei kommen nur zwei Arten von Allokationen in Betracht:

Allokation (v1/v2; 0) =	das öffentliche Gut wird nicht zur Verfügung gestellt und beide Personen geben ihr Ausgangsvermögen v nur für ihren privaten Konsum aus.
Allokation (x1/x2; 1) =	das öffentliche Gut wird zur Verfügung gestellt und beide Personen haben nur noch ihr zum privaten Verbrauch verbleibendes Geld x.

[242] Vgl. *Varian*, Mikroökonomik, S. 595
[243] Siehe oben C I 2

Dabei ist zu beachten, daß gilt: $x1 = v1 - g1$ und $x2 = v2 - g2$ (siehe Notierung zu Beginn).

Es stellt sich nun die Frage, unter welchen Bedingungen sollte das öffentliche Gut staatlicher Ermittlungsapparat zur Verfügung gestellt werden, oder anders ausgedrückt, wann ist es Pareto-effizient, einen staatlichen Ermittlungsapparat zu haben?

Eine Pareto-Effizienz ist dann gegeben, wenn zugleich beide Personen – in Vertretung für alle Gesellschaftsmitglieder – durch das öffentliche Gut staatlicher Ermittlungsapparat besser gestellt sind als ohne. Das bedeutet, daß der Nutzen beider Personen bei Verfügbarkeit des öffentlichen Gutes höher als bei sein muß als bei Nichtverfügbarkeit. Somit muß hinsichtlich der Nutzenfunktionen der beiden gelten:

$u1(v1; 0) < u1(v1 - g1; 1)$ und zugleich
$u2(v2; 0) < u2(v2 - g2; 1)$

Bei der Verwendung der Vorbehaltspreise r muß dann folgendes gelten: Die Nutzenfunktion bei Nichtverfügbarkeit des Gutes $u(v1, 0)$ kann auch, wie oben dargestellt, mit dem Vorbehaltspreis ausgerückt werden. Dies Nutzenfunktion $u(v1 - r1, 1)$ ist jeweils in die Ungleichungen einzusetzen, so daß sich folgendes ergibt:

$u1(v1 - r1; 1) < u1(v1 - g1; 1)$ und zugleich
$u2(v2 - r2; 1) < u2(v2 - g2; 1)$

Da mehr privater Konsum den Nutzen erhöht, erübrigt sich wegen der Linearität der Nutzenfunktionen die Bezugnahme auf diese. Daraufhin muß gelten:

$v1 - r1 < v1 - g1$ und zugleich
$v2 - r2 < v2 - g2$

Nach mathematischer Vereinfachung muß schließlich gelten:

$r1 > g1$ und zugleich
$r2 > g2$

Als Ergebnis kann somit folgendes festgehalten werden: Die Allokation $(x1/x2; 1)$, d.h. das öffentliche Gut „staatlicher Ermittlungsapparat“ wird zur Verfügung gestellt, wenn die Zahlungsbereitschaft jeder Person, ausgedrückt durch den Vorbehaltspreis, größer ist als der Betrag, den jede Person zum öffentlichen Gut leisten muß, oder einfacher gesagt, wenn jedes Gesellschaftsmitglied weniger zahlen muß, als es zu zahlen bereit wäre.[244] In diesem Fall ist die Bereitstellung eines Ermittlungsapparates Pareto-effizient.

Das durch das theoretische ökonomische Modell gefundene Ergebnis, daß r1 > g1 und zugleich r2 > g2 sein muß, muß nun aber in der Realität überprüft werden. Dazu ist es notwendig, die relevanten Größen, die Zahlungsbereitschaft r – ausgedrückt durch den Vorbehaltspreis – hinsichtlich eines öffentlichen Gutes und den nötigen Beitrag zum Betreiben des öffentlichen Gutes g, zum Beispiel ein Steuerbeitrag des einzelnen Gesellschaftsmitglieds, näher zu untersuchen.

Einen festen, statistisch ermittelten Betrag g gibt es nicht, da im deutschen Zivilprozeßrechtssystem kein solcher staatlicher Ermittlungsapparat existiert. Der finanzielle Aufwand für die Staatsanwaltschaft kann zur Berechnung von g nicht vergleichend herangezogen werden, da vor den Zivilgerichten wesentlich mehr Prozesse geführt werden und somit ein ungleich höherer Betrag anzusetzen wäre. Daher ist man hier auf eine Schätzung und bloße Angabe einer Richtgröße bzw. Größentendenz angewiesen. In der Realität wird man den Betrag g sehr hoch ansetzen müssen, denn der staatliche Ermittlungsapparat benötigt sehr viel Geld, um von einem Wissensstand null die Ermittlungen aufzunehmen. Außerdem sind allein die administrativen Kosten für die staatliche Behörde anzusetzen.

Auch bei der Analyse der Zahlungsbereitschaft r ist man auf Schätzungen und Größentendenzen angewiesen.[245] So wird man wohl konstatieren können, daß die Menschen immer weniger bereit sind, für staatliche Versorgungssysteme zu zahlen, da dies ihr Ausgangsvermögen mindert und sie dadurch auch in ihrer monetären Handlungsfreiheit eingeschränkt sind. Die Personen wollen insgesamt ihre Steuerlast senken. Diese Erkenntnisse können zu Beginn des 21. Jahrhunderts gezogen werden. Sicher dürfte sein, daß Menschen nicht für einen Ermittlungsapparat als staatliches Versorgungssystem zahlen wollen, das sie nicht ständig nutzen, denn Personen, die weniger Prozesse führen, sind nicht bereit, die Prozesse derjenigen, die häufig prozessieren, mit zu finanzieren. So werden in Deutschland ungefähr zwei

---

[244] Dabei ist zu beachten, daß dieser gefundene Zusammenhang von dem bereits vorhandenen Vermögen einer jeden Person abhängt, da die Zahlungsbereitschaft von der Verteilung des ursprünglichen Vermögens abhängig ist. Es kann jedoch gezeigt werden, daß in bestimmten Fällen die Bereitstellung des öffentlichen Gutes von der Vermögensverteilung unabhängig ist, so daß dieses Phänomen hier unberücksichtigt bleiben soll.

[245] Es ist anzumerken, daß in der Wirtschaftswissenschaft solche Größen wie die Zahlungsbereitschaft als rein subjektive Größen abgelehnt werden; *Schäfer/Ott*, Ökonomische Analyse des Zivilrechts, S. 50 f.

Millionen Neuzugänge an Prozessen in Zivilsachen gemeldet.[246] Bei einer Anzahl von ca. 80 Millionen natürlicher Personen, wobei parteifähige juristische Personen eigentlich auch mit einbezogen werden müßten, in Deutschland eine geringe Zahl. Hier ergibt sich dann ein anderes Bild, als bei der Strafgerichtsbarkeit. Aus Sicherheitserwägungen sind die Gesellschaftsmitglieder dort bereit, eine Behörde zur Verfolgung von Straftaten zu finanzieren. Ebenso ist die Zahlungsbereitschaft bei einer staatlich finanzierten Krankenversicherung groß, da die Mehrheit der Menschen diese in Anspruch nimmt.

Es ist abschließend zu konstatieren, auch wenn nicht auf feste statistische Größenangaben zurückgegriffen werden kann, daß im Rahmen der Zivilgerichtsbarkeit der Betrag g tendenziell als hoch und der Vorbehaltspreis bzw. die Zahlungsbereitschaft r tendenziell als niedrig einzustufen ist.[247] Das hat zur Folge, daß in der Realität wohl der Zusammenhang gilt:

$g1 > r1$ und zugleich
$g2 > r2$.

Das bedeutet, daß die Allokation (x1/x2; 1) Pareto-ineffizient ist, d.h. das öffentliche Gut staatlicher Ermittlungsapparat besser nicht zur Verfügung gestellt wird. Das hat dann aber auch zur Folge, daß eine Organisationsform wie die Inquisitionsmaxime wegen ihres Erfordernisses eines Ermittlungsapparates als Pareto-ineffizient bezeichnet werden kann. Dieses Ergebnis bedeutet aber auch im Umkehrschluß, daß von den alternativen Organisationsformen der Sachverhaltgewinnung die Verhandlungsmaxime die Paretoeffizientere ist.

Jedoch muß gesehen werden, daß das Pareto-Kriterium zwar ein nützliches Kriterium zum Vergleich der Ergebnisse verschiedener ökonomischer Institutionen ist[248], ihm aber auf anderer Seite vielfältige Einwendungen entgegengesetzt werden können. So gibt das Pareto-Kriterium, da es Einstimmigkeit in der Gesellschaft voraussetzt, jedem Mitglied ein Veto-Recht, mit dem für sich belastende Maßnahmen verhindern kann.[249] Auf diese Untersu-

[246] Statistisches Bundesamt, Statistisches Jahrbuch 2000, S. 346, wobei mit Neuzugängen erstinstanzliche Verfahren an Amtsgerichten und Landgerichten, jeweils ohne Familiensachen, gemeint sind. Als genaue Zahlen werden für das Jahr 1998 1.988.624 und für das Jahr 1997 2.109.251 Neuzugänge angegeben.

[247] In Strafsachen gilt wohl der Zusammenhang $r1 > g1$ und zugleich $r2 > g2$, da die Gesellschaft aus generalpräventiven Gründen ein eminentes Interesse an der Verurteilung von Straftätern hat.

[248] *Varian*, Mikroökonomik, S. 14

[249] *Schäfer/Ott*, Ökonomische Analyse des Zivilrechts, S. 25; *Eidenmüller*, Effizienz als Rechtsprinzip, S. 49; *Deckert*, Rechtstheorie 26 (1995), S. 124

chung übertragen müßte ja für alle Gesellschaftsmitglieder gelten, daß g > r ist, damit der staatliche Ermittlungsapparat bei Gelten der Inquisitionsmaxime als Pareto-ineffizient eingestuft werden kann. Dieser Zustand kann aber in der Realität wohl kaum erreicht werden, denn bei einer nur genügend großen Mitgliederzahl der Gesellschaft, wie hier die Einwohner Deutschlands, wird es immer eine Person geben, die einen staatlichen Ermittlungsapparat zum Führen eines Zivilprozesses bevorzugt. Für diese gilt dann r > g. Die Person übt dann mit ihrer Präferenz quasi ein Veto-Recht aus, so daß allein wegen ihr die Pareto-effizientere Organisationsform der Verhandlungsmaxime nicht aufrechterhalten werden kann. Eine Entschädigung dieser Person zum Herbeiführen einer Pareto-superioren[250] Entscheidung ist zwar vorstellbar, jedoch oft praktisch nicht möglich oder durchführbar.[251] Damit kann die Person einen Pareto-ineffizienten Zustand aufrechterhalten.

Dieses Beispiel zeigt die Diskrepanz, die zwischen dem Pareto-Kriterium und der realen Wirtschafts- und Rechtspolitik besteht.[252] Eine konkrete rechtliche Organisation, wie hier die Inquisitionsmaxime, die dann die gesamte Bevölkerung betrifft, wird kaum vorstellbar immer für alle Individuen vorteilhaft sein.[253] Folglich bleiben Mitglieder der Gesellschaft übrig, die Nachteile erleiden. Wegen deren Veto-Recht kann Pareto-Effizienz dann nicht mehr herbeigeführt werden.

Als Ergebnis kann festgehalten werden, daß die Inquisitionsmaxime, repräsentiert durch die Allokation (x1/x2; 1), nicht Pareto-effizient ist. Vielmehr wurde die Pareto-Superiorität der Verhandlungsmaxime mit der Allokation (v1/v2; 0), nachgewiesen. Jedoch sind die berechtigten Einwände gegen die Aussagekraft des Pareto-Kriteriums für die praktische Rechtspolitik zu beachten.

bb) Das Kaldor-Hicks-Kriterium

Eine bessere Entscheidungsregel zum Vergleich zweier sozialer Zustände ist das Kaldor-Hicks-Kriterium. Mit der Anwendung des Kaldor-Hicks-Kriteriums als Entscheidungskriterium kann dargestellt werden, daß die rechtliche Organisation des Zivilprozesses durch die Verhandlungsmaxime aus wohlfahrtsökonomischen Gesichtspunkten besser ist als die der Inquisitionsmaxime.

---

[250] zur Definition siehe oben C I 2
[251] Vgl. *Eidenmüller*, Effizienz als Rechtsprinzip, S. 49 f.
[252] *Eidenmüller*, Effizienz als Rechtsprinzip, S. 49
[253] *Eidenmüller*, Effizienz als Rechtsprinzip, S. 49, 52

Nach dem Kaldor-Hicks-Kriterium soll der rechtliche Zustand der Verhandlungsmaxime dem der Inquisitionsmaxime vorzuziehen sein, wenn die Benachteiligten aus dieser Entscheidung voll entschädigt werden könnten und den Bevorteilten trotzdem ein Nettovorteil übrigbliebe.[254] Dabei ist zu beachten, daß die Kompensation der Benachteiligten nicht tatsächlich durchgeführt werden muß. Entscheidend ist vielmehr, daß die Bevorteilten dies könnten.[255]

Die Allokation (v1/v2; 0), gleichbedeutend mit der Verhandlungsmaxime, bei der das öffentliche Gut staatlicher Ermittlungsapparat nicht zur Verfügung gestellt wird, ist also nach diesem Kriterium effizient, wenn die Vorteile der Mitglieder einer Gesellschaft, die die Allokation (v1/v2; 0) vorziehen, so groß sind, daß die Verlierer, die die Allokation (x1/x2; 1) präferieren, kompensiert werden könnten, damit diese indifferent gegenüber der Allokation (v1/v2; 0) sind, und den Gewinnern immer noch ein Restvorteil verbliebe.

Um herauszufinden, ob eine Möglichkeit, die Verlierer zu kompensieren, besteht, ist die jeweilige rechtliche Organisationsform auf ihre Kosten/Nutzen-Optimalität hin zu untersuchen, wobei die Inquisitionsmaxime durch die Allokation (x1/x2; 1), die Verhandlungsmaxime durch die Allokation (v1/v2; 0) repräsentiert wird. Die Allokation (v1/v2; 0) besteht dann den Kaldor-Hicks-Test, wenn der Nutzen derer, die diese Allokation bevorzugen, größer ist als die Kosten, die bei denen anfallen, die die Allokation (x1/x2; 1) präferieren. Unter diesen Umständen sind nämlich „Gewinner“ [256] in der Lage, die „Verlierer“ zu entschädigen.

Dazu ist es notwendig, den Nutzwert der einen Gruppe von Mitgliedern und die Kosten der anderen bei der rechtlichen Organisationsform Verhandlungsmaxime mit der Allokation (v1/v2; 0) zu bestimmen. Auch hier kann die Bewertung nur durch Schätzungen unter Zuhilfenahme der realen Umstände erfolgen.[257]

Bei der Auswertung des Ergebnisses, ob die Allokation (v1/v2; 0) bzw. (x1/x2; 1) Pareto-effizient ist, wurde festgestellt, daß die Mehrheit der Mitglieder einer Gesellschaft die Allokation (v1/v2; 0) präferieren. Das bedeutet für die Auswertung des Kaldor-Hicks-Kriteriums, daß diejenigen, die die Verhandlungsmaxime bevorzugen, als Gewinner in der Überzahl gegenüber

---

[254] Vgl. *Schäfer/Ott*, Ökonomische Analyse des Zivilrechts, S. 33; *Eidenmüller*, Effizienz als Rechtsprinzip, S. 51; *Posner*, S. 13 ff.

[255] *Eidenmüller*, Effizienz als Rechtsprinzip, S. 51

[256] *Varian*, Mikroökonomie, S. 409: Gewinner sind die Personen, die den Zustand präferieren, der sich durchsetzt; Verlierer die anderen

[257] *Schäfer/Ott*, Ökonomische Analyse des Zivilrechts, S. 35

den Verlierern sind. Folglich ist auch der Gesamtnutzen der Gewinner hoch, da es in einer liberalen Wirtschaftsordnung einen hohen Nutzen hat, so frei wie möglich in der Disponibilität seines Anfangsvermögens zu sein, und die Gewinner diesen Nutzen gerade präferieren. Das Anfangsvermögen v steht den Gewinnern von Anfang an frei zur Verfügung und wird nicht durch eine staatliche Abgabe zum öffentlichen Gut staatlicher Ermittlungsapparat gemindert. Ein Markt- oder Schattenpreis kann dafür aber nicht angegeben werden, da hierfür keine Preise existieren.

Die Gesamtkosten der Verlierer, derjenigen, die die Organisationsform der Inquisitionsmaxime bevorzugen, sind dagegen gering, da schon allein die Anzahl der Verlierer kleiner ist als die der Gewinner. Dabei müssen die Kosten, die den einzelnen Verlieren entstehen, genauer analysiert werden. Von ihnen zu tragende Kosten sind die Aufwendungen zur Führung des Prozesses, also gerichtliche und außergerichtliche Kosten. Darunter fallen auch Kosten für die Darlegung und den Beweis von Tatsachen. Dies kann für den Einzelnen nicht finanzierbar sein, da der Betrag für die konkreten Aufwendungen im einzelnen Prozeß größer sein kann als ein regelmäßiger Beitrag g zum öffentlichen Gut. Es entsteht das Problem, daß der sozial Schwache keine Prozesse führen kann, da ihm die Mittel für die Aufwendungen fehlen. Gerade aus diesem Grund kann der Verlierer die Existenz eine Ermittlungsapparates präferieren. Für sie ist es ein Nachteil, daß ein solcher nicht besteht. Die Frage ist nun, ob und wie dieser Nachteil der Verlierer für die Gewinner zu kompensieren wäre.

Diese Kompensation muß nicht durch das Zivilrecht erfolgen, sondern kann im Wege verschiedener rechtlicher Subsysteme geschehen, so durch ein Instrument des Sozialrechts.[258] Die Kompensation über ein sozialrechtliches Subsystem ist in einem ausdifferenzierten Rechtssystem nicht hinderlich und stellt zudem den wirkungsvolleren Ansatz dar.[259] Das Zivilrecht ist zum Schutz des Schwachen und zur Herstellung sozialer Gerechtigkeit durch Umverteilung strukturell weniger geeignet.[260]

Als Kompensationsmöglichkeit kommt das Institut der Prozeßkostenhilfe gemäß §§ 114 ff. ZPO in Betracht. Die Prozeßkostenhilfe ist eine staatliche Fürsorgeleistung zur Führung von Prozessen und somit nicht dem Zivilrecht, sondern dem Sozialrecht zugehörig.[261] Sie unterstützt die Verlierer bei der

---

[258] *Schäfer/Ott*, Ökonomische Analyse des Zivilrechts, S. 37

[259] *Schäfer/Ott*, Ökonomische Analyse des Zivilrechts, S. 37; vgl auch *Kübler*, Festschrift für Steindorff, S. 687 ff.

[260] *Ott/Schäfer*, JZ 1988, S. 222; *Kaplow/Shavell*, 23 J. Legal Studies 1994, S. 669; differenzierend *Eidenmüller*, Effizienz als Rechtsprinzip, S. 293

[261] *Musielak/Fischer*, ZPO, vor § 114, Rn. 1; *Baumbach-Lauterbach/Hartmann*, ZPO, Übers § 114, Rn. 2

Organisationsform der Verhandlungsmaxime, bei der die Allokation (v1/v2; 0) gilt, indem es ihre entstehenden Prozeßführungskosten übernimmt. Dadurch aber wird jetzt die Indifferenz der Verlierer der Allokation (v1/v2; 0) erreicht, da diese ihre Kosten im Wissen einer vorhandenen Prozeßkostenhilfe gering einstufen. Daraus folgt gleichzeitig, daß die Gewinner mit ihren Nutzensteigerungen die Verlierer kompensieren können, indem sie die Prozeßkostenhilfe durch Steuern finanzieren könnten. Bei einem Ausgleich durch Sozialrecht ist aber nötig, daß das übrige Zivilrecht effizienzorientiert ist und zwischen den Rechtsgebieten keine Generalkompensation der Benachteiligten eintritt.[262] Dies ist hier der Fall, da durch die Prozeßkostenhilfe keine Generalkompensation der Benachteiligten erfolgt, sondern nur den finanziell Bedürftigen die Prozeßkosten ersetzt werden. Da in diesem Modell eine Kompensation über das Institut der Prozeßkostenhilfe möglich ist, besteht die Verhandlungsmaxime den Kaldor-Hicks-Test. Folglich ist sie gegenüber der Inquisitionsmaxime unter wohlfahrtsökonomischen Gesichtspunkten eine effiziente rechtliche Organisationsform des Zivilprozeßrechts.

Die Anwendung des Kaldor-Hicks-Kriteriums hat folgendes gezeigt: Die Verhandlungsmaxime besteht unter Zuhilfenahme des sozialrechtlichen Subsystems der Prozeßkostenhilfe den Kaldor-Hicks-Test. Zusammenfassend ist damit die rechtliche Organisationsform der Verhandlungsmaxime zur Rekonstruktion des im Prozeß relevanten Sachverhalts unter wohlfahrtsökonomischen Gesichtspunkten effizient.

cc) Die Internalisierung externer Effekte

Die ökonomische Theorie des Rechts verfolgt das Ziel, negative externe Effekte einer Handlungsweise zu vermeiden bzw. diese dem Verursacher zuzuweisen. Externe Effekte sollen also internalisiert werden.[263] Rechtliche Strukturen oder Rechtsnormen sollen so ausgestaltet werden, daß sie in ihrer Wirkung möglichst keine negativen externen Effekte hervorrufen.[264] Dies entspricht dem Ziel, marktrationales Recht herauszubilden.[265]

Als Untersuchungsgegenstand dienen hier wiederum die rechtlichen Organisationsformen der Inquisitionsmaxime und der Verhandlungsmaxime. Es ist zu überprüfen, bei welcher Organisationsform externe Effekte hervorgerufen

---

262 *Schäfer/Ott*, Ökonomische Analyse des Zivilrechts, S. 37

263 *Salje*, Rechtstheorie 15 (1984), S. 290; *Behrens*, Rechtstheorie 12 (1981), S. 477

264 *Behrens*, Rechtstheorie 12 (1981), S. 486; *Calabresi/Melamed*, 85 Harvard L. Rev. 1972, S. 1096 f.

265 *Behrens*, Rechtstheorie 12 (1981), S. 487

werden. Ausgangspunkt soll die Inquisitionsmaxime sein, deren Hauptbestandteil, wie schon bei Anwendung des Pareto-Kriteriums und des Kaldor-Hicks-Kriteriums zugrunde gelegt, der staatliche Ermittlungsapparat ist. Jedes Mitglied der Gesellschaft, das einen Prozeß führen will, kann diesen in Anspruch nehmen. Dieser wird von allen Mitgliedern durch ihren Beitrag in Form von Steuermittel finanziert. Anzunehmen ist, daß er nicht von allen genutzt wird, da nicht jedes Gesellschaftsmitglied Prozesse bzw. gleich viele Prozesse führt. Da es sich aber bei dem Ermittlungsapparat um ein öffentliches Gut handelt, d.h. Nicht-Auschließbarkeit besteht, existiert über das Angebot des Ermittlungsapparates kein Markt. Der Nutzen der Individuen bei einem öffentlichen Gut ist unweigerlich derselbe, da jeder für seinen Beitrag dieselbe Menge des öffentlichen Gutes konsumieren kann und muß. Dies ist aber, wie angenommen, nicht der Fall. Die Inanspruchnahme durch eine prozeßführende Partei verursacht Kosten bei der steuerzahlenden Allgemeinheit. Diese Kosten, die bei der Allgemeinheit entstehen, stellen einen negativen externen Effekt dar, denn die einzelne Partei bezieht diese Kosten nicht in ihre private Kosten-Ertrags-Rechnung ein.[266] Sie muß die Prozeßführung nicht bezahlen. Diejenigen, die keine Prozesse führen, unterstützen mit ihren Beiträgen die, die prozessieren und so dabei den Ermittlungsapparat in Anspruch nehmen. So bleibt festzuhalten, daß bei einer Prozeßführung unter der Organisationsform der Inquisitionsmaxime negative externe Effekte für die Allgemeinheit entstehen.

Im Modell soll nun durch verschiedene Maßnahmen versucht werden, den externen Effekt zu internalisieren. Die Mikroökonomie hat dazu verschiedene Lösungsmöglichkeiten entwickelt. Einmal kann durch Besteuerung des externen Effekts versucht werden, das Verhalten der Individuen so zu lenken, daß diese die Verursachung des externen Effekts vermeiden. Dem Gesellschaftsmitglied wird eine sogenannte „Pigou-Steuer" in Höhe des externen Effekts auferlegt.[267]

Die andere Möglichkeit besteht in dem Versuch, eine Marktlösung anzustreben. Die Existenz des externen Effekts wird damit erklärt, daß der Verursacher des Effekts bei der Nutzung eines Gutes, hier des Ermittlungsapparates, den externen Effekt nicht in seine Kostenrechnung veranschlagen muß. Denn die prozeßführende Partei berechnet nicht mit ein, daß bei Inanspruchnahme des Ermittlungsapparates Kosten für die Allgemeinheit in Form von Steuerbeiträgen anfallen, da sie nur den von ihr selbst gezahlten Beitrag sieht. Würde man nun diesem externen Effekt einen Marktpreis zuordnen, so müßte der Nutzer des Ermittlungsapparates den Preis für den ex-

[266] *Schäfer/Ott*, Ökonomische Analyse des Zivilrechts, S. 98
[267] *Varian*, Mikroökonmik, S. 555

ternen Effekt in seine Kostenrechnung mit einbeziehen. Diese zweite Lösung, die Marktlösung, soll hier angestrebt werden.

Wie schon dargelegt, existiert bei einem staatlichen Ermittlungsapparat, der kostenlos bei einer Prozeßführung die Tatsachen und die Beweise heranschafft, kein Markt über die Beibringung von Tatsachen und Beweismitteln. Die Inanspruchnahme des Ermittlungsapparates hat einen Nullpreis, externe Effekte werden nicht in das Kosten-Nutzen-Kalkül mit aufgenommen. Konsequenz muß nun sein, daß man der Leistung des Ermittlungsapparates, das Heranschaffen von Tatsachen und Beweisen, einen Preis gibt. Die Finanzierung des Ermittlungsapparates erfolgt durch diejenigen, die den Ermittlungsapparat im Einzelfall bei ihrer Prozeßführung in Anspruch nehmen. Eine Bezahlung eines öffentlichen Gutes für die konkreten Inanspruchnahmen stellt dann aber eine Gebühr dar und keine Steuer. Das hat zur Folge, daß der Ermittlungsapparat nicht mehr über eine Steuer, sondern durch eine Gebühr finanziert wird. Dadurch ist aber jetzt nicht mehr die Allgemeinheit durch einen Steuerbeitrag belastet, so daß dieser negative externe Effekt verschwunden ist. Somit kommt man zu dem Ergebnis, daß ein durch eine Benutzungsgebühr finanzierter staatlicher Ermittlungsapparat keine externen Effekte hervorruft. Kosten für die Allgemeinheit können aber in der Weise bestehen bleiben, daß die administrative, personelle und sachliche Ausstattung durch Steuerbeiträge zu finanzieren ist.

Betrachtet man aber einen durch Benutzungsgebühren finanzierten Ermittlungsapparat genauer, so muß man feststellen, daß durch eine Privatisierungsmaßnahme dieser Staatsbehörde ein Zustand erreicht wird, der mit der Organisationsform der Verhandlungsmaxime umschrieben werden kann. Denn es ist nicht einzusehen, warum ein staatlicher Ermittlungsapparat hier ein Ermittlungsmonopol haben soll. Genauso kann die prozeßführende Partei einen Privaten mit der Beibringung von Tatsachen und Beweismitteln beauftragen, z.B. ein Detektivbüro, einen Steuerberater oder Rechtsanwalt. Für die Partei ist es nämlich egal, ob sie den staatlichen Ermittlungsapparat beauftragt oder einen Privaten für Ermittlungen engagiert, da sie für beide bezahlen muß. Ein staatlicher Ermittlungsapparat wird dadurch überflüssig und verursacht dann auch keine Kosten der Administration. In einer Organisationsform, wo kein Ermittlungsapparat existiert und daher die Parteien andere Institutionen beauftragen müssen, ist es den Parteien aber auch möglich, sich selbst um die Beibringung der Tatsachen und Beweismittel zu kümmern. Dies entspricht aber genau der Organisationsform der Verhandlungsmaxime.

Somit hat dieses Modell gezeigt, daß bei Geltung der Inquisitionsmaxime mit einem staatlich aus Steuermitteln finanzierten Ermittlungsapparat die Prozeßführung der Parteien einen negativen externen Effekt verursachen.

Durch die mikroökonomische Methode der Marktlösung wird der externe Effekt internalisiert. Ferner wurde durch eine Maßnahme, die einer Privatisierung des staatlichen Ermittlungsapparates entspricht, eine Situation in der Prozeßführung geschaffen, die vieles mit der Organisationsform der Verhandlungsmaxime gemein hat. Damit ist nachgewiesen, daß bei Geltung der Rechtsstruktur der Verhandlungsmaxime keine negativen externen Effekte verursacht werden, so daß sie aus diesem Blickfeld als effizient bezeichnet werden kann.

dd) Die *Property Rights Theory*

Ein anderes Begründungskonzept der ökonomischen Theorie des Rechts, das Effizienz von Rechtsinstituten durch Internalisierung von externen Effekten erreichen und so marktrationales Recht herstellen will, ist die *Property Rights Theory*. Unter *property rights* sind nicht nur privatrechtliche Eigentumsrechte, sondern sämtliche Besitz-, Handlungs- und Nutzungsrechte zu verstehen, die in einer Verkehrswirtschaft frei getauscht werden können.[268] Diese Nutzungsrechte sollen in einer Gesellschaft institutionalisiert und dem richtigen Träger zugeordnet werden.[269]

Für diese Untersuchung soll modellhaft angenommen werden, daß die Möglichkeit, bei der Prozeßführung kostenlos den staatlichen Ermittlungsapparat in Anspruch zu nehmen, das Nutzungsrecht, also das *property right* sei. Bei der Herrschaft der Inquisitionsmaxime kann, wie bereits angenommen, dieser Ermittlungsapparat von jedem Mitglied der Gesellschaft genutzt werden. Da der Ermittlungsapparat somit ein öffentliches Gut ist[270], ist dieses *property right* als „verdünnt" anzusehen.[271]

Im Modell kann nun auf zwei verschiedene Arten dargestellt werden, wie bei solchen *„attenuated property rights"* externe Effekte und Fehlnutzungen auftreten können. Wenn man davon ausgeht, daß der Ermittlungsapparat eine begrenzte Ressource darstellt, von den Mitgliedern jedoch unbegrenzt genutzt werden darf, dann wird der Ermittlungsapparat effizient genutzt, solange der Gesamtbedarf der Nutzer geringer als die Kapazität der Möglichkeiten des Ermittlungsapparats ist. Wenn jedoch der Gesamtbedarf der Nutzer größer als die angebotene Kapazität ist, also der Ermittlungsapparat häufiger mit der Heranschaffung von Tatsachen und Beweisen in Anspruch genommen wird, als er bewältigen kann, dann treten Fehlnutzungen auf. Die

---

[268] *Salje*, Rechtstheorie 15 (1984), S. 282; *Leipold*, WiSt 1978, S. 518
[269] *Behrens*, Rechtstheorie 12 (1981), S. 487
[270] Siehe oben C III 3 a) aa)
[271] *Schäfer/Ott*, Ökonomische Analyse des Zivilrechts, S. 515

Fehlnutzungen ergeben sich dadurch, daß bei unverändertem Verhalten der Nutzer manche leer ausgehen würden, d.h. sie könnten den Ermittlungsapparat nicht mehr in Anspruch nehmen und somit auch keine Prozesse erfolgreich führen. Das Recht des freien Zugangs wirkt sich also zugunsten derer aus, die in einer abgeschlossenen Zeitperiode zuerst ihre Prozesse führten. Es gilt das Prioritätsprinzip. Dieser Umstand führt aber dazu, daß sich potentielle Nutzer möglichst schnell und viel mit der Ressource versorgen. Sie würden folglich eher auf eine außergerichtliche Einigung verzichten und sofort die Klage einreichen und auch mehr Sachverhalte als sonst durch die Gerichte regeln lassen. Dies stellt aber eine Fehlnutzung dar, da der Ermittlungsapparat in Fällen in Anspruch genommen wird, wo dies gar nicht nötig wäre. Die Ressource Ermittlungsapparat wird ineffizient genutzt. Im Ergebnis ist daher die Inquisitionsmaxime, die freien Zugang zu der begrenzten Ressource Ermittlungsapparat gewährt, als rechtliche Organisationsform ineffizient.

In der Realität wird jedoch der Ermittlungsapparat in einer Zeitperiode allen zur Verfügung gestellt und nicht nur bis zur Ausschöpfung seiner begrenzten finanziellen Mittel. Aus diesem Grund muß man bei Gelten der Inquisitionsmaxime davon ausgehen, daß der staatliche Ermittlungsapparat allen frei und unbegrenzt zur Verfügung steht. Eine effiziente Nutzung des Ermittlungsapparates ergibt sich dann, wenn die Differenz zwischen dem Gesamtertrag – also die Summe der Ertragswerte aller einzelnen Nutzer – und den Kosten maximiert wird. Der Einzelne würde den Ermittlungsapparat nur solange nutzen, bis sich für ihn ein Maximum der Differenz seines Ertrags und seiner Kosten eingestellt hat.

Der Ermittlungsapparat steht aber in unserem Modell allen Mitgliedern der Gesellschaft zur Verfügung, die unabhängig voneinander nutzungsberechtigt sind. Jeder von ihnen wird dann aber auch unabhängig vom anderen Nutzen aus der Ressource ziehen, d.h. Prozesse mit Hilfe des Ermittlungsapparates führen, bis sein Durchschnittsertrag über seinen Kosten liegt. Dabei berücksichtigt er aber nicht, daß sein Ertrag den Ertrag der anderen Nutzungsberechtigten mindert bzw. deren Kosten erhöht, denn diese Kosten sind von den übrigen Nutzungsberechtigten zu tragen. Eine effiziente Nutzung liegt demnach solange vor, wie die Ertragssteigerung des Einzelnen die übrigen Nutzer nicht mit zusätzlichen Kosten belastet.

Auch hier entsteht dann eine Fehlnutzung der Ressource Ermittlungsapparat. Denn der Einzelne wird versuchen, den Ermittlungsapparat immer häufiger und intensiver in Anspruch zu nehmen, weil er ja seinen Ertrag aus diesem Nutzungsrecht des freien Zugangs erhöhen will. Dann kommt es ebenfalls zu den obengenannten Phänomenen der verfrühten und häufigeren Klagen. Dies wirkt sich dann zwangsläufig auf die anderen Nutzungsberechtigten aus, die den Ermittlungsapparat nicht mehr so intensiv nutzen können. Eine andere Reaktion ist, daß der staatliche Ermittlungsapparat wegen seiner erhöhten Inanspruchnahme sachlich und personell ausgeweitet werden muß, was sich in höheren Steuerbeiträgen niederschlägt. Daher führt das Streben des Einzelnen nach Ertragsmaximierung zu höheren Kosten, die von allen Nutzungsberechtigten zu tragen sind. Erst wenn beim Einzelnen der Durchschnittsertrag unter seine anteiligen höheren Kosten fällt, wird er von häufigeren Inanspruchnahmen des Ermittlungsapparates Abstand nehmen. Diese Fehlnutzungen, die bei Geltung der Inquisitionsmaxime auftreten, zeigen, daß diese Organisationsform auch nach Zugrundelegen des unbeschränkten Zugangs ineffizient ist.

So bleibt festzuhalten, daß unter der rechtlichen Struktur der Inquisitionsmaxime die Nutzung des ihr innewohnenden staatlichen Ermittlungsapparates ein ausgedünntes Nutzungsrecht im Sinne der *Property Right Theory* darstellt.[272] Die im Modell abgebildeten Abläufe haben gezeigt, daß es hierbei zu Fehlnutzungen der Ressource Ermittlungsapparat kommt, wenn der Gesamtbedarf der Nutzer größer als die angebotene Kapazität der Ressource ist, oder wenn die einzelnen Nutzer unabhängig voneinander ihren Ertrag hinsichtlich der Nutzung steigern wollen. Auch ist sichtbar geworden, daß das ausgedünnte Nutzungsrecht einen negativen externen Effekt verursacht, da Kosten für das Nutzungsrecht nicht direkt bei dem Einzelnen entstehen und er diese somit bei der Nutzung nicht in Betracht zieht.[273]

Der Ansatz der *Property Rights Theory* geht dahin, die Fehlnutzungen und die negativen externen Effekte durch exklusive Nutzungsrechte zu beseitigen.[274] Das Nutzungsrecht Inanspruchnahme des Ermittlungsapparates soll exklusiver ausgestaltet werden, so daß dann hinsichtlich dieses Nutzungsrechts ein Markt entstehen kann. Dieser Prozeß hin zur Herausbildung eines exklusiven Nutzungsrechts soll hier im Modell unter der Voraussetzung nachvollzogen werden, daß keine Transaktionskosten bestehen. Diese Realitätsferne hindert nicht die Aussagekraft des Modells, da nicht der Vorgang der Veränderung der Nutzungsrechte entscheidend ist, sondern nur die beiden Zustände vor und nach Veränderung der Nutzungsrechte miteinander verglichen werden sollen.[275]

In einem Zustand verdünnter Nutzungsrechte, der bei der Inquisitionsmaxime besteht, kommt es aber zu Fehlnutzungen hinsichtlich der Ressource und

---

[272] *Demsetz*, Toward a Theory of Property Rights, S.37 „right by communal ownership which can be exercised by all members of the community"

[273] *Demsetz*, Toward a Theory of Property Rights, S. 39

[274] *Schäfer/Ott*, Ökonomische Analyse des Zivilrechts, S. 528

[275] Vgl. *Behrens*, Rechtstheorie 12 (1981), S. 482 f.

zu externen Effekten.[276] Ziel muß es daher sein, durch geeignete Maßnahmen, die Nutzung der Ressource Ermittlungsapparat neu zu ordnen, um Ineffizienzen zu vermeiden und zu erreichen, daß das Individuum den externen Effekt in sein Kosten-Nutzen-Kalkül miteinbezieht.[277] Dies kann durch Herausbildung effizienter und exklusiver Nutzungsrechte, die sich auf einem zu schaffenden Markt gegenübertreten, erreicht werden. Auf diesem könnten dann die Personen Nutzungsrechte verkaufen oder kaufen.

Eine exklusive Nutzung des Ermittlungsapparates wird z.B. erreicht, wenn jedem Mitglied der Gesellschaft die Genehmigung zugewiesen wird, den Ermittlungsapparat in einer bestimmten Zeit z.B. fünf Mal zur Prozeßführung in Anspruch zu nehmen. Dann hat jedes Mitglied fünf exklusive Nutzungsrechte hinsichtlich des Ermittlungsapparates, da es fünf Mal zur Nutzung berechtigt ist und dabei alle anderen von der Nutzung ausschließen kann. Diese Exklusivität der Nutzungsrechte bei einem Individuum führt auch dazu, daß ein Markt über diese Nutzungsrechte entsteht. Denn derjenige, der mehr als fünf Prozesse führen will, ist gezwungen, den Inhabern der Nutzungsrechte die Nutzungsmöglichkeit im Tauschwege abzukaufen.[278] Er kann sich also von jemandem, der weniger als fünf Nutzungsrechte benötigt, ein solches Nutzungsrecht kaufen. Die Kosten für seine vermehrte Nutzung des Ermittlungsapparates fallen nun nicht mehr bei der Allgemeinheit über erhöhte Steuerbeiträge an, sondern sind von ihm selbst in Form des Kaufpreises für das Nutzungsrecht zu tragen. Das bedeutet, daß der negative externe Effekt internalisiert ist, denn er ist im Kosten-Nutzen-Kalkül des einzelnen Individuums miteinbezogen.

Weiterhin muß gesehen werden, daß der Steuerbeitrag, der für die Aufrechterhaltung des Ermittlungsapparates aufgebracht wird, für eine gewisse Anzahl von Nutzungsrechten, die zur Prozeßführung berechtigen, geleistet wird. Der finanzielle Aufwand korreliert mit einer Zahl von Nutzungsrechten, so daß dieser eine Gebühr für die Nutzungsrechte darstellt. Eine Gebührenfinanzierung macht es aber nicht mehr zwingend nötig, die Ermittlungstätigkeit als staatliches Monopol zu führen. Vielmehr würde durch eine Privatisierungsmaßnahme dann ein Markt über Ermittlungstätigkeiten ohne staatlichen Anbieter entstehen.[279] Auf diesem Markt könnten die prozeßführenden Parteien nach solchen Tätigkeiten nachfragen, oder aber sich selbst um die Beibringung von Tatsachen und Beweisen kümmern. Eine solche Organisation hinsichtlich der Heranschaffung von Tatsachen und Beweisen entspricht dem rechtlichen Institut der Verhandlungsmaxime. Da die Nut-

[276] Siehe oben III 3 b) cc)
[277] Vgl. *Behrens*, Rechtstheorie 12 (1981), S. 481
[278] Vgl. *Behrens*, Rechtstheorie 12 (1981), S. 481
[279] Siehe oben III 3 b) cc)

zungsrechte dann nicht mehr nur gegenüber dem Monopolisten staatlicher Ermittlungsapparat geltend gemacht werden können, sondern die Ermittlungstätigkeit sich durch den Markt regelt, besteht für sie auch keine Kontingentierung mehr.

Das Modell hat gezeigt, daß vom Ausgangspunkt der Inquisitionsmaxime, wo die Nutzungsrechte noch verdünnt waren, die Herausbildung exklusiver Nutzungsrechte, wie sie unter Geltung der Verhandlungsmaxime bestehen, negative externe Effekte und Fehlnutzungen vermeidet, weil die Kosten des Nutzungsrechts bei jedem Einzelnen anfallen und deswegen von ihm in seinen Kosten-Nutzen-Vergleich miteinbezogen werden.

ee) Die Anwendung des *cheapest-cost-avoider*-Prinzips

Die Figur des *cheapest-cost-avoider* wurde von *Calabresi*, beruhend auf den Überlegungen von *Coase* und *Demsetz* entwickelt, um das Problem im Schadensrecht, wem die Schadensersatzpflicht zugewiesen werden soll, zu lösen.[280] Im Folgenden soll diese Figur für das Zivilprozeßrecht fruchtbar gemacht werden, wie das *Gottwald* schon 1988 vorgeschlagen hat.[281] Bei der Untersuchung der Haftungsverteilung im Schadensrecht hat *Calabresi* verschiedene externe Effekte aufgedeckt und Lösungen entwickelt, diese zu internalisieren. Insbesondere hat *Calabresi* die externen Effekte untersucht, die bei der Übertragung[282] der Kosten von einem Kostenträger zu einem anderen entstehen.[283] Das Auftreten solcher externen Effekte soll nun besonders untersucht werden.

Da es sich bei Schadensrecht und Zivilverfahrensrecht um verschiedene Rechtsmaterien handelt, die jeweils anderen Rechtsgrundsätzen und Rechtsprinzipien unterliegen, kann es nur darum gehen, das für die ökonomische Interpretation des Schadensrechts entwickelte Prinzip auf das Zivilprozeßrecht zu übertragen. Im folgenden sollen diese Lösungsmodelle zur Vermeidung externer Effekte, soweit sie auch im Zivilverfahrensrecht auftreten, übernommen werden.

Das Prinzip des *cheapest-cost-avoider* besagt, daß derjenige die unvermeidlichen Kosten zu tragen hat, der sie mit dem geringsten Aufwand hätte vermeiden können.[284] Für die hier aufgeworfene Fragestellung im Zivilverfah-

---

[280] *Calabresi*, The Costs of Accidents
[281] *Gottwald*, Festschrift für Fasching, S. 185
[282] *Calabresi*, The Costs of Accidents, S. 147 spricht von „transfer"
[283] Vgl. *Bowles*, Economic Aspects of Legal Procedure, S. 197
[284] *Calabresi*, The Costs of Accidents, S. 135; vgl. *Salje*, Rechtstheorie 15 (1984), S. 285

rensrecht bedeutet dies, daß ermittelt werden soll, wem die Kosten, die bei Ermittlung der Tatsachen und Beweismittel unvermeidbar entstehen, auferlegt werden sollen: dem Staat oder den Parteien.

Bei Geltung der Inquisitionsmaxime würde diese Kosten der Staat, finanziert durch Steuerbeiträge der Allgemeinheit, tragen[285] und, wenn das Zivilprozeßrechtssystem durch die Verhandlungsmaxime organisiert ist, die Parteien selbst, die sich dann auch selbst finanzieren müssen. In einem reinen Markt ohne Transaktionskosten und Informationskosten werden die Kosten an die Aktivitäten oder Organisationen verteilt, die die Kosten am billigsten vermeiden können[286], also in unserem Fall entweder an den Staat oder an die Parteien. Voraussetzung hierfür ist aber, daß ein Markt über prozessuale Ermittlungskosten besteht und keine Transaktionskosten anfallen. In Wirklichkeit sind jedoch allein die Transaktionskosten oft prohibitiv hoch, so daß es nicht lohnend ist, die Transaktionskosten zu zahlen und zusätzlich die Kosten, um jemanden zu veranlassen, sich kostenmindernd zu verhalten.[287] Daher wird es nicht zu einer Übertragung der prozessualen Ermittlung zwischen Inquisitionsmaxime und Verhandlungsmaxime bzw. umgekehrt kommen. Deswegen verlangt das Prinzip des *cheapest-cost-avoider*, schon von vornherein die Kostenallokation zu finden, mit der die unausweichlichen Kosten am besten vermieden werden, wobei hier nur entweder die Inquisitionsmaxime oder die Verhandlungsmaxime zur Kostenallokation zur Verfügung stehen. Wer dann nach Erstellung der optimalen Kostenallokation die Kosten tragen soll, bei der Inquisitionsmaxime der Staat bzw. bei der Verhandlungsmaxime die Parteien, der ist dann der *cheapest-cost-avoider*.

Um herauszufinden, wer der *cheapest-cost-avoider* ist, sollen zuerst in einer Vorüberlegung alle Kostenvermeidungstätigkeiten unangetastet bleiben, wo dies aus politischen Gründen gewünscht wird.[288] So würde ein Verbot der Prozeßführung natürlich kostenmindernd sein, jedoch ist ein solches Verbot politisch unerwünscht und verfassungsrechtlich unzulässig, so daß eine derartige Kostenvermeidungsstrategie nicht in Frage kommt.

Als nächster Schritt ist dann herauszufinden, in welcher rechtlichen Organisationsform ein Maximum an Internalisierung der Kosten erreicht werden kann.[289] So soll auf jeden Fall verhindert werden, daß die Kosten der prozessualen Ermittlungstätigkeit, die den Parteien zugute kommt, der Allgemein-

---

[285] Siehe oben C III 3 a) aa)
[286] *Calabresi*, The Costs of Accidents, S. 135 f.
[287] *Calabresi*, The Costs of Accidents, S. 136
[288] *Calabresi*, The Costs of Accidents, S. 141
[289] Vgl. *Calabresi*, The Costs of Accidents, S. 144 ff.

heit aufgebürdet werden, außer dies wäre erheblich billiger. *Calabresi* hat dabei auf das Auftreten von drei externen Effekten hingewiesen. Diese Externalitäten sind entsprechend bei der Wahl zwischen Verhandlungsmaxime und Inquisitionsmaxime zu beachten.

Erstens sind externe Effekte hinsichtlich der Kosten auf eine ungenaue Kategorisierung des Kostenträgers zurückzuführen.[290] Würden die Kosten einer prozessualen Ermittlung nicht als spezifizierte Prozeßkosten, sondern zum Beispiel als Kosten zum Betreiben eines Unternehmens oder noch allgemeiner als Lebenshaltungskosten angesehen, so folgt daraus, daß die Kosten von dieser Kategorie getragen werden müßten, also von allen Unternehmern bzw. allen Mitgliedern einer Gesellschaft. Ist aber die Kategorisierung nicht spezifiziert, sondern sehr breit angelegt, dann entsteht auch für den Einzelnen kein oder nur ein sehr geringer Präventionsdruck zur Vermeidung der Kosten. Eine solche Kostenallokation kann dann aber nicht effizient im Sinne des *cheapest-cost-avoider*-Prinzips sein.

Vergleicht man die Kostenträgerschaft bei den beiden Organisationsformen des Zivilprozesses, so ergibt sich folgendes. Die Inquisitionsmaxime erfordert einen staatlichen Ermittlungsapparat, der durch Steuerbeiträge der Allgemeinheit finanziert wird. Folglich liegt hier die breitest mögliche Kategorisierung vor, nämlich alle Mitglieder einer Gesellschaft. Nach der oben aufgezeigten Argumentation kann es hierbei nicht zu einer optimalen Kostenallokation kommen. Bei der gegensätzlichen Organisationsform, der Verhandlungsmaxime, wurde zugrunde gelegt, daß die Parteien, die den Prozeß betreiben, ihre Ermittlungskosten selbst bezahlen. Hier liegt mit der Bezugnahme auf die Prozeßparteien eine sehr enge Kategorisierung vor. Dies bewirkt bei den Parteien, da sie diese Kosten in ihren Nutzen-Kosten-Vergleich mit einbeziehen müssen, den gewünschten Präventionsdruck. Die Allokation der Kosten auf die prozeßführenden Parteien ist daher effizient im obigen Sinne.

Zweitens müssen externe Effekte berücksichtigt werden, die bei der Übertragung der Kosten – sog. *transfer costs* – entstehen.[291] Die Prozeßpartei ist *cheapest-cost-avoider*, wenn sie solche Übertragungskosten gering hält. Ist die Prozeßführung eine konkret eingrenzbares Verhalten, dann ist es gerecht, dem Träger der Aktivität die Vermeidungskosten aufzuerlegen, da er sich auch durch eine spezielle Versicherung absichern kann.

Dazu ist die Einordnung der Aktivität Prozeßführung nötig. Dabei handelt es sich um keine Tätigkeit, die von jedem Mitglied einer Gesellschaft täglich

[290] Vgl. *Calabresi*, The Costs of Accidents, S.145
[291] Vgl. *Calabresi*, The Costs of Accidents, S. 147

ausgeführt wird. Vielmehr wird sie nur vorgenommen zur Bewältigung bestimmter Probleme. Somit handelt es sich bei der Prozeßführung um eine begrenzbare Tätigkeit und damit um eine spezifizierte Verhaltensweise. Deswegen ist es auch sinnvoll, den jeweiligen Prozeßparteien die Kosten aufzuerlegen, denn diese können sich auch durch eine spezifische Versicherung, eine Rechtsschutzversicherung, gegen das Kostentragungsrisiko absichern. Damit wird aber die Kostentragung nicht auf die Allgemeinheit, wie bei der Inquisitionsmaxime, übertragen, so daß kein negativer externer Effekt verursacht wird.[292] So bleibt festzuhalten, daß bei Geltung der Verhandlungsmaxime kein negativer externer Effekt aus der Übertragung von Prozeßkosten verursacht wird.

Schließlich muß bezüglich der Verhandlungsmaxime untersucht werden, ob externe Effekte aufgrund unzureichenden Wissens auftreten.[293] Um externe Effekte zu vermeiden, müssen die Parteien um die Größe ihres Kostenrisikos wissen, denn dieses Wissen wirkt auf ihr Verhalten ein. Ist den Parteien die Höhe ihrer Kosten bewußt, so werden sie kostenvermeidend agieren. Haben sie dagegen davon keine Kenntnis, so wird die Zuweisung der Kostentragungspflicht ihr Verhalten nicht ändern, so daß man gleich die Kosten auf die Allgemeinheit verteilen könnte.[294] Die Parteien können nie im voraus wissen, wie hoch genau die gesamten Kosten der Prozeßführung liegen. Jedoch können Gerichtskosten und Anwaltskosten aufgrund gesetzlicher Vorgaben und Gebührentabellen sehr gut im voraus bestimmt werden. Auch die Höhe der Kosten der Beweismittel, wie Sachverständigengutachten und Zeugenaussagen, lassen sich inzwischen aufgrund von Erfahrungswerten angeben. Damit ist wohl den Parteien eine hinreichend genaue Erfassung ihrer Kosten im voraus möglich. Aufgrund dieses Wissens entstehen bei Geltung der Verhandlungsmaxime keine externen Effekte, wodurch gerechtfertigt ist, den Parteien die Kostentragungspflicht zuzuweisen.

Somit kann als Ergebnis festgestellt werden, daß die rechtliche Organisationsform der Verhandlungsmaxime keine negativen externen Effekte im Sinne des *cheapest-cost-avoider*-Prinzips auftreten läßt.

Als viertes und letztes Auswahlkriterium hinsichtlich der rechtlichen Organisationsstruktur des Zivilprozesses sollen entsprechend *Calabresis* Untersuchungen die Ermittlungskosten, die bei der Prozeßführung anfallen, so verteilt werden, daß die Wahrscheinlichkeit, daß der Markt Allokationsfeh-

---

[292] Ein anderes Problem ist, daß durch rege Prozeßführung die Versichertengemeinschaft der Rechtsschutzversicherten belastet wird; siehe hierzu *Adams*, Ökonomische Analyse des Zivilprozesses, 1981

[293] Vgl. *Calabresi*, The Costs of Accidents, S. 148

[294] Vgl. *Calabresi*, The Costs of Accidents, S. 148

ler durch seine ausgleichende Wirkung korrigieren kann, maximiert wird. Diesem Kriterium liegt zugrunde, daß trotz Transaktionskosten der Markt den *cheapest-cost-avoider* findet und ihn durch Anreize[295] beeinflußt.[296]

Das bedeutet, daß demjenigen die prozessualen Ermittlungskosten auferlegt werden, der am billigsten darüber verhandeln kann. Wie oben schon festgestellt, existiert, wenn die Inquisitionsmaxime gilt, kein Markt über die Ermittlungstätigkeit. Folglich gibt es keine ausgleichende Funktion des Marktes, was auch zu Fehlnutzungen und damit zu Ineffizienzen führt.[297] Die Wahrscheinlichkeit von Allokationsfehlern ist somit unüberbrückbar hoch. Bei der Verhandlungsmaxime ist es dagegen für die Parteien möglich, eine Einigung hinsichtlich der Kostentragungspflicht zu erzielen, da im Modell jeder seine Kosten selbst zu tragen hat.[298] Es existiert damit ein Markt für die prozessualen Ermittlungskosten. Daher besteht hier zumindest die Möglichkeit, daß dieser Markt eventuelle Allokationsfehler beseitigt. Die Wahrscheinlichkeit, Allokationsfehler über den Markt zu korrigieren ist hoch. Sie ist jedenfalls höher als bei Geltung der Inquisitionsmaxime.

Zusammenfassend hat die Anwendung der von *Calabresi* aufgestellten Kriterien gezeigt, daß die Parteien unter Geltung der Verhandlungsmaxime *cheapest-cost-avoider* sind. Denn unter dieser rechtlichen Organisationsform werden externe Effekte vermieden und ein Markt geschaffen, der eventuelle Allokationsfehler vermeiden kann.

ff) Zusammenfassung

Durch Anwendung verschiedener mikroökonomischer Modelle sowie Methoden der ökonomischen Theorie des Rechts sollte untersucht werden, welche Organisationsform, die Verhandlungsmaxime oder die Inquisitionsmaxime, eine effiziente Verhaltenssteuerung der Prozeßparteien bewirkt, wobei das ökonomische Verhaltensmodell vorausgesetzt wurde. Solche Modelle erscheinen zugegebenermaßen abstrakt und damit realitätsfern. Klar ist, daß sie nicht auf jeden Einzelfall passen und die Abläufe sich nicht immer nach dem obigen Muster gestalten. Sie sind aber die einzige Möglichkeit, mikroökonomische Sachverhalte zu erklären, zumal es darum geht, Tendenzen und Gesamtzusammenhänge, also ein Prinzip aufzudecken.[299]

---

[295] *Calabresi*, The Costs of Accidents, S. 150 spricht hier von „ bribes"; womit aber nicht der strafrechtliche Begriff der Bestechung gemeint ist

[296] Vgl. *Calabresi*, The Costs of Accidents, S. 150

[297] Siehe oben C III 3 b) cc)/dd)

[298] Siehe oben in diesem Abschnitt

[299] Vgl. *Ott/Schäfer*, JZ 1988, S. 219

Die Anwendung hat gezeigt daß der zivilprozessualen Organisationsstruktur der Verhandlungsmaxime, so wie sie definiert wurde[300], Effizienz innewohnt, da sie gegenüber der Inquisitionsmaxime Pareto-effizient ist und den Kaldor-Hicks-Test passiert. Auch verhindert sie das Auftreten von externen Effekten. Auf der anderen Seite hat die Untersuchung ergeben, daß die Inquisitionsmaxime, die zwingend einen staatlichen Ermittlungsapparat voraussetzt, zu Fehlnutzungen und negativen externen Effekten führt. Nach der ökonomischen Theorie des Rechts ist ein solches Rechtsinstitut als ineffizient einzustufen.

4. Änderung des Ergebnisses bei Geltung der modifizierten Verhandlungsmaxime

Unter Abschnitt 3 wurde aufgrund mikroökonomischer Methoden gezeigt, daß dem vorher definierten Grundsatz der Verhandlungsmaxime das Rechtsprinzip der Effizienz innewohnt. Diese Definition ging von der Geltung der Verhandlungsmaxime in ihrer Reinform aus. Vorab wurde aber schon angedeutet, daß der deutsche Zivilprozeß nicht von der Verhandlungsmaxime in Reinform beherrscht wird, sondern nur von einer modifizierten Verhandlungsmaxime gesprochen werden kann.[301] Daher muß des weiteren untersucht werden, ob das oben gefundene Ergebnis bei Zugrundelegen der modifizierten Verhandlungsmaxime Änderungen unterliegt.

a) Die modifizierte Verhandlungsmaxime

Der Verfahrensgrundsatz der Verhandlungsmaxime im deutschen Zivilverfahrensrechts hat einige Modifizierungen erfahren. Eine nachhaltige Durchbrechung des „reinen“ Verhandlungsgrundsatzes kennt die Zivilprozeßordnung bei Erhebung der Beweise.[302] Die anderen entscheidenden Elemente der Verhandlungsmaxime sind dagegen erhalten geblieben. So tragen weiterhin nur die Parteien die Tatsachen vor und nur diese sind aufklärungsbedürftig, entscheidungserheblich und in einem Urteil verwertbar. Parteibehauptungen können gemäß §§ 138 Abs. 3, 288 Abs. 1 ZPO zugestanden werden und nur von einer Partei bestrittene Tatsachen sind beweisbedürftig.[303]

---

300 Siehe oben C III 3 a) bb)

301 Siehe oben C III 3

302 *Prütting*, NJW 1980, S. 363; *Schlosser*, Zivilprozeßrecht I, Rn. 164

303 *Bettermann*, ZZP 91 (1978); S. 390; *Prütting*, NJW 1980, S. 363

Die Durchbrechung der Verhandlungsmaxime bei der Beweiserhebung bezieht sich auf die Beweismittel des Urkunden-, Sachverständigen-, Augenschein-, und Parteibeweises.[304] Ausgenommen von dieser Durchbrechung bleibt folglich der Zeugenbeweis.

Nach den §§ 142, 143 ZPO in Verbindung mit § 273 Abs. 2 Nr. 1 ZPO kann auch das Gericht von Amts wegen von den Parteien die Vorlage von Urkunden und Akten, gemeint sind solche der Parteien und ihrer Rechtsanwälte,[305] verlangen. Als Einschränkung dazu muß aber gesehen werden, daß die Urkunde dann im Prozeß als Beweismittel nur benutzt werden darf, wenn sich eine Partei auf sie bezogen hat, wie sich aus § 142 Abs. 1 ZPO ergibt.[306] Gemäß § 273 Abs. 2 Nr. 2 ZPO darf das Gericht Behörden um Mitteilung von Urkunden und Erteilung öffentlicher Auskünfte ersuchen, aber nur, wenn sich eine Partei auf sie bezogen hat.[307]

Aus § 144 Abs. 1 ZPO in Verbindung mit § 273 Abs. 2 Nr. 4 letzter Hs. ZPO ergibt sich, daß das Gericht auch einen Augenschein- und Sachverständigenbeweis von Amts wegen anordnen kann. Schließlich gibt § 448 ZPO dem Gericht die Möglichkeit, die Vernehmung einer Partei anzuordnen, wenn es nach der bisherigen Verhandlung und Beweisaufnahme noch nicht von der Wahrheit oder Unwahrheit einer zu beweisenden Tatsache überzeugt ist.

Diese Modifikationen geben dem Gericht die Möglichkeit, von Amts wegen eine Beweisaufnahme durchzuführen. Jedoch ist das Gericht, und dies ist ein gewichtiger Unterschied zur Inquisitionsmaxime, nicht verpflichtet, eine Beweisaufnahme durchzuführen.[308] Weiterhin darf eine solche Beweisaufnahme auch nicht dazu benützt werden, neue, nicht von den Parteien behauptete Tatsachen in das Verfahren einzuführen.[309]

---

[304] Siehe hierzu *Schlosser*, Zivilprozeßrecht I, Rn. 165

[305] *Thomas/Putzo/Reichold*, ZPO, § 143, Rn. 1

[306] *Rosenberg/Schwab/Gottwald*, Zivilprozeßrecht, § 78 III 3; *Baumbach-Lauterbach/Hartmann*, ZPO, § 142, Rn. 9; *Zöller/Greger*, ZPO, § 142, Rn. 1, *Thomas/Putzo/Reichold*, ZPO, § 142, Rn. 1; der anderen Ansicht, *Stein/Jonas/Leipold*, ZPO, § 142, Rn. 2, die auf das Erfordernis des Bezugs durch die Parteien mit Hinweis auf § 273 Abs. 2 Nr. 1 ZPO verzichtet, kann nicht gefolgt werden. Diese Ansicht verkennt, daß § 273 ZPO nur eine Förderungspflicht des Gerichts normiert, jedoch keine Ermächtigung zu Amtsermittlungen gibt, also nur verfahrensleitender Natur ist; siehe hierzu *Zöller/Greger*, ZPO, § 273, Rn. 1, 7. Somit kann die Anordnung in § 142 ZPO nicht durch § 273 Abs. 2 Nr. 1 ZPO derogiert werden; vgl auch *Schlosser*, Zivilprozeßrecht I, Rn. 166

[307] *Zöller/Greger*, ZPO, § 273, Rn. 7; *Musielak/Foerste*, ZPO, § 273, Rn. 12

[308] *Prütting*, NJW 1980, S. 363

[309] *Schlosser*, Zivilprozeßrecht I, Rn. 167, *Baur/Grunsky*, Zivilprozeßrecht, Rn. 40; vgl. RGZ 151, 93 (98)

Keine Durchbrechung, aber eine wichtige Milderung erfährt die Verhandlungsmaxime durch § 139 ZPO, der eine richterliche Frage- und Aufklärungspflicht normiert.[310] Dabei führt aber weniger die Existenz der Vorschrift, denn § 139 ZPO ist in seinem Grundgehalt schon in der Urfassung der ZPO enthalten, als vielmehr der Gebrauch dieser Norm und das Verständnis dieser Regelung zu einer Modifizierung.[311] Diese Frage- und Aufklärungspflicht des Gerichts gibt ihm die Möglichkeit, auf die Parteien einzuwirken, alle erheblichen Tatsachen vorzutragen und den Sach- und Streitstand vollständig zu erörtern. Nach einhelliger Ansicht darf § 139 ZPO aber von den Gerichten nicht dazu mißbraucht werden, den Sachverhalt ohne Rücksicht auf die Parteien selbst aufzuklären.[312] Daher bleibt die Sachverhaltsaufklärung weiterhin im Aufgabenbereich der Parteien.

Zusammenfassend kann daher konstatiert werden, daß die Verhandlungsmaxime in puncto Beweiserhebungen durchbrochen wird und durch die Anwendung des § 139 ZPO Milderungen erfährt. Trotzdem muß die Verhandlungsmaxime wegen ihrer Bedeutung im Gesamtsystem des Zivilverfahrensrechts weiterhin als ein wesentlicher Grundsatz desselben angesehen werden.[313]

b) Die modifizierte Verhandlungsmaxime und das Effizienzkriterium

In einem nächsten Schritt ist zu untersuchen, ob und inwiefern die oben genannten Modifizierungen das Ergebnis – der Verhandlungsmaxime wohnt das Rechtsprinzip der Effizienz inne – beeinflussen. Wie schon gesehen, finden Durchbrechungen, abgesehen von der Abmilderung des Verhandlungsgrundsatzes in § 139 ZPO – diese soll deshalb außer Betracht bleiben, nur bei der Beweiserhebung statt. Daher ist zu fragen, inwieweit bei diesen Durchbrechungen Elemente der Inquisitionsmaxime in das Zivilverfahrensrecht eingeführt werden, die dann negative wohlfahrtsökonomische Ergebnisse herbeiführen würden. Das wäre der Fall, wenn durch die obengenannten Modifizierungen ein staatlicher Ermittlungsapparat nötig wäre, um die Aufgaben des Gerichts wahrzunehmen. Dadurch würden zwangsläufig negative externe Effekte auftreten, wie sie bereits aufgezeigt worden sind.[314]

Betrachtet man die einzelnen Modifizierungen, so kommt man zu folgenden Ergebnissen. Hinsichtlich der Parteivernehmung durch das Gericht nach

---

310 *Jauernig*, Zivilprozeßrecht, § 25 VII; *Zettel*, Beibringungsgrundsatz, S. 133; *Schlosser*, Zivilprozeßrecht I, Rn. 163

311 *Bettermann*, ZZP 91 (1978), S. 389

312 *Jauernig*, Zivilprozeßrecht, § 25 VII; *Bettermann*, ZZP 91 (1978), S. 389 f.

313 BVerfGE 52, 153 f.; vgl. *Jauernig*, Zivilprozeßrecht, § 25 VIII 3

314 Siehe oben C III 3 b cc) – ee)

§ 448 ZPO ist zu bemerken, daß dies in der mündlichen Verhandlung selbst geschieht. Hierzu ist ein staatlicher Ermittlungsapparat nicht notwendig, da das Gericht keinen Einfluß auf die Festlegung der Parteien hat. Wer wen verklagt, ergibt sich aus der Klageschrift und unterliegt der Dispositionsfreiheit der Parteien.[315]

Ebenfalls nicht notwendig ist er bei der gerichtlichen Anordnung der Urkunden- und Aktenvorlage gemäß §§ 142 Abs. 1, 143 ZPO. Das Gericht wird hier gar nicht ermächtigt, eigenhändig nach Beweismitteln in Form von Urkunden und Akten zu forschen. Vielmehr soll es nur anordnen, falls die Parteien die angebotenen Urkunden und Akten nicht schon selbst zum Beweis vorgelegt haben, daß die Parteien diese vorlegen sollen. Bei dieser Modifizierung wird demnach die Auswahl und die konkrete Verwendung von Urkunden und Akten als Beweismittel den Parteien überlassen. Auch bei § 142 Abs. 2 und 3 ZPO ist kein Ermittlungsapparat erforderlich, da er zur Aufbewahrung der vorgelegten Schriftstücke wohl kaum benötigt wird und auch Übersetzungen von einem ermächtigten Übersetzer vorgenommen werden.

Bei der Beauftragung eines Sachverständigen, § 144 Abs. 1 ZPO, ergibt es sich aus der Natur der Sache, daß ein Ermittlungsapparat nicht benötigt wird, denn die strittige Frage wird ja gerade durch den beauftragten Sachverständigen begutachtet. Dieser hat die Funktion einer dem Gericht behilflichen privatisierten Ermittlungsbehörde.[316] Die Beauftragung durch das Gericht dient auch der präventiven Kostensenkung[317], da die Kosten des Sachverständigengutachtens nur einmal anfallen. Bei Geltung der Verhandlungsmaxime in Reinform würde die Beibringung von Sachverständigen ausschließlich den Parteien obliegen. Die Institution des gerichtlichen Sachverständigen, wie sie die §§ 402 ff. ZPO regeln, wäre dann überflüssig. Die Parteien würden nämlich Gutachten, sog. Privatgutachten[318], von ihnen selbst ausgesuchten Sachverständigen anfordern. Weiterhin würden sie diese Sachverständigen, die in einem solchen Fall als Privatgutachter fungieren, als Zeugen berufen.[319] Die Folge wäre, daß letztlich die Kosten doppelt anfallen würden, da jede Partei einen ihr genehmen Sachverständigen beauftragen würde. Die Kosten für das vom Gericht eingeholte Sachverständigengutachten sind dann auch gemäß § 91 ZPO von der Partei zu tragen, die den

---

[315] Vgl. *Thomas/Putzo/Reichold*, ZPO, Einl I, Rn. 5

[316] Siehe oben C III 3 b) bb); vgl. auch *Langbein*, 52 U. Chicago L. Rev. 1985, S. 835

[317] Siehe oben C III 3 b) ee)

[318] Vgl. hierzu *von Hardenberg*, Privatgutachten; *Baumbach-Lauterbach/Hartmann*, ZPO, Übers § 402, Rn. 21 ff.; *Musielak/Huber*, ZPO, § 402, Rn. 5

[319] Vgl. *Langbein*, 52 U. Chicago L. Rev. 1985, S. 837, der allgemein die Beauftragung des Sachverständigen durch das Gericht als einen Vorteil des deutschen gegenüber dem US-amerikanischen Zivilprozeßrechts ansieht

Rechtsstreit verloren hat, so daß letztlich die Allgemeinheit damit nicht belastet wird, was zugleich bedeutet, daß kein negativer externer Effekt in Form dieser Kostenbelastung auftritt.

Die letzte Modifizierung betrifft die Einnahme eines Augenscheins durch das Gericht nach § 144 Abs. 1 ZPO in Verbindung mit §§ 371 bis 372 a ZPO. Hier wäre es denkbar, daß ein Ermittlungsapparat den Augenschein durchführt und danach dem Gericht sein Ergebnis mitteilt und rechtliche Wertungen abgibt. De facto ist es aber so, daß ein Ermittlungsapparat dafür nicht eingesetzt wurde. Dies liegt zum einen daran, daß viele Augenscheinsbeweise leicht in der mündlichen Verhandlung vorgenommen werden können, z. B. die Abnahme technischer Aufzeichnungen wie Schallplatten, Tonbänder, Computerdaten etc.[320] oder die Begutachtung der Echtheit von Schriftstücken.[321] Zum anderen können im Fall des § 372 a ZPO nur Spezialisten den Augenschein durchführen, so daß dafür ein auf genereller Beweisführung ausgerichteter Ermittlungsapparat ungeeignet wäre. Die übrigen Augenscheinsvernehmungen wie Ortstermine sind selten und können durch den Richter selbst vorgenommen werden. Wie beim Sachverständigengutachten sind die Kosten dafür von der unterliegenden Partei zu tragen, wobei auf dieselben oben aufgezeigte Folgen auftreten.

Zusammenfassend kann festgehalten werden, daß die Modifizierungen der Verhandlungsmaxime in puncto Beweiserhebung keine inquisitorischen Elemente benötigen und auch nicht eingeführt haben. Das hat gleichzeitig zur Folge, daß die negativen Folgen einer Inquisitionsmaxime nicht auftreten und daß für die Verhandlungsmaxime gefundene Ergebnis nicht beeinträchtigt wird.

c) Die reine Verhandlungsmaxime beim Zeugenbeweis und das Effizienzkriterium

In einem letzten Schritt soll die Frage erörtert werden, ob die unterbliebene Modifizierung der Verhandlungsmaxime bei der Beweiserhebung hinsichtlich des Zeugenbeweises das unter Punkt 3 gefundene Ergebnis beeinflußt. Wie schon dargelegt, bleibt der Zeugenbeweis von den Modifizierungen unangetastet. Das Gericht darf einen Zeugen nur gemäß § 273 Abs. 2 Nr. 4, 1. Hs. ZPO laden und nach § 373 ZPO vernehmen, wenn dies eine der Parteien beantragt hat.[322]

---

[320] *Thomas/Putzo/Reichold*, ZPO, Vorbem § 371, Rn. 6; *Zöller/Greger*, ZPO, § 371, Rn. 1

[321] *Zöller/Greger*, ZPO, § 371, Rn. 2

[322] *Schlosser*, Zivilprozeßrecht I, Rn. 165a a.E.

Um herauszufinden, ob diese Regelung der ZPO den oben herausgearbeiteten Effizienzwertungen *de lege lata* entspricht, soll von dem umgekehrten Fall ausgegangen werden, daß nämlich das Gericht zu der Aufklärung des Sachverhalts von sich aus Zeugen benennen und befragen darf. Dies würde eine Modifizierung entsprechend der anderen Beweismittel bedeuten.

Soll das Gericht unter dieser Prämisse anhand von Zeugenbeweisen den Sachverhalt aufklären, so müßte es entsprechende Personen, die sich zum streitigen Sachverhalt äußern können, ausfindig machen, vor allem dann, wenn es sich nicht auf die Mithilfe der Parteien verlassen kann. Es hätte demnach festzustellen, welche bestimmten Personen über die jeweiligen vergangenen Tatsachen und Zustände ihre Wahrnehmungen mitteilen können, um so eine möglichst lückenlose Rekonstruktion des Sachverhalts zu erreichen. Das Gericht als Einzelrichter oder Kammer wäre jedoch allein nicht in der Lage, ohne Vorkenntnis diejenigen Personen ausfindig zu machen. Es wäre daher nötig, diesem einen Ermittlungsapparat zur Seite zu stellen, der in diesem Fall recherchiert und eventuelle Zeugen ermittelt. Dieser Ermittlungsapparat müßte, wie man sich leicht vorstellen kann, sehr aufwendig und kostenintensiv arbeiten, da er Personen hinsichtlich des Sachverhalts ausfindig machen muß, ohne irgendeinen Anhaltspunkt zu haben, wer dafür in Frage kommen könnte. Im Gegensatz dazu wissen die Parteien in den meisten Fällen, welche Personen zu den streitigen Tatsachen dienliche Ausführungen machen können. Zum anderen benötigt man einen – wie oben schon dargelegt – staatlich finanzierten Ermittlungsapparat, der durch die Allgemeinheit mit Steuern finanziert wird und somit einen negativen externen Effekt hervorruft. Folglich wäre eine Modifizierung der ZPO hinsichtlich des Zeugenbeweises nach den oben gefundenen Maßstäben ineffizient.

Dagegen ist die Regelung der ZPO *de lege lata* effizient, da ein Ermittlungsapparat dadurch, daß nur den Parteien die Führung eines Zeugenbeweises obliegt und diese entsprechende Zeugen benennen dürfen und das Gericht auch nur diese laden und befragen darf, zur Aufklärung der streitigen Tatsachen überflüssig ist. Dies hat zur Folge, daß kein negativer externer Effekt auftritt.

5. Ergebnis

Die Gegenüberstellung der zwei gegensätzlichen, aber auch imaginären Regelungskonzepte, Verhandlungsmaxime und Inquisitionsmaxime, zeigte, daß das erstere Regelungskonzept Effizienz nach wohlfahrtsökonomischen Gesichtspunkten in sich trägt. Die einzelnen Modifizierungen bzw. nicht vorgenommene Modifizierungen der Regelungsform Verhandlungsmaxime verursachen keine Effizienzverluste.

Daher kann der Schluß gezogen werden, daß das Regelungskonzept der ZPO *de lege lata*, die modifizierte Verhandlungsmaxime, ebenfalls ein Rechtsprinzip der Effizienz beinhaltet. Aufgrund der Effizienz der Kostenregelungen in §§ 91, 93 ZPO und der modifizierten Verhandlungsmaxime ist Effizienz ein lokales Rechtsprinzip des Zivilverfahrensrechts, das damit Leitgedanke einer gesetzesübersteigenden Rechtsfortbildung sein kann.

IV. Verfassungsrechtliche Vereinbarkeit einer richterlichen Rechtsfortbildung unter Berücksichtigung des Effizienzkriteriums

Die bisherigen Ausführungen haben gezeigt, daß erstens im Recht der Beweislastverteilung eine ausfüllungsbedürftige Lücke besteht, zweitens die Voraussetzungen einer gesetzesübersteigenden Rechtsfortbildung mit Hilfe eines Rechtsprinzips vorliegen und daß drittens Effizienz ein lokales Rechtsprinzip des Zivilverfahrensrechts ist. So hat Abschnitt III gezeigt, daß einige Kostenregeln und die Statuierung der modifizierten Verhandlungsmaxime effizient sind. Hinsichtlich der Verhandlungsmaxime wurde dies schon früher erkannt, jedoch nicht bewiesen. Durch wohlfahrtsökonomische Methoden wurde nun nachgewiesen, daß die Verhandlungsmaxime eine effiziente Steuerung bewirkt. Das daraus für das Zivilverfahrensrecht gefolgerte Effizienzprinzip gewinnt dadurch an Überzeugungskraft. Daraus folgt im Ergebnis, daß eine Beweislastverteilungsregel unter Berücksichtigung des Effizienzkriteriums in richterlicher Rechtsfortbildung möglich ist.

Wurden bisher die Voraussetzungen einer gesetzesübersteigenden Rechtsfortbildung unter Zuhilfenahme des Rechtsprinzips der Effizienz untersucht, so ist nun zu prüfen, ob eine solche Fortbildung des Rechts nicht an verfassungsrechtliche Grenzen stößt.

1. Vereinbarkeit mit anderen Rechtsprinzipien

Zwar wird die gesetzesübersteigende Rechtsfortbildung durch das allgemeine Rechtsprinzip der Effizienz, das in den Kostenregelungen der §§ 91, 93 ZPO und in dem Verfahrensgrundsatz der Verhandlungsmaxime enthalten ist, legitimiert. Jedoch muß die Anwendung dieses Rechtsprinzips mit bereits anerkannten Rechtsprinzipien, vor allem solchen mit Verfassungsrang, vereinbar sein.[323] Damit ist zu überprüfen, inwieweit das im Zivilverfahrens-

[323] *Larenz/Canaris*, Methodenlehre, S. 241; *Rüthers*, Rechtstheorie, Rn. 910

recht geltende Rechtsprinzip Effizienz mit anderen Rechtsprinzipien des Rechtsstaatsprinzip, Art. 20 Abs. 3 GG und Sozialstaatsprinzips, Art. 20 Abs. 1 GG, aber auch mit dem Eigentumsgrundrecht Art. 14 Abs. 1 Satz 1 GG und der durch das Grundgesetz vorgegebenen Wirtschaftsordnung vereinbar ist.

a) Das Rechtsstaatsprinzip

Die richterliche Rechtsfortbildung ist grundsätzlich mit dem Gewaltenteilungsgrundsatz des Art. 20 Abs. 2 Satz 2 GG, der dem Rechtsstaatsprinzip des Art. 20 Abs. 3 GG entstammt, vereinbar.[324] Die Kritik der ökonomischen Analyse des Rechts sieht jedoch in der Berücksichtigung des Effizienzkriteriums eine Verletzung desselben. Fällt der Richter eine effiziente Entscheidung, so setze dies voraus, daß er die Folgen seiner Entscheidung analysiert und bewertet. Diese Folgenorientierung des Richters bedeute für ihn eine wirtschaftliche Ermächtigung, die mit dem Gewaltenteilungsgrundsatz nicht vereinbar ist.[325] Für diese Untersuchung würde das bedeuten, daß die wirtschaftliche Auswirkung einer Beweislastentscheidung vom Gesetzgeber und nicht vom Richter zu treffen ist.

Dagegen muß eingewendet werden, daß Richter dort stärker folgenorientiert denken können, wo das Gesetz Lücken hat.[326] Da dies im Recht der Beweislastverteilung der Fall ist, kann das Rechtsprinzip der Effizienz den Richter bei seiner Entscheidung leiten. Wo eine gesetzliche Regelung nicht vorhanden ist, kann auch der Gewaltenteilungsgrundsatz nicht verletzt sein, solange sich der Richter bei Fortbildung des Rechts an die vom Gesetzgeber gesteckten Rechtsprinzipien hält. Die gesetzesübersteigende Rechtsfortbildung – orientiert am Rechtsprinzip der Effizienz – greift nicht in die Befugnisse des Gesetzgebers ein, da das Zivilverfahrensrecht ein solches Rechtsprinzip nachweisbar enthält. Es ist insbesondere im Verfahrensgrundsatz der Verhandlungsmaxime verankert, auf dem die Regelungen der Beweislastverteilung beruhen.[327] Der Richter stellt bei seiner Entscheidung über die Beweislastverteilung unter Berücksichtigung des Effizienzkriteriums die Befolgung des Rechtsprinzips Effizienz in den Vordergrund. Er läßt sich in seiner Entscheidung eben nicht von vorherrschenden allgemeinen wirtschaftlichen Erwägungen, losgelöst von Recht und Gesetz, leiten, da dies ein unzulässiges rechtspolitsches Argument wäre. Erwägungen gesellschaftli-

---

[324] BVerfGE 3, 225 (242); *Dreier/Schultze-Fielitz*, GG, Art. 20 (Rechtsstaat), Rn. 70

[325] *Steinmetzler*, JA 1998, S. 340

[326] *Eidenmüller*, Effizienz als Rechtsprinzip, S. 1/397 ff.; *Deckert*, Folgenorientierung, S. 61

[327] BGH NJW 1990, 3151

cher, politischer oder wirtschaftlicher Natur stehen allein dem Gesetzgeber zu.

Ferner wird die Einbeziehung ökonomischer Kriterien, also auch des Effizienzkriteriums, als nicht mit dem verfassungsrechtlichen Verständnis des Richterauftrags vereinbar gesehen, da traditionelle rechtsdogmatische und rechtshistorische Erwägungen vernachlässigt werden, und die eigentliche juristische Aufgabe, die Suche nach gerechter Einzelfallentscheidung, allgemeinen ökonomischen Erwägungen zu weichen habe.[328] Dieses Argument trägt aber gerade dort nicht, wo das Gesetz ökonomische Erwägungen impliziert, anders ausgedrückt, wo ihm das Effizienzprinzip innewohnt. Ferner ist in der Methodenlehre eine Rechtsfortbildung der Rechtsprechung zum Schließen von Lücken mit Hilfe von Rechtsprinzipien anerkannt.[329]

Schließlich wird die klassische Auslegungsmethodik nicht verletzt. So können rechtshistorische Erwägungen auch bewußt vernachlässigt werden, wenn dies durch den Wandel der Normsituation, dem Altern des Gesetzes geboten ist. Der Richter muß den zeitlichen Abstand zwischen Gesetzesbefehl und Einzelfallentscheidung bei seiner Entscheidung berücksichtigen.[330] Im Ergebnis verliert die rechtshistorische Auslegung mit zunehmendem Alter des Gesetzes, die deutsche ZPO ist von 1877, wegen der veränderten gesellschaftlichen, politischen und wirtschaftlichen Situation an Gewicht. Dieser Normwandel zeigt sich gerade an dem Verständnis der Verhandlungsmaxime. Stand bei Erlaß deren liberaler Kern im Vordergrund, so wird heute ihr Geltungsgrund verstärkt in deren ökonomischer Steuerungskraft gesehen. Die Berücksichtigung des Effizienzkriteriums ist als solches ein teleologisches Argument und dadurch Inhalt einer der vier klassischen Auslegungsmethoden. Eine Rangfolge der Auslegungsmethoden besteht aber nicht.[331] Aus diesem Grund kann nicht von einer Vernachlässigung rechtsdogmatischer und rechtshistorischer Argumente gesprochen werden.

Bei der kritischen Betrachtung der ökonomischen Analyse des Rechts und der Beachtung des Effizienzkriteriums wird auch, ohne einen Verstoß gegen die Verfassung zu rügen, das Problem der Praktikabilität angeführt. So habe der Gesetzgeber wesentlich mehr Möglichkeiten der wirtschaftswissen-

---

328 *Steinmetzler*, JA 1998, S. 340; *Horn*, AcP 1976, S. 313

329 *Larenz/Canaris*, Methodenlehre, S. 187; *Koch/Rüßmann*, Juristische Begründungslehre, S. 246 ff.; BVerfGE 34, 268 (287); *Esser*, Vorverständnis und Methodenwahl, S. 124 f.

330 BVerfGE 34, 269 (288)

331 *Larenz/Canaris*, Methodenlehre, S. 166; *Hassemer*, ARSP 1986, S. 204; *Buchwald*, ARSP 1993, S. 26 ff.; vgl. *Alexy*, Theorie der juristischen Argumentation, S. 303 f.

schaftlichen Beratung und Überlegung zur Verfügung als der Richter.[332] Es muß vorausgeschickt werden, daß es sich hierbei nicht um eine Kollision mit dem Rechtsstaatsprinzip handelt, sondern nur um eine Frage der Sachgerechtigkeit. Dabei ist zuzugestehen, daß der Richter kein Wirtschaftswissenschaftler ist, und das Parlament als Gesetzgeber die Möglichkeit der Expertenanhörung besitzt. Jedoch ist auch zu berücksichtigen, daß das Gericht aus der Sachnähe heraus eine bessere Problemübersicht gewinnen und Fehlleistungen des Gesetzgebers korrigieren kann[333], während der Gesetzgeber zunehmend mit dem Tagesgeschäft beschäftigt ist und sich mit grundlegenden Aufgaben nicht beschäftigen kann.[334] Die „knappe Ressource Gesetzgebung“, deren institutionelle Rahmenbedingungen des parlamentarischen Gesetzgebungsverfahrens seit ihrer Einführung im wesentlichen unverändert geblieben sind, kann die steigenden technischen, wirtschaftlichen und sozialen Entwicklungen nur noch ungenügend mit gebotenen Normsetzungen steuern.[335] Demgegenüber wird angemahnt, daß die Gesetzgebung, wenn sie der gewünschten Normsetzung nachkommt, nicht angemessen auf die Mannigfaltigkeit des Problems reagieren kann, und vielmehr eine judizielle Regelung aufgrund der Erfahrung, der Kenntnisse und des Einschätzungsvermögens des Gerichts überlegen ist.[336] Diese beiden Argumente, einerseits die Überlastung der Gesetzgebung, andererseits die Überlegenheit der Gerichte, werden für eine richterliche Rechtsfortbildung herangezogen. Wenn sich praktikablere richterliche Regelung gegen die gesetzliche durchsetzt, soll dies nicht eine Verletzung der richterliche Loyalität sein, die der Richter der demokratisch legitimierten Gesetzgebung schuldet.[337] Ein Beispiel, in dem sich die Überlegenheit der Sachnähe der Gerichte gezeigt hat, findet sich gerade im Recht der Beweislastverteilung im Rahmen der Gesetzesgeschichte des § 651 f BGB. Nach dem Gesetz oblag dem Reisenden die Beweislast hinsichtlich des Verschuldens. Die Rechtsprechung hat aber von Anfang an die Gefahrenbereichslehre herangezogen und dem Reiseveranstalter die Beweislast auferlegt[338], bis der Gesetzgeber diese Beweislastverteilung gesetzlich normierte.

---

[332] *Kübler*, Festschrift für Steindorff, S. 698; *Eidenmüller*, Effizienz als Rechtsprinzip, S. 427 ff.

[333] *Kübler*, Festschrift für Steindorff, S. 698

[334] *Fischer*, Weiterbildung des Rechts, S. 20 f.

[335] *Kübler*, Festschrift für Stimpel, S. 12

[336] *Kübler*, Festschrift für Stimpel, S. 12 f.

[337] *Kübler*, Festschrift für Stimpel, S. 13

[338] BGHZ 100, 185 (188 f.)

b) Das Sozialstaatsprinzip

Die Befolgung des Effizienzkriteriums im Bereich des Zivilverfahrensrecht verstößt nicht gegen das Sozialstaatsprinzip des Art. 20 Abs. 1 GG, auch wenn vorgebracht wird, das Streben nach Effizienz schütze die bestehende Einkommensverteilung und somit den wirtschaftlich Stärkeren.[339] Das Sozialstaatsprinzip beinhaltet große Flexibilität und sein Gehalt läßt sich nicht zu bestimmten Einzelkonsequenzen verdichten.[340] Dabei ist ihm kein Gebot zu entnehmen, soziale Leistungen in bestimmtem Umfang zu gewähren, sondern es gewährt lediglich einen Mindeststandard für ein menschenwürdiges Dasein.[341] Diesbezüglich stellt das Sozialstaatsprinzip für die Rechtsprechung eine verbindliche Auslegungsregel dar.[342]

Hinsichtlich des Zivilverfahrensrechts ist dieser Mindeststandard eingehalten. Eine richterliche Entscheidung, die das Effizienzkriterium befolgt, hat regelmäßig nicht solche Auswirkungen, die den Einzelnen in einen Zustand des materiellen Existenzminimums geraten lassen.[343] Zudem hilft das Instrument der Prozeßkostenhilfe auch finanziell Schwachen das Führen von Prozessen. Es wird daher als ein spezielles Sozialrecht betrachtet.[344] Daher bietet es selbst bei Befolgung des Rechtsprinzips Effizienz einen genügenden Schutz des Schwächeren.[345]

Auch muß gesehen werden, daß der Gegensatz Allokationseffizienz versus Verteilungsgerechtigkeit im Zivilverfahrensrecht keine Rolle spielt.[346] Zwar hat das Recht die Aufgabe des individual-sozialen Ausgleichs sowie der Realisierung von Verteilungsgerechtigkeit und Chancengleichheit[347], jedoch ist anerkannt, daß das Zivilrecht, insbesondere das Zivilverfahrensrecht, in der Regel nicht geeignet ist, diese Ziele zu erreichen.[348] Das Zivilverfahrensrecht soll vorrangig ein Schema vorgeben, private Konflikte zu beenden. Es dient aber nicht dazu, originär Güter umzuverteilen.

---

[339] *Salje*, Rechtstheorie15 (1984), S. 290

[340] BVerfGE 82, 60 (80); *Sachs*, GG, Art. 20, Rn. 47

[341] BVerfGE 82, 60, (80)

[342] *Jarass/Pieroth*, GG, Art. 20, Rn. 115

[343] Vgl. *Eidenmüller*, Effizienz als Rechtsprinzip, S. 449

[344] *Musielak/Fischer*, ZPO, vor § 114, Rn. 1; *Baumbach-Lauterbach/Hartmann*, ZPO, Übers § 114, Rn. 2

[345] Vgl. *Ott/Schäfer*, JZ 1988, S. 220

[346] Vgl. *Ott/Schäfer*, JZ 1988, S. 222

[347] *Steinmetzler*, S. 341; vgl. *Köhler*, ZHR 144 (1980), S. 608

[348] *Ott/Schäfer*, JZ 1988, S. 215; Kaplow/Shavell, 23 J. Legal Studies 1994, S. 674 f.

c) Die Wirtschaftsordnung des Grundgesetzes und Art. 14 GG

Das Rechtsprinzip Effizienz ist auch mit der vom Grundgesetz vorgegebenen Wirtschaftsordnung vereinbar. Aufgrund der verfassungsrechtlichen Vorgaben der Art. 2 Abs. 1, 12 und 14 GG ist von einer ökonomischen Ausrichtung des Privatrechts auszugehen.[349] Dem einzelnen soll vor staatlichen Eingriffen in rechtsstaatlichen Grenzen geschützten Freiheitsraum zur persönlichen Entfaltung auf wirtschaftlichen Gebiet in einer auf „Prinzipien des freien Unternehmertums beruhenden Wirtschaftsordnung“[350] gewährt werden.[351] Die Realisierung der dem Recht obliegenden Aufgaben ist oft abhängig von den ökonomischen Faktoren.[352] Die Wirtschaftsordnung des Grundgesetzes unterstützt den Erwerb von solchen Faktoren (Art. 2 und 12 GG) und schützt ihren Bestand (Art. 14 GG). Dadurch ist aber das Grundgesetz noch nicht auf ein bestimmtes Wirtschaftssystem festgelegt, das gerade effizientes Handeln und Entscheiden fordert. Vielmehr ist das Grundgesetz wirtschaftspolitisch neutral.[353]

Im Gegenzug legt die vorgegebene Wirtschaftsordnung der Verfassung effizientem Handeln aber auch keine Grenzen auf. Dies ergibt sich daraus, daß die genannten Grundgesetznormen zuallererst subjektive Abwehrrechte gegenüber dem Staat sind.[354] Die Erreichung von Effizienz findet somit ihre Grenze in einer Verletzung der Grundrechte aus Art. 2 Abs. 1, 12 und 14 GG, wobei im Rahmen des Zivilprozesses nur Art. 14 GG relevant ist, denn mit der Auferlegung der Beweisführungskosten infolge der Beweislastentscheidung des Gerichts kann das Eigentumsgrundrecht des Kostentragenden berührt sein. Die Befolgung des Effizienzkriterium im Zivilprozeß durch eine richterliche Entscheidung bezweckt den kostengünstigsten und nutzenmaximierensten Einsatz der ökonomischen Faktoren, indem externe Effekte internalisiert werden und Handlungsrechte dem einzelnen optimal zugewiesen werden. Dies wird bei der Belastung der Parteien mit den Prozeßkosten relevant. Die richterliche Entscheidung, einer Partei die Prozeßkosten aufzuerlegen, weil dies effizient ist, folgt aus § 91 ZPO. Diese Auferlegung der Prozeßkosten stellt keine Verletzung des Eigentumsrechts des Kostenpflichtigen dar.

---

[349] *Steinmetzler*, JA 1998, S. 341
[350] BVerfGE 30, 292 (311)
[351] *Steinmetzler*, JA 1998, S. 341
[352] *Steinmetzler*, JA 1998, S. 341
[353] BVerfGE 50, 290 (337 f.); vgl. *Papier* in *Maunz/Dürig*, GG, Art. 14, Rn. 34 m.w.N.; *Eidenmüller*, Effizienz als Rechtsprinzip, S. 444; aA *Lehmann*, Bürgerliches Recht und Handelsrecht, S. 18
[354] BVerfGE 50, 290 (337); *Sachs*, GG, Vor Art. 1, Rn. 40; *Dreier*, GG, Vorb., Rn. 45

So ist fraglich, ob der Schutzbereich des Art. 14 GG eröffnet ist, da die Eigentumsgarantie nicht das Vermögen als solches schützt[355], so daß ein Eingriff in das Grundrecht durch Auferlegen einer Geldzahlungspflicht grundsätzlich nicht in Betracht kommt.[356] Eine eng begrenzte Ausnahme besteht nur für solche Zahlungspflichten, die erdrosselnde und konfiskatorische Wirkung entfalten.[357] Dies ist aber bei der Zahlung der gerichtlichen und außergerichtlichen Prozeßkosten offensichtlich nicht der Fall. Zudem erfährt der Schutzbereich des Art. 14 Abs. 1 Satz 1 GG durch § 91 ZPO als Inhaltsbestimmung nach Art. 14 Abs. 1 Satz 2 GG eine normative Begrenzung.[358] Danach muß die unterliegende Partei die Kosten aus ihrem Vermögen begleichen. Geht man trotzdem von einem Eingriff in den Schutzbereich aus, so ist eine Verletzung von Art. 14 Abs. 1 GG nicht gegeben, da jedenfalls dem Verhältnismäßigkeitsgrundsatz genüge getan ist.[359] Berücksichtigt werden muß nämlich, daß durch Art. 14 Abs. 1 Satz 2 GG eine weite Zumutbarkeitsschwelle gegeben ist. Hinsichtlich der Gerichtskosten kann man eine Verletzung des Eigentumsrechts nicht annehmen, da die Verpflichtung zur Deckung der Gerichtskosten die Gegenleistung für die Inanspruchnahme des Gerichts ist. Auch bezüglich der außergerichtlichen Kosten ist dem Einzelnen dieses Vermögensopfer zuzumuten. Die Verfolgung von Effizienz bei diesen Kosten führt nicht dazu, daß ihm dadurch der Großteil seines Vermögens genommen wird. Es handelt sich lediglich um einen Eingriff mit milderer Intensität, da ihm ein Mindeststandard an Vermögensrechten, die er zum Bestreiten seines Lebensunterhalts benötigt, verbleibt.[360] Das Streben nach Effizienz wird somit auch nicht zu einer Verletzung des Eigentumsgrundrechts aus Art. 14 GG führen.

2. Ergebnis und Folgerungen

Das Rechtsprinzip Effizienz, das dem Zivilverfahrensrecht innewohnt, kollidiert bei einer Rechtsfortbildung nicht mit anderen verfassungsmäßigen Rechtsprinzipien. Daher ist eine gesetzesübersteigende Rechtsfortbildung mit Rücksicht auf das Rechtsprinzip Effizienz im Zivilverfahrensrecht möglich. Diese Rechtsfortbildung trägt vielmehr der Forderung des Rechtsstaatsprinzips nach klarer, rational überprüfbarer Entscheidung sowie dem Wandel der Normsituation Rechnung, in dem die ökonomische Struktur der

---

[355] BVerfGE 4,7 (17); BVerfGE 75, 108 (154) ständige Rspr.; vgl. *Sachs/Wendt*, GG, Art. 14, Rn. 38 m.w.N.; *Papier* in *Maunz/Dürig*, GG, Art. 14, Rn. 35 m.w.N.
[356] BVerfGE 81, 108 (122)
[357] BVerfGE 63, 343 (368), vgl. *Dreier/Wieland*, GG, Art. 14, Rn. 45
[358] Vgl. *Papier* in *Maunz/Dürig*, GG, Art. 14, Rn. 298
[359] Vgl. *Eidenmüller*, Effizienz als Rechtsprinzip, S. 447
[360] Vgl. *Eidenmüller*, Effizienz als Rechtsprinzip, S. 448

Verhandlungsmaxime mehr Gewicht gegenüber ihrer ideologischen Begründung gewinnt.

Eine Beweislastverteilung unter Berücksichtigung des Effizienzkriteriums kann somit vorgenommen werden. Ein solcher Ansatz, der bei der Beweislastverteilung das Effizienzziel berücksichtigt, soll im nächsten Kapitel D entwickelt werden.

D. Beweislastverteilung unter Berücksichtigung des Effizienzkriteriums

I. Einführung

Bisher wurde gezeigt, daß das Wertungskriterium der Effizienz ein Rechtsprinzip des Zivilverfahrensrechts ist, daß insbesondere die den Zivilprozeß regierende modifizierte Verhandlungsmaxime Effizienz bewirkt. Eine gesetzesübersteigende Rechtsfortbildung unter Berücksichtigung dieses Rechtsprinzips ist damit auch im Recht der Beweislastverteilung möglich. Daher soll nun ein Ansatz entwickelt werden, der die Beweislast in Hinblick auf das Effizienzkriterium verteilt.

1. Die ökonomische Analyse des Beweisrechts

Die Betrachtungsweise der ökonomischen Analyse des Rechts konzentriert sich bezüglich prozessualer Situationen auf das Verhalten der Parteien. Sie geht davon aus, daß die Parteien als *homines oeconomici* im Prozeß ihren Aufwand optimieren wollen. Der in den Prozeß investierte Aufwand soll sich in einem erwarteten möglichst hohem Nutzen niederschlagen.[361] Hinsichtlich dieses Optimierungsgebotes hat die ökonomische Analyse des Rechts im Beweisrecht, zu dem auch die Problematik der Beweislastverteilung gehört, zwei Modelle zur Verfügung gestellt, die zum gleichen Ergebnis kommen. Beide Ansätze befassen sich mit der Frage, wie Streitigkeiten hinsichtlich der Tatsachen in einem Prozeß gelöst werden können.[362] Der eine Weg zur ökonomisch effizientesten Lösung streitiger Tatsachenfragen wird als „Modell der Beweissuche"[363], der andere als „Modell der Kostenminimierung"[364] bezeichnet. Diese sollen hier in einem Überblick kurz dargestellt werden.

a) Modell der Beweissuche

Der erste Lösungsansatz legt den Schwerpunkt auf die Suche nach dem Beweismaterial. Dieser Vorgang, die Suche nach Beweismaterial, umfaßt die Beschaffung, Sichtung, Ordnung, Präsentation und die Gewichtung der einzelnen Beweismittel. Dabei ist klar, daß dadurch Kosten entstehen, aber dar-

---

[361] *Posner*, Economic Analysis of Law, S. 620
[362] *Posner*, 51 Stanford L. Rev. 1999, S. 1480
[363] *Posner*, 51 Stanford L. Rev. 1999, S. 1481 – *„search model"*
[364] *Posner*, 51 Stanford L. Rev. 1999, S. 1484 – *„cost-minimization model"*

aus auch Vorteile erwachsen. Der Vorteil aus dem Suchprozeß wird dabei als das Produkt aus der Wahrscheinlichkeit W, daß der herangezogene Beweis zum richtigem Ergebnis führt, und dem Einsatz S, um den es im konkreten Streitfall geht, dargestellt. Dieser Einsatz wird regelmäßig durch den Streitwert der Klage repräsentiert. Der Vorteil stellt sich damit mathematisch ausgedrückt als W x S dar. Weiterhin muß gesehen werden, daß die Suche nach Beweismaterial Kosten K verursacht. Der Netto-Vorteil, der sich aus dem Suchvorgang ergibt, entspricht dem Vorteil abzüglich der Kosten. Mathematisch dargestellt ergibt sich:[365]

Netto-Vorteil = W x S – K

Der positive Ertrag aus der Suche ist damit gegeben, wenn das Produkt aus Wahrscheinlichkeit und Streitwert größer als oder gleich den Kosten ist. Dann ergibt der Vorteil aus der Suche einen größeren Geldbetrag als die dafür aufgewendeten Kosten.

W x S = K

Um den optimalen Ertrag zu erreichen, ist es nötig, daß sich zum einen die Wahrscheinlichkeit W stetig steigend verhält, und zum anderen die Kosten K nicht steigen oder jedenfalls weniger ansteigen als der Vorteil aus der Beweissuche.[366] Diese Voraussetzungen erscheinen erfüllbar. Hinsichtlich des Vorteils kann festgestellt werden, daß neu hinzugefügte Beweismittel den Ausgang des Prozesses positiv beeinflussen. Denn damit erhöht sich die Wahrscheinlichkeit W des richtigen Ausgangs des Prozesses. Jedoch sinkt der Einfluß neu hinzugefügten Beweismaterials auf den Ausgang des Prozesses, je mehr Beweismaterial hinzugezogen wird. Das dargelegte Beweismaterial, um einen Anspruch zu beweisen, muß als Gesamtheit betrachtet werden. Innerhalb dieser Gesamtheit sinkt automatisch der Einfluß eines neuen Beweismittels im Vergleich zu den anderen, da die anderen Beweise dessen Aussagewert vermindern oder entkräften können. Allerdings ist diese Aussage zu grob, um zu genaueren Ergebnissen zu kommen. Das Modell soll aber im Rahmen dieses Überblicks nicht weiter verfeinert werden.

---

[365] Vgl. *Posner*, 51 Stanford L. Rev. 1999, S. 1481

[366] Siehe *Posner*, 51 Stanford L. Rev. 1999, S. 1482 in Fn. 11

b) Modell der Kostenminimierung[367]

Das alternative Modell der Kostenminimierung entstammt den bekannten ökonomischen Modellen des Verfahrensrechts.[368] Als Wahrscheinlichkeit W soll nun die Wahrscheinlichkeit angegeben werden, daß der Rechtsstreit falsch anstatt richtig entschieden wird. Das Produkt aus Wahrscheinlichkeit W und dem Streitwert S stellt dann die Kosten des fehlerhaft entschiedenen Prozesses dar, sogenannte Fehlerkosten („*error costs*" oder „*indirect costs*"[369]). Weiterhin entstehen die Kosten K, die dazu aufgewendet werden müssen, das Beweismaterial zu beschaffen, um solch ein fehlerhaftes Ergebnis zu vermeiden. Diese Kosten K können daher auch als Fehlervermeidungskosten bezeichnet werden („*costs of error avoidance*"[370]). Das Ziel der ökonomischen Analyse des Rechts besteht darin, die Gesamtkosten GK zu vermeiden, d.h. die Fehlerkosten und die Fehlervermeidungskosten. Mathematisch dargestellt bedeutet dies, daß folgende Gleichung minimiert werden soll:

$$GK = W \times S + K$$

Eine Minimierung der Gesamtkosten kann erreicht werden, wenn der Betrag der Kosten K gleich dem negativen Produkt aus W und S ist.

$$K = -(W \times S)$$

Dazu ist nötig, daß die Wahrscheinlichkeit W stetig fällt und die Kosten K nicht steigen. Somit ist es effizient, die Beweissuche bis zu dem Punkt fortzuführen, an dem der letzte Teil an erlangtem Beweis zu einer Reduzierung der Fehlerkosten führt, der gleich der zur Erlangung des Beweises aufgewendeten Kosten ist.[371]

c) Zusammenfassung

Beiden Ansätzen ist gemein, daß das Optimum in der Erlangung von Beweismaterial aus ökonomischer Sicht erreicht wird, wenn die Gleichung $W \times S = K$ erfüllt ist. Die einzelnen Faktoren dieser Gleichung sollen in diesem Überblick nicht näher erläutert werden. Vielmehr wird im weiteren Verlauf im Rahmen der Beweislastverteilung ein Ansatz entwickelt, der auf

---

367 Vgl. *Posner*, 51 Stanford L. Rev. 1999, S. 1484

368 Vgl. *Posner*, 2 J. Legal Studies 1973, S. 401

369 Vgl. *Hay*, 72 Indiana L. J. 1997, S. 654; *Posner*, 51 Stanford L. Rev. 1999, S. 1484

370 Vgl. *Hay*, 72 Indiana L. J. 1997, S. 654 – „*process costs*"; *Posner*, 51 Stanford L. Rev. 1999, S. 1484

371 Vgl. *Posner*, 51 Stanford L. Rev. 1999, S. 1485

den Aussagen und Wertungen des Modells der Kostenminimierung aufbaut. Dabei werden die bestimmenden Faktoren Wahrscheinlichkeiten und Kosten konkreter analysiert.

2. Problemstellung im Recht der Beweislastverteilung

Der im folgenden auszuarbeitende Ansatz macht die Verteilung der Beweislast davon abhängig, ob diese dem Effizienzziel dient. Da die Verteilung der Beweislast vom Gericht entschieden wird, ist dieser Ansatz als eine richterliche Entscheidungsregel auszugestalten. Das Gericht soll sich bei der Entscheidung, wem es die Beweislast auferlegt, danach richten, wie am besten dem Effizienzkriterium genügt werden kann. Dabei ist das Gericht mit einer Beweislastentscheidung in folgender Situation betraut: In einem Prozeß wird eine bestimmte Tatsache X, die Voraussetzung für den Erfolg der Klage ist, vorgetragen. Der Kläger behauptet, daß X vorliegt, während der Beklagte dies bestreitet. Nur wenn sich der Beklagte so verhält, ist der Beweis der Tatsache und somit eine Entscheidung, welche Partei den Beweis zu erbringen hat, nötig. Anderenfalls gilt die Tatsache gemäß § 138 Abs. 3 ZPO als zugestanden und ist nicht beweisbedürftig.[372]

Als Verdeutlichung sollen zwei Beispiele angeführt und im weiteren Verlauf der Darstellung fortgeführt werden. Zum einen ist die Pflichtverletzung eines Bauunternehmers ein Tatbestandsmerkmal, das durch Tatsachen darzulegen ist (im folgenden Beispiel 1). Der Besteller macht deswegen einen Schadensersatzanspruch geltend. Als Kläger wird er Tatsachen, die diese Pflichtverletzung begründen, behaupten, der Unternehmer als Beklagter diese ableugnen. Zum anderen ist im Rahmen eines Autounfalls die Frage des Verschuldens eines Autofahrers ein Tatbestandsmerkmal (im folgenden Beispiel 2). Hier sind ebenfalls Tatsachen, aus denen sich die Fahrlässigkeit ergibt, vorzutragen. Der Verletzte als Anspruchssteller und Kläger wird Tatsachen, die die Fahrlässigkeit des Autofahrers begründen, darlegen, dieser wird solche aber abstreiten. Beiden Fällen ist gemein, daß das Vorliegen der Tatsachen notwendig ist, um den materiellen Anspruch zu begründen. Der Beweis ist somit nötig, um den Anspruch durchzusetzen, weil die anspruchsbegründenden Tatsachen bestritten wurden. Bei Geltung der Verhandlungsmaxime, auch in ihrer modifizierten Form[373], obliegt es jeweils einer Partei sodann die relevanten Tatsachen darzulegen und zu beweisen.

[372] *Zöller/Greger*, ZPO, § 138, Rn. 9; MünchKomm-ZPO/*Peters*, § 138, Rn. 26

[373] Im folgenden soll zur Vereinfachung nur von Verhandlungsmaxime gesprochen werden, wohl wissend, daß sie im deutschen Zivilverfahrensrecht nur in einer modifizierten Form gegeben ist.

Der Richter hat bei seiner Beweislastentscheidung zu bestimmen, welcher von den zwei Parteien die Beweislast aufzuerlegen ist.

In dieser Untersuchung soll folglich eine Entscheidungsregel entwickelt werden, nach der das Gericht die Beweislast zu verteilen hat, die dem Effizienzziel genügt. Als Effizienzziel soll die Minimierung der Kosten eines Rechtsstreits verfolgt werden.[374] Dabei können als Kosten eines Rechtsstreits nicht nur die sogenannten direkten Kosten („*direct costs*" oder „*process costs*")[375], sondern auch die sogenannten „Fehlerkosten" („*indirect costs*" oder „*error costs*"), die aufgrund eines falsch entschiedenen Rechtsstreits entstehen[376], betrachtet werden.[377] In dieser Untersuchung soll es nur darum gehen, die direkten, von den Parteien zu tragenden, Kosten zu minimieren. Die Fehlerkosten bleiben bei der Herbeiführung eines effizienten Zustandes außer Betracht. Diese direkten Kosten sind gemäß § 91 ZPO die Prozeßkosten, also diejenigen für das Gericht, die Anwälte, aber auch eigene wie Reisekosten etc. Das Effizienzziel bedeutet somit, daß das Gericht mit seiner Entscheidung über die Beweislastverteilung dazu beitragen soll, die Kosten eines Zivilprozesses zu senken.[378] Diese präventive Kostensenkung durch die Entscheidung des Gerichts stellt die Verfolgung eines Effizienzziels dar.[379]

3. Darstellung eines Entscheidungsfeldes

Für die Entwicklung einer Entscheidungsregel soll folgendes konstruiertes Entscheidungsfeld[380] als Modell benutzt werden. Das Gericht setzt bei seiner Entscheidung voraus, daß sich die Parteien im Prozeß strategisch verhalten werden, wenn es darum geht, eine bestimmte Tatsache zu beweisen.[381] Mit

---

374 *Bowles*, Economic Aspects of Legal Procedure, S. 193; *Posner*, 51 Stanford L. Rev. 1999, S. 1484

375 Vgl. *Posner*, 2 J. Legal Studies 1973, S. 400; *Posner*, 51 Stanford L. Rev. 1999, S. 1485, *Hay*, 72 Indiana. L. J. 1997, S. 654; siehe dazu auch *Friedman*, 19 Cardozo L. Rev. 1998, S. 1532f.

376 Vgl. *Posner*, 2 J. Legal Studies 1973, S. 399 f.; *Posner*, 51 Stanford L. Rev. 1999, S. 1485; *Hay*, 72 Indiana L. J. 1997, S. 654; vgl. auch *Bender*, Festschrift für Baur, S. 252 – Bezeichnung als soziale Kosten

377 *Parker/Kobayashi*, Evidence, S. 299

378 Vgl. *Friedman*, 19 Cardozo L. Rev. 1998, S. 1533

379 Siehe oben C I 2; vgl. auch *Behrens*, Rechtstheorie 12 (1981), S. 486; Salje, Rechtstheorie 15 (1984), S. 285 f.

380 In der Entscheidungstheorie ist ein Entscheidungsfeld die Beschreibung einer Entscheidungssituation, die eine Systematisierung für die eine Entscheidung notwendigen Informationen ermöglicht; vgl. Gabler-Wirtschafts-Lexikon, Stichwort „Entscheidungsfeld"

381 Vgl. *Hay/Spier*, 26 J. Legal Studies 1997, S. 414/416

diesem strategischen Verhalten ist nichts anderes gemeint, als daß das ökonomische Verhaltensmodell zugrunde gelegt wird.

Es wird vorausgesetzt, daß die Parteien als *homines oeconomici* handeln werden. Die Darstellung des ökonomischen Verhaltensmodells im Zivilverfahrensrecht hat gezeigt, daß Parteien auch im Prozeß als *homines oeconomici* agieren.[382] Dabei soll aber zur Vereinfachung vorerst außer acht gelassen werden, daß die Parteien in ihrer Strategie auch mit einbeziehen können, einen Vergleich zu schließen.

Weiterhin soll unterstellt werden, daß das Gericht sich strategisch verhält. In diesem Fall ergibt sich auch, daß das Gericht folgenorientiert denkt.[383] Es analysiert die Folgen seiner Beweislastentscheidung für die Parteien und bewertet diese anschließend. In der Bewertung fragt es, welche Entscheidungsalternative die Minimierung von Prozeßkosten zur Folge hat. Solches folgenorientiertes Denken ist im Wege einer Rechtsfortbildung möglich[384], in deren Rahmen die Entscheidungsregel entwickelt wird.

Ferner kann das Gericht die richterliche Entscheidungsregel nur unter drei Annahmen verwenden.[385] Erstens ist vorauszusetzen, daß beide Parteien Zugang zu dem Beweis bzw. dem Beweismittel haben und daß beide den Inhalt des Beweismittels kennen. Dies ist auch häufig der Fall. So kann jede Partei einen Zeugen bzw. Sachverständigen benennen, im Falle eines Vertrages kann im Zweifel jede Partei die Urkunde vorlegen. Diese Annahme soll auch implizieren, daß die Parteien Beweismittel nicht vernichten. Eine Beweisvereitelung durch eine Partei bedingt eine andere Entscheidung hinsichtlich der Zuweisung der Beweislast, denn dadurch soll das Parteiverhalten sanktioniert werden.[386]

Weiterhin muß das Beweismittel unteilbar sein. Das bedeutet, daß dem Gericht entweder das vollständige Beweismittel oder überhaupt keines vorgelegt werden kann. Diese Annahme dient dazu, Beweismaßprobleme auszuschalten, die entstehen, wenn das Gericht nur einen Teil des Beweismittels zu sehen bekommt. Wäre es möglich, nur einen Teil des Beweismittels vorzulegen, müßte das Gericht aufgrund der freien richterlichen Beweiswürdigung nach § 286 ZPO entscheiden, ob es durch diesen Teil des Beweises schon hinreichend überzeugt von dem Beweis der Tatsache ist.[387] Auch soll

---

[382] Siehe oben C I 1

[383] Vgl. *Eidenmüller*, Effizienz als Rechtsprinzip, S. 1 ff./400

[384] *Eidenmüller*, Effizienz als Rechtsprinzip, S. 1/397 ff.

[385] Vgl. *Hay/Spier*, 26 J. Legal Studies 1997, S. 416 f.

[386] *Reinhardt*, NJW 1994, S. 94; *Wahrendorf*, Prinzipien, S. 128 f.; zur Beweisvereitelung siehe insbesondere *Schatz*, Die Beweisvereitelung in der Zivilprozeßordnung

[387] *Zöller/Greger*, ZPO, § 286, Rn. 18; MünchKomm-ZPO/*Prütting*, § 286, Rn. 30

dadurch vermieden werden, strategisches Verhalten der Parteien dergestalt zu fördern, daß sie zuerst nur einen Teil des Beweismittel präsentieren, um so Vorteile für sich zu erreichen. Dies stimmt mit der Wahrheitspflicht und dem Vollständigkeitsgebot der Parteien nach § 138 Abs. 1 ZPO überein. Diese Norm verbietet, einen falschen Sachverhalt wider besseres Wissen vorzubringen, und gebietet, den Sachverhalt in allen voraussichtlich wesentlichen Punkten zu schildern.[388] Damit bezieht sie sich zwar nur auf den Bereich der Sachverhaltsdarlegung und nicht auf den Beweis desselben, jedoch kann man sie, mangels anderer Normen, dafür entsprechend heranziehen.

Schließlich soll angenommen werden, daß die Kosten der Parteien, ein Beweismittel zu präsentieren hinreichend gering sind, damit es auch tatsächlich vorgelegt wird. Anderenfalls wird die Partei, auch wenn das Beweismittel ihr einen Vorteil bringt, nicht vorlegen. Die Kosten des Beweismittel sollen also nicht so prohibitiv hoch sein, daß sie die Durchsetzung des Anspruchs verhindern. Dies kann im deutschen Zivilverfahrensrecht, das im Gegensatz zum US-amerikanischen Zivilprozeßrecht kein aufwendiges und damit teueres pre-trial discovery-Verfahren[389] kennt[390], durchaus angenommen werden.

Zusammenfassend ist festzustellen, daß die vorab festgesetzten Prämissen im Regelfall mit der Realität überein stimmen. Sowohl die Parteien als *homines oeconomici* als auch das Gericht agiert strategisch. Den Parteien wird das jeweilige Beweismittel grundsätzlich zur Verfügung stehen, so daß sie es dem Gericht unter vernünftigen Kostenaufwand vollständig präsentieren werden. Aus diesem Grund kann von einem sehr realitätsnahen Entscheidungsfeld ausgegangen werden.

II. Verhalten der Parteien bei unterschiedlicher Zuweisung der Beweislast

Um zu erkennen, wie das Instrument der Beweislast die Senkung der Kosten eines Rechtsstreits beeinflußt, ist zu untersuchen, wie die Parteien sich bei

---

[388] *Musielak/Stadler*, ZPO, § 138, Rn. 2/5; *Zöller/Greger*, ZPO, § 138, Rn. 1/2; MünchKomm-ZPO/*Peters*, § 138, Rn. 2/5

[389] Das Discovery Verfahren verpflichtet die Parteien, sich untereinander vor Beginn des Prozesses Beweise vorzulegen, z.B. Urkunden und andere Gegenstände; auch finden dabei umfangreiche Befragungen der Gegenseite statt; Federal Rule Nr. 26 of Civil Procedure bei *Hart/Wechsler*, Judicial Code and Rules of Procedure, S. 340 ff.; vgl. auch *Schack*, Einführung in das US-amerikanische Zivilprozeßrecht, S. 44 ff.; *Schlemmer-Schulte*, Beweislast und Grundgesetz, S. 34 mit Hinweis auf Federal Rules of Civil Procedure Nummer 30, 33, 34, 35, 36

[390] Vgl. *Schlosser*, Zivilprozeßrecht I, Rn. 160b/160c

einer unterschiedlichen Verteilung der Beweislast verhalten werden.[391] Das Gericht hat dies bei seiner Entscheidung zu analysieren und zu bewerten. Dabei wird von dem abstrakten Fall ausgegangen, daß der Kläger eine bestimmte Tatsache X, die die Schlüssigkeit seines Anspruchs stützt, behauptet und der Beklagte diese Tatsache leugnet.

1. Die Beweislast obliegt dem Kläger

Hat der Kläger die Beweislast, so wird der Beklagte in keinem Fall einen Beweis erbringen. Sein Verhalten läßt sich wie folgt erklären: Wenn das Beweismittel anzeigt, daß die Tatsache X vorliegt, dann gibt es für ihn keinen Grund, das Beweismittel vorzulegen. Legt der Beklagte es nämlich vor, so wird er den Prozeß verlieren, da die Tatsache gegen ihn verwendet wird. Legt er das Beweismittel nicht vor, so sind zwei Folgen möglich. Der Beklagte wird den Prozeß gewinnen, da auch der Kläger den Beweis nicht erbringt, obwohl er die Beweislast hat. Die andere mögliche Folge ist, daß er den Prozeß verlieren wird, wenn der Kläger das Beweismittel vorlegt. Diesen Prozeßverlust kann er aber nicht beeinflussen, da das Beweismittel die Tatsache X belegt. Brächte er es vor, würde dies ebenfalls den Prozeßverlust bedeuten. In beiden Fällen wird der Beklagte daher vor Gericht keinen Beweis erbringen und die dafür anfallenden Kosten sparen.

Wenn der Beweis ergibt, daß die Tatsache X nicht gegeben ist, dann besteht für den Beklagten ebenfalls kein Anlaß, den Beweis zu erbringen. Da der Kläger die Beweislast hat, wird der Beklagte immer gewinnen, egal ob der Beweis erbracht wird oder nicht. Auch in dieser Situation wird der Beklagte sich diese Kosten sparen. Somit wird der Beklagte, egal wie der Kläger sich verhält, nie ein Beweismittel vorlegen, um erstmals eine Tatsache zu beweisen.[392]

Der Kläger dagegen wird sich anders verhalten. Er wird nur dann dem Gericht Beweise vorlegen, wenn dieses Beweismittel anzeigt, daß die Tatsache X der Wirklichkeit entspricht. Wenn der Beweis zeigt, daß X gegeben ist, wird er ihn vorlegen. Denn wenn der Kläger ihn nicht präsentiert, dann wird er den Prozeß verlieren, da auch der Beklagte ihn nicht vorlegen wird. Für den Beklagten wäre die Präsentation des Beweismittels nämlich nachteilig, da es den Anspruch des Klägers begründen würde.

---

[391] Vgl. *Hay/Spier*, 26 J. Legal Studies 1997, S. 417 f.

[392] Etwas anderes ergibt sich, wenn der Beklagte auf den Beweis des Klägers reagiert. Dann wird er sich bemühen, den Gegenbeweis zu erbringen.

Ergibt sich aber aus dem Beweismittel, daß die Tatsache X nicht vorliegt, so hat der Kläger keinen Grund den Beweis zu erbringen. Er wird ein Beweisangebot unterlassen, da ihm daraus keine Vorteile erwachsen, jedoch Kosten entstehen. Würde er nämlich Beweise erbringen, so hätte dies den Prozeßverlust zur Folge und zusätzlich die Konsequenz, daß er die Beweismittelkosten zu tragen hätte. Daraus wird ersichtlich, daß der Kläger nur dann Beweis erbringt, wenn dieser das Vorliegen der Tatsache X feststellt.

Auf das Beispiel 1[393] läßt sich diese Erkenntnis wie folgt anwenden. Der Besteller eines Werks wird, wenn er beweisbelastet ist, die Pflichtverletzung des Unternehmers nur dann beweisen, wenn dieser Beweis seine Darlegung stützt. Der Unternehmer wird dagegen nie Beweis erbringen, daß er keine Pflichtverletzung begangen hat, wenn er die Beweislast nicht trägt.

2. Die Beweislast obliegt dem Beklagten

Ist dem Beklagten die Beweislast auferlegt, so wird der Kläger in keinem Fall beweisen, daß die Tatsache X vorliegt. Diese Ergebnis entspricht logischer weise dem unter 1., nur unter vertauschten Rollen. Der Kläger hat in diesem Fall keinen Grund Kosten dafür aufzuwenden, egal ob X vorliegt oder nicht. In beiden Fällen kann er das Ergebnis hinsichtlich des Anspruchs nicht beeinflussen.

Der Beklagte wird dagegen nur dann ein Beweismittel präsentieren, wenn es angibt, daß die Tatsache X nicht vorliegt. Dies entspricht dem unter 1. gewonnenen Ergebnis, wiederum unter vertauschten Rollen. Der Beklagte wird einen Beweis nur dann erbringen, wenn ihm dies im Prozeß nützt, nicht jedoch wenn es ihm schadet.

Auf das Beispiel 2[394] angewendet, bedeutet dies, daß der Autofahrer als Beklagter und beweisbelastete Partei nur dann sein fehlendes Verschulden beweisen wird, wenn der Beweis diese Aussage stützt. Der Verletzte wird dagegen die Fahrlässigkeit nicht beweisen, wenn er nicht die Beweislast trägt.

3. Ergebnis

Somit läßt sich hinsichtlich der unterschiedlichen Verteilung der Beweislast festhalten: Die Partei, die die Beweislast hat, wird einen Beweis nur dann erbringen, wenn dieser ihrer Position im Prozeß nützt, während die andere,

[393] Siehe oben D I 2
[394] Siehe oben D I 2

nicht beweisbelastete Partei nie einen Beweis präsentieren wird, auch wenn dies für sie nützlich ist. Die Parteien verhalten sich somit bei der Beweisführung in der Absicht, die Kosten des Rechtsstreits zu senken. Das ökonomische Verhaltensmodell kann daher auch im Rahmen des Beweisrechts, insbesondere bei Feststellung der subjektiven Beweislast[395], herangezogen werden.

III. Die optimale Beweislastverteilung unter Effizienzgesichtspunkten

1. Herleitung der Entscheidungsregel

Aus dem oben gefundenen Zusammenhang muß nun eine Entscheidungsregel für das Gericht formuliert werden, die dem Verhalten der Parteien Rechnung trägt und für sie eine optimale Beweislastverteilung darstellt. Will das Gericht mit seiner Entscheidung die Prozeßkosten, die hinsichtlich der Beweisführung anfallen, minimieren, so muß es erforschen, für welche Partei die voraussichtlichen Kosten am geringsten sind. Dabei kann es auf die oben dargestellten Verhaltensweisen der Parteien bei unterschiedlicher Beweislast zurückgreifen. Wie bereits angedeutet, soll die Entscheidungsregel, die die Beweislast unter Berücksichtigung des Effizienzkriteriums verteilt, in dem Modell der Kostenminimierung eingebettet sein.[396] Die Kosten[397] lassen sich nicht exakt bestimmen, da sie sich ja erst in der Zukunft realisieren. Das Gericht muß seine Entscheidung in der Ungewißheit der tatsächlichen Kosten treffen.[398] Deren Schätzung kann jedoch rational vorgenommen werden, indem sie als Erwartungswerte ausgedrückt werden. Der Erwartungswert ist ein Grundbegriff der Wahrscheinlichkeitsrechnung.[399] Die Bildung von Erwartungswerten entspringt der Entscheidungstheorie, die sich mit Entscheidungen unter Ungewißheit auseinandersetzt.[400] Ein Erwartungswert wird definitionsgemäß durch die Multiplikation von subjektiven Wahrscheinlichkeiten mit erwarteten Geldgrößen, z.B. Kosten, gebildet.[401] Auf diese Weise sind Prognosen stichhaltiger. Solche Erwartungswerte hinsichtlich der voraussichtlichen Kosten der Prozeßparteien hat auch das Gericht zu bilden.

---

[395] hinsichtlich der Definition siehe oben A

[396] Siehe oben D I 1 b)

[397] Siehe oben D I 2

[398] *Cooter/Ulen*, Law and Economics, S. 370

[399] Gabler-Wirtschafts-Lexikon, Stichwort „Erwartungswert"

[400] Vgl. nur *Laux*, Entscheidungstheorie; *Eisenführ/Weber*, Rationales Entscheiden

[401] *Salje*, Rechtstheorie 15 (1984), S. 287; *Cooter/Ulen*, Law and Economics, S. 43; vgl. auch *Pindyck/Rubinfeld*, Microeconomics, S. 148 f. und hinsichtlich der finanzmathematischen Definition Gabler-Wirtschafts-Lexikon, Stichwort „Erwartungswert"

Bei dem Kläger ergibt sich der Erwartungswert hinsichtlich seiner Kosten der Beweisführung aus der Multiplikation der subjektiven Wahrscheinlichkeit, daß die Tatsache X vorliegt, und seiner Kosten, den Beweis dafür vorzulegen, also mathematisch ausgedrückt:

Wahrscheinlichkeit, daß die Tatsache X vorliegt	x	Kosten des Klägers, um die Tatsache X zu beweisen

Der Erwartungswert hinsichtlich der voraussichtlichen Kosten des Beklagten ergibt sich aus der Multiplikation der Wahrscheinlichkeit, daß die Tatsache X nicht gegeben ist, und den Kosten, um zu beweisen, daß X nicht vorliegt. Mathematisch läßt sich dies analog zum Erwartungswert des Klägers folgendermaßen festsetzen:

Wahrscheinlichkeit, daß die Tatsache X nicht vorliegt	x	Kosten des Beklagten, um zu beweisen, daß die Tatsache X nicht vorliegt

Um die voraussichtlichen Kosten zu minimieren, muß das Gericht der Partei die Beweislast auferlegen, deren Erwartungswert niedriger ist. Folglich ergibt sich für das Gericht eine Entscheidungsregel, daß sie dem Kläger die Beweislast auferlegt, wenn dessen Erwartungswert niedriger als der des Beklagten ist.[402] In einer mathematischen Formel ausgedrückt heißt das:

Wahrscheinlichkeit, daß die Tatsache X vorliegt	x	Kosten des Klägers, um die Tatsache X zu beweisen
	<	
Wahrscheinlichkeit, daß die Tatsache X nicht vorliegt	x	Kosten des Beklagten, um zu beweisen, daß die Tatsache X nicht vorliegt

[402] Vgl. *Hay/Spier*, 26 J. Legal Studies 1997, S. 418

Diese Formel, zur Verdeutlichung auf das Beispiel 2 angewendet, lautet folgendermaßen:

Wahrscheinlichkeit, daß Autofahrer fahrlässig handelte	x	Kosten des Verletzten, die Fahrlässigkeit zu beweisen
	<	
Wahrscheinlichkeit, daß Autofahrer nicht fahrlässig handelte	x	Kosten des Autofahrers, um zu beweisen, daß er nicht fahrlässig handelte

Die Formel zeigt, daß jede Seite von zwei Faktoren, einer Wahrscheinlichkeit und einem Kostenwert, bestimmt wird, die das Gericht zu bestimmen hat. Diese Faktoren sollen nun näher untersucht werden.

a) Die Wahrscheinlichkeiten

Der jeweilige erste Faktor des Erwartungswerts zeigt die Wahrscheinlichkeit an, daß die Tatsache X vorliegt bzw. nicht vorliegt. Der Aussagewert dieser Wahrscheinlichkeiten soll im folgenden genauer bestimmt werden.[403]

aa) Die subjektive Wahrscheinlichkeit als *a posteriori* Wahrscheinlichkeit

Die Wahrscheinlichkeit, daß die Tatsache X vorliegt bzw. nicht vorliegt, muß vom Gericht bestimmt werden. Entscheidend ist demnach, welche Einschätzung es vornimmt. Daher handelt es sich bei diesen Wahrscheinlichkeiten um sogenannte subjektive Wahrscheinlichkeiten.[404] Sie geben nämlich die Auffassung einer gegebenen Person, hier des Gerichts[405], von der Wahrscheinlichkeit dafür an, daß eine bestimmte Tatsache vorliegt bzw. nicht vorliegt.[406] Der subjektive Wahrscheinlichkeitsbegriff stellt somit auf die Handlungsweise eines aufgrund seiner persönlichen Erfahrung streng

---

[403] Vgl. *Hay/Spier*, 26 J. Legal Studies 1997, S. 419 ff.

[404] Siehe oben D III 1

[405] Unbeachtlich ist dabei, ob es sich um einen einzeln Richter oder um ein Richterkollegium (Kammer/Senat) handelt, da letztlich eine Entscheidung hinsichtlich der Beweislast ergeht

[406] *Nell*, Wahrscheinlichkeitsurteile in juristischen Entscheidungen, S. 35; *Greger*, Beweis und Wahrscheinlichkeit, S. 38 f.; *Varian*, Mikroökonomie, S. 191

rational handelnden Menschen ab.[407] Bei Bestimmung der subjektiven Wahrscheinlichkeiten ist zu berücksichtigen, daß das Gericht gewisse Vorkenntnisse hinsichtlich des Sachverhalts hat. Diese können in Hinblick auf den konkreten Fall allgemeiner oder spezifischer Natur sein. Es besitzt damit eine sogenannte Vorinformation Y, ob die Tatsache X vorliegt. Diese Vorinformation Y hat hinsichtlich des Eintritts der Tatsache Indizwirkung, d.h. sie zeigt entweder mehr oder weniger den Eintritt der Tatsache X an. Das Gericht wird in dem konkreten Prozeß die Vorinformation Y in seine Wahrscheinlichkeitsbestimmung – wenn auch nur unbewußt – mit einbeziehen.[408] Hierbei findet ein Prozeß der Bildung eines Wahrscheinlichkeitsurteils statt, in dessen Verlauf die Vorinformation Y verarbeitet wird. So weiß das Gericht aus seiner allgemeinen Sachkenntnis und vor allem aus den vorbereitenden Schriftsätzen bzw. den einleitenden Antragsbegründungen der Parteien, daß, bezogen auf Beispiel 1, ein Haus eingestürzt bzw. ein Autounfall auf der Straßenseite, auf der der Kläger fuhr, stattfand (Beispiel 2).

Die Bestimmung der Wahrscheinlichkeit, daß die Tatsache X eingetreten ist kann somit nicht losgelöst von dieser Vorinformation Y erfolgen. Beide Ereignisse müssen berücksichtigt werden. Es muß ein Zusammenhang zwischen der Wahrscheinlichkeit hergestellt werden, daß die Tatsache X vorliegt, und der Wahrscheinlichkeit dieses Zustands bei Vorliegen der Vorinformation Y. Die Verknüpfung beider Werte stellt eine sogenannte *a posteriori* Wahrscheinlichkeit dar. Dies ist eine Wahrscheinlichkeit, die durch neue Kenntnisse, hier Einbeziehung der Vorinformation, revidiert wird.[409] Die Bestimmung der Wahrscheinlichkeit, daß die Tatsache X gegeben ist, ist eine *a posteriori* Wahrscheinlichkeit, denn diese muß im Lichte der Vorinformation Y bestimmt werden. Eine solche *a posteriori* Wahrscheinlichkeit kann mit dem Theorem von Bayes beschrieben werden.[410]

bb) Das Theorem von Bayes

Das Theorem von Bayes stellt einen Zusammenhang zwischen der Erfahrung der Realität und Wahrscheinlichkeitsurteilen her, aufgrund dessen bestimmte Wahrscheinlichkeitsurteile einen höheren Grad an „Vernünftigkeit" beanspruchen können als andere.[411] Die Erfahrung der Realität steht hier der

---

[407] *Gmehling*, Die Beweislastverteilung bei Schäden aus Industrieimmissionen, S. 13; *Huber*, Das Beweismaß im Zivilprozeß; S. 80

[408] *Cooter/Ulen*, Law and Economics, S. 372 – *„prior beliefs"*

[409] *Laux*, Entscheidungstheorie, S. 334

[410] Vgl. *Laux*, Entscheidungstheorie, S. 336 ff.; *Eisenführ/Weber*, Rationales Entscheiden, S. 169 ff.; *Varian*, Mikroökonomie, S. 192 f.; *Posner*, 51 Stanford L. Rev. 1999, S. 1486

[411] *Nell*, Wahrscheinlichkeitsurteile in juristischen Entscheidungen, S. 51

Vorinformation Y des Gerichts gleich. Das Theorem von Bayes zeigt die stochastische Abhängigkeit zwischen der Vorinformation Y der Wahrscheinlichkeit, daß die Tatsache X eingetreten ist. Dabei bedient es sich der folgenden Wahrscheinlichkeiten.

Die Wahrscheinlichkeit (X) zeigt die unbedingte oder objektive Wahrscheinlichkeit an, daß X gegeben ist, d.h. ohne daß die Vorinformation Y durch das Gericht einbezogen wird. Sie kann daher auch als abstrakte Wahrscheinlichkeit bezeichnet werden. Diese Wahrscheinlichkeit (X) ist im Rahmen des Bayes-Theorems die *a priori* Wahrscheinlichkeit. Zur Erinnerung:[412] bei Beispiel 1 ist die Tatsache diejenige, die die Pflichtverletzung des Bauunternehmers, bei Beispiel 2 diejenige, die die Fahrlässigkeit des Autofahrers begründet. Die Wahrscheinlichkeit (X) ist dann bezüglich Beispiel 1 die Wahrscheinlichkeit, daß Bauunternehmer Pflichtverletzungen begehen, bezüglich Beispiel 2 die Wahrscheinlichkeit, daß Autofahrer sich fahrlässig verhalten.

Die Wahrscheinlichkeit (Y) ist – analog zur Wahrscheinlichkeit (X) – die unbedingte und abstrakte Wahrscheinlichkeit, daß die vom Gericht zugrunde gelegte Vorinformation Y tatsächlich gegeben ist.[413] Es wird dabei vorausgesetzt, daß das Gericht die Vorinformation Y tatsächlich beachten wird.[414] Hinsichtlich der Beispielsfälle repräsentiert die Wahrscheinlichkeit (Y) die Wahrscheinlichkeit, daß das Haus tatsächlich eingestürzt ist bzw. der Unfall auf der gegnerischen Straßenseite stattgefunden hat.

Die Wahrscheinlichkeit (Y/X) bezeichnet die bedingte Wahrscheinlichkeit, daß die vom Gericht beachtete Vorinformation Y gegeben ist unter der Hypothese, daß die Tatsache X vorliegt. Mit anderen Worten beschreibt die Wahrscheinlichkeit (Y/X) die Wahrscheinlichkeit, daß die Beobachtung Y, hier die Vorinformation, vorliegt, vorausgesetzt, die Tatsache X ist wahr.[415] Auf die beiden Beispiele angewendet bedeutet dies folgendes. Im Beispiel 1 zeigt die Wahrscheinlichkeit an, wie wahrscheinlich der Einsturz des Hauses ist, unter der Prämisse, daß der Bauunternehmer eine Pflichtverletzung begangen hat. Hinsichtlich des zweiten Beispiels zeigt die Wahrscheinlichkeit an, daß ein Unfall auf der gegnerischen Straßenseite stattgefunden hat, wenn der Autofahrer sich fahrlässig verhalten hat. Später ist noch genauer auf diese bedingten Wahrscheinlichkeiten einzugehen.

---

412 Hinsichtlich der Beispielssachverhalte siehe oben D)I)2)

413 Vgl. *Nell*, Wahrscheinlichkeitsurteile in juristischen Entscheidungen, S. 51

414 Vgl. *Hay/Spier*, 26 J. Legal Studies, S. 420

415 Vgl. *Nell*, Wahrscheinlichkeitsurteile in juristischen Entscheidungen, S. 51

Die Wahrscheinlichkeit (X/Y) repräsentiert dagegen die bedingte Wahrscheinlichkeit für die Tatsache X unter der Voraussetzung, daß die Vorinformation Y richtig ist. Demnach ist dies die Wahrscheinlichkeit, daß die Tatsache X wahr ist, vorausgesetzt, die Vorinformation Y ist gegeben.[416] Dies ist die gesuchte *a posteriori* Wahrscheinlichkeit und damit der Faktor des Erwartungswerts, den das Gericht zu ermitteln hat. Das Gericht muß herausfinden, wie wahrscheinlich eine Pflichtverletzung des Bauunternehmers ist unter der Prämisse, daß das Haus eingestürzt ist (Beispiel 1). Genauso hat es die Wahrscheinlichkeit zu ermitteln, daß der Autofahrer fahrlässig gehandelt hat, indem er auf der für ihn gegnerische Straßenseite einen Unfall verursachte (Beispiel 2).

Die Wahrscheinlichkeit, daß die Tatsache X vorliegt und zugleich die Vorinformation Y richtig ist und vom Gericht beachtet wird, also die Schnittmenge beider Wahrscheinlichkeiten (X^Y), stellt sich folgendermaßen dar:

$$\text{Wahrscheinlichkeit}\ (X \wedge Y) = \text{Wahrscheinlichkeit}\ (Y/X) \times \text{Wahrscheinlichkeit}\ (X)$$

Gleichzeitig gilt aber auch:

$$\text{Wahrscheinlichkeit}\ (X \wedge Y) = \text{Wahrscheinlichkeit}\ (X/Y) \times \text{Wahrscheinlichkeit}\ (Y)$$

Hieraus folgt in Verbindung der beiden Gleichungen:

$$\text{Wahrscheinlichkeit}\ (X/Y) \times \text{Wahrscheinlichkeit}\ (Y) = \text{Wahrscheinlichkeit}\ (Y/X) \times \text{Wahrscheinlichkeit}\ (X)$$

Wahrscheinlichkeit (X/Y) ist die gesuchte *a posteriori* Wahrscheinlichkeit. Die Gleichung muß daher nach ihr aufgelöst werden. Es ergibt sich dann:

$$\text{Wahrscheinlichkeit}\ (X/Y) = \frac{\text{Wahrscheinlichkeit}\ (Y/X) \times \text{Wahrscheinlichkeit}\ (X)}{\text{Wahrscheinlichkeit}\ (Y)}$$

---

[416] Vgl. *Nell*, Wahrscheinlichkeitsurteile in juristischen Entscheidungen, S. 51

Die *a posteriori* Wahrscheinlichkeit, daß die Tatsache X nicht vorliegt, d.h. die Wahrscheinlichkeit (–X/Y), stellt sich dann – analog zu oben – so dar:

$$\text{Wahrscheinlichkeit}(-X/Y) = \frac{\text{Wahrscheinlichkeit}(Y/-X) \times \text{Wahrscheinlichkeit}(-X)}{\text{Wahrscheinlichkeit}(Y)}$$

Die Wahrscheinlichkeit (Y/–X) gibt die bedingte Wahrscheinlichkeit an, daß die Vorinformation Y tatsächlich gegeben ist, wenn die Tatsache X nicht gegeben ist. Analog zur Wahrscheinlichkeit (Y/X) läßt sich diese als Wahrscheinlichkeit, daß die Vorinformation Y wahr ist, vorausgesetzt, die Tatsache X liegt nicht vor, beschreiben. Diese Wahrscheinlichkeit repräsentiert die Wahrscheinlichkeit, daß das Gericht davon ausgeht, das Haus ist eingestürzt unter der Prämisse, der Bauunternehmer hat nicht pflichtwidrig gehandelt bzw. der Unfall ist auf der gegnerische Straßenseite passiert unter der Hypothese, daß sich der Autofahrer nicht fahrlässig verhalten hat.

Die Wahrscheinlichkeit (–X) repräsentiert die unbedingte und objektive Wahrscheinlichkeit, daß die Tatsache X nicht vorliegt. Bezogen auf die Beispiele zeigt sie an, wie hoch die Wahrscheinlichkeit ist, daß ein Bauunternehmer keine Pflichtverletzung begeht bzw. ein Autofahrer sich nicht fahrlässig verhält.

Das Theorem von Bayes verdeutlicht somit die Struktur des Prozesses der Bildung eines Wahrscheinlichkeitsurteils, den das Gericht durchläuft. Aus einer *a priori* Wahrscheinlichkeit wird aufgrund der Vorinformation Y und bedingten Wahrscheinlichkeiten die gesuchte *a posteriori* Wahrscheinlichkeit gewonnen.[417] Es ist dabei als Hilfsmittel zur Gewinnung solcher *a posteriori* Wahrscheinlichkeiten unumstritten.

cc) Die Bestandteile der *a posteriori* Wahrscheinlichkeiten

Nachdem nun die gesuchten *a posteriori* Wahrscheinlichkeiten genauer bestimmt wurden, sollen deren Bestandteile, aus denen diese Wahrscheinlichkeiten zu gewinnen sind, intensiver begutachtet werden.

Betrachtet man die uneingeschränkten, nicht durch Vorinformationen beeinflußten, *a priori* Wahrscheinlichkeiten (X) und (–X), so geben diese an, wie häufig eine Tatsache X vorliegt. Bezugspunkt für die *a priori* Wahrscheinlichkeit ist nicht das Ereignis, um dessen Wahrscheinlichkeit es geht, sondern die Berücksichtigung bestimmter Erfahrungen in der Vergan-

---

[417] *Nell*, Wahrscheinlichkeitsurteile in juristischen Entscheidungen, S. 52; vgl. für den Indizienbeweis *Bender/Nack*, Tatsachenfeststellung vor Gericht, Rn. 401 ff.

genheit bei Bildung des Wahrscheinlichkeitsurteils.[418] Daß auch diese unbedingten Wahrscheinlichkeiten ein subjektives Element enthalten, da es ein Vorurteil im Prozeß der Bildung eines Wahrscheinlichkeitsurteils ist, soll hier nicht weiter verfolgt werden, zumal man bei der Urteilsbildung ohne *a priori* Wahrscheinlichkeiten nicht auskommt.[419] Für diese Untersuchung ist von einer objektiven bzw. abstrakten Wahrscheinlichkeit auszugehen, die sich als Häufigkeit darstellt, mit der ein bestimmtes Ereignis unter stets gleichbleibenden, beliebig wiederholbaren Bedingungen eintritt.[420] Die Wahrscheinlichkeit W errechnet sich dabei aus dem Verhältnis der hierfür günstigen (g) zu den überhaupt möglichen Fällen (m) des Eintritts dieses Ereignisses; W = g : m[421] Je seltener die Tatsache X bei den möglichen Fällen generell auftritt, desto unwahrscheinlicher ist, daß sie im betrachteten Rechtsstreit gegeben ist. Die objektive Wahrscheinlichkeit stellt einen „Bestätigungsgrad" dar, der durch einen Zahlenwert zwischen 0 und 1 angegeben werden kann.[422] Dabei ist klar, daß die objektiven Wahrscheinlichkeiten für (X) und (–X), d.h. daß die Tatsache X vorliegt bzw. nicht vorliegt, in folgendem Zusammenhang stehen:

$$\text{Wahrscheinlichkeit (X)} = 1 - \text{Wahrscheinlichkeit (–X)}$$

Um die Beispiele[423] fortzuführen, ist von den Tatbestandsmerkmalen Pflichtverletzung eines Bauunternehmers und Fahrlässigkeit eines Autofahrers auszugehen. Diesbezüglich wird man generell die erste Tatsache im Vergleich zur zweiten als seltener ansehen, die zweite dagegen als häufiger annehmen können. Das bedeutet für die Wahrscheinlichkeiten im ersten Beispiel, daß das Gericht von einer geringen Wahrscheinlichkeit (X) und zugleich hohen Wahrscheinlichkeit (–X) ausgehen soll. Beim zweiten Beispiel ist das Gericht dazu gedrängt, von einer höheren Wahrscheinlichkeit (X) und niedrigeren Wahrscheinlichkeit (–X) auszugehen.

Die Wahrscheinlichkeiten (Y/X) und (Y/–X) geben in ihrer relativen Größe an, inwieweit auf das Vorliegen der vom Gericht zugrunde gelegten Vorinformation Y aus dem Wissen, daß die Tatsache X gegeben bzw. nicht gegeben ist, geschlossen werden kann.[424] Vereinfacht geben diese Werte an, wie

---

418 *Nell*, Wahrscheinlichkeitsurteile in juristischen Entscheidungen, S. 54

419 Vgl. *Nell*, Wahrscheinlichkeitsurteile in juristischen Entscheidungen, S. 54

420 *Musielak*, Festschrift für Kegel, S. 455; *Bender/Nack*, Tatsachenfeststellung vor Gericht, Rn. 367; *Greger*, Beweis und Wahrscheinlichkeit, S. 40

421 *Huber*, Das Beweismaß im Zivilprozeß, S. 79; *Gmehling*, Die Beweislastverteilung bei Schäden aus Industrieimmissionen, S. 13

422 *Nell*, Wahrscheinlichkeitsurteile in juristischen Entscheidungen, S. 28

423 Siehe oben D I 2

424 Vgl. *Hay/Spier*, 26 J. Legal Studies 1997, S. 420

wahrscheinlich die Vorinformation Y unter der Bedingung ist, daß die Tatsache X vorliegt bzw. nicht vorliegt. So ist zum einen, wenn die Wahrscheinlichkeit (Y/X) viel größer als die Wahrscheinlichkeit (Y/–X) ist, ein starkes Indiz dafür, daß die vom Gericht beachtete Vorinformation Y gerade auf der Tatsache X beruht. Andere Ursachen scheinen ausgeschlossen. Ist umgekehrt die Wahrscheinlichkeit (Y/X) nicht sehr viel höher als die Wahrscheinlichkeit (Y/–X), dann kann hinsichtlich der Tatsache X wenig aus der Befolgung der Vorinformation Y geschlossen werden. Es besteht dann kein enger Zusammenhang zwischen der Vorinformation Y und dem Vorliegen der Tatsache X, vielmehr kann der Eintritt bzw. Nichteintritt der Vorinformation Y auch neutrale Ursachen oder jedenfalls andere als in der Tatsache X beschriebene Ursachen haben. So kann hinsichtlich des Beispiels 1 der Einsturz des Hauses aufgrund höherer Gewalt eingetreten sein, hinsichtlich des Beispiels 2 kann der Fahrer aufgrund eines Defektes an seinem Auto auf die Gegenfahrbahn geraten sein.

Die Angabe eines Wertes für diese Wahrscheinlichkeiten ist immer abhängig von der jeweiligen konkreten Vorinformation Y, die in den Prozeß eingeführt wird. Daraus folgt, daß eine generelle Aussage über diese Wahrscheinlichkeiten nicht getroffen werden kann. Für allgemeine Aussagen muß man daher diese Wahrscheinlichkeiten unberücksichtigt lassen.

Betrachtet man zur Erläuterung zunächst das Beispiel 1[425], so ergibt sich folgendes: Die Wahrscheinlichkeit (Y/X) beschreibt die Wahrscheinlichkeit, daß das Gericht einen Einsturz des Hauses annimmt unter der Prämisse, daß der Bauunternehmer eine Pflichtverletzung begangen hat. Dagegen zeigt die Wahrscheinlichkeit (Y/–X) an, wie wahrscheinlich es ist, daß das Gericht davon ausgeht, das Haus ist eingestürzt unter der Prämisse, der Bauunternehmer hat nicht pflichtwidrig gehandelt. Hier wird man konzedieren müssen, daß die Wahrscheinlichkeit (Y/X) nicht sehr groß ist, jedenfalls nicht viel größer als die Wahrscheinlichkeit (Y/–X), da es einen Menge Ursachen für den Einsturz eines Hauses geben kann. So kann dies auch auf dem Fehler eines Dritten beruhen, z. B. des Statikers oder anderer Werkunternehmer. Ebenso ist es denkbar, daß höhere Gewalt für den Einsturz verantwortlich ist. Das Gericht kann also nicht allein aus seiner Vorinformation, das Haus sei eingestürzt, schließen, daß eine Pflichtverletzung des Bauunternehmers vorliegt. Auch wenn eine Pflichtverletzung des Bauunternehmers zu einem Hauseinsturz führen kann, so ist doch allein diese Vorinformation kein Indiz für eine Pflichtverletzung. Damit ist die Wahrscheinlichkeit (Y/X) nicht sehr viel größer bzw. gleich groß als die Wahrscheinlichkeit (Y/–X).

---

[425] Siehe oben D I 2

Ein anderes Ergebnis läßt sich beim Beispiel 2 feststellen. Die Wahrscheinlichkeit (Y/X) zeigt die Wahrscheinlichkeit an, daß ein Unfall auf der gegnerischen Straßenseite stattgefunden hat, wenn der Autofahrer sich fahrlässig verhalten hat. Diese Wahrscheinlichkeit läßt sich auch als die folgende Frage formulieren: Wie hoch ist die Wahrscheinlichkeit, daß ein Autounfall auf der gegnerischen Straßenseite passiert, wenn der Autofahrer sich fahrlässig verhält? Einleuchtend ist, daß ein sorgfältiger Autofahrer keinen Autounfall auf der gegnerischen Straßenseite verursachen kann, ein unsorgfältiger dagegen schon. Hält nun das Gericht im konkreten Prozeß die Umstände, die die Fahrlässigkeit des Autofahrers begründen, für gegeben, so ist die Wahrscheinlichkeit groß, daß die Vorinformation Y, Autounfall auf der gegnerischen Straßenseite, richtig ist. Andere Ursachen für diesen Unfall auf der gegnerischen Straßenseite sind zwar möglich. So könnte sich der Unfall aus der Sicht des Verursachers als unabwendbares Ereignis darstellen. Solche Ursachen sind aber als selten einzustufen. Mit anderen Worten, die Wahrscheinlichkeit (Y/X) ist groß.

Die Wahrscheinlichkeit (Y/–X) gibt dagegen an, mit welcher Wahrscheinlichkeit der Unfall auf der gegnerische Straßenseite passiert ist unter der Hypothese, daß sich der Autofahrer nicht fahrlässig verhalten hat. Wiederum kann davon ausgegangen werden, daß ein sorgfältiger Autofahrer keinen Unfall auf der gegnerischen Straßenseite verursacht hätte. Zu fragen ist dann, wie hoch die Wahrscheinlichkeit eines Unfalls auf der gegnerischen Straßenseite ist, wenn der Autofahrer sich sorgfaltsgerecht verhält. Geht das Gericht davon aus, daß sich der Autofahrer nicht fahrlässig verhalten hat, so ist die Wahrscheinlichkeit eines Unfalls auf der gegnerischen Straßenseite niedrig. Andere Ursachen können dann ebenfalls den Unfall bedingt haben. Die Wahrscheinlichkeit (Y/–X) ist damit gering. Für dieses Beispiel ergibt sich, daß die Wahrscheinlichkeit (Y/X) sehr viel größer als die Wahrscheinlichkeit (Y/–X) ist.

Auf die Wahrscheinlichkeit (Y) braucht nicht näher eingegangen werden, wie sich in der Zusammenfassung unter 2.[426] zeigen wird.

b) Die Kosten der Parteien

Den anderen Faktor des Erwartungswerts bilden die Kosten. Bei Betrachtung des Verhaltens der Parteien bei unterschiedlicher Zuweisung der Beweislast wurde eruiert, daß sich die Parteien ökonomisch verhalten, indem sie ihre Kosten zur Beweispräsentation möglichst gering halten wollen. Die-

---

[426] Siehe unten D III 2

se Kosten stellen aber nach obiger Definition nur die direkten Kosten dar.[427] Direkte Kosten sind die Beträge, die den Parteien bei der Beweisführung hinsichtlich der Tatsache X entstehen. Dies sind Kosten, die durch das Ermitteln des Beweismittels und das Vorlegen desselben vor Gericht entstehen.[428] Als Beispiele dafür können Kosten eines Übersetzers oder anderer Sachverständiger, der Archivierung von Meßdaten bzw. Videoaufzeichnungen oder für das Identifizieren und Ermitteln eines Zeugen durch einen Detektiv oder Rechtsanwalt angeführt werden.[429]

Die Parteien ziehen in ihre Kalkulation die indirekten oder sogenannten Fehlerkosten, die der Gesellschaft im Rahmen eines fehlerhaften Urteils entstehen, nicht in Betracht.[430] Diese Kosten sind für die Parteien zum einen nicht oder nur schwer meßbar, zum anderen ist es ungewiß, ob diese überhaupt gerade den Parteien zur Last fallen. Aus diesem Grund bleiben diese hier bei Anwendung der Entscheidungsregel unberücksichtigt.

2. Zusammenfassung

Die Analyse der Wahrscheinlichkeiten, daß die bestimmte Tatsache X vorliegt bzw. nicht vorliegt, hat gezeigt, daß diese Wahrscheinlichkeiten detaillierter bestimmt werden können. Diese jeweilige genauere Analyse ist in die gefundenen Entscheidungsregel, wann dem Kläger die Beweislast aufzuerlegen ist[431], einzufügen. Mathematisch läßt sich die Ungleichung der Entscheidungsregel wie folgt herleiten:

Wahrscheinlichkeit, daß die Tatsache X vorliegt	x	Kosten des Klägers, um die Tatsache X zu beweisen
	<	
Wahrscheinlichkeit, daß die Tatsache X nicht vorliegt	x	Kosten des Beklagten, um zu beweisen, daß die Tatsache X nicht vorliegt

[427] Siehe oben D I 2
[428] Vgl. *Hay/Spier*, 26 J. Legal Studies 1997, S. 419
[429] *Friedman*, 19 Cardozo L. Rev. 1998, S. 1532
[430] *Hay*, 72 Indiana L. J. 1997, S. 661/664 Fn. 31
[431] Siehe oben D III 1

Die Wahrscheinlichkeiten der Ungleichung sind die *a posteriori* Wahrscheinlichkeiten, die durch das Theorem von Bayes konkreter dargestellt werden können. Die Wahrscheinlichkeit, daß die Tatsache X vorliegt ist dabei ausgedrückt durch folgenden Term:

$$\text{Wahrscheinlichkeit}\,(X/Y) = \frac{\text{Wahrscheinlichkeit}\,(Y/X) \text{ x } \text{Wahrscheinlichkeit}\,(X)}{\text{Wahrscheinlichkeit}\,(Y)}$$

Die Wahrscheinlichkeit, daß die Tatsache X nicht vorliegt, stellt sich wie folgt dar.

$$\text{Wahrscheinlichkeit}\,(-X/Y) = \frac{\text{Wahrscheinlichkeit}\,(Y/-X) \text{ x } \text{Wahrscheinlichkeit}\,(-X)}{\text{Wahrscheinlichkeit}\,(Y)}$$

Die rechte Seite des jeweiligen Terms wird in die ursprüngliche Ungleichung eingesetzt.

$$\frac{\text{Wahrscheinlichkeit}\,(Y/X) \text{ x } \text{Wahrscheinlichkeit}\,(X)}{\text{Wahrscheinlichkeit}\,(Y)} \text{ x } \begin{array}{l}\text{Kosten des Klägers,}\\ \text{um die Tatsache X}\\ \text{zu beweisen}\end{array}$$

$$<$$

$$\frac{\text{Wahrscheinlichkeit}\,(Y/-X) \text{ x } \text{Wahrscheinlichkeit}\,(-X)}{\text{Wahrscheinlichkeit}\,(Y)} \text{ x } \begin{array}{l}\text{Kosten des Beklagten,}\\ \text{um zu beweisen, daß}\\ \text{die Tatsache X nicht}\\ \text{vorliegt}\end{array}$$

Diese Ungleichung kann vereinfacht werden, indem die Wahrscheinlichkeit (Y) auf beiden Seiten gekürzt wird.[432] Dann ergibt sich für die Entscheidung, dem Kläger die Beweislast aufzuerlegen, folgende Entscheidungsregel:[433]

[432] Deswegen war oben bei D III 1 a) cc) ein Eingehen auf diese Wahrscheinlichkeit nicht nötig.

[433] Vgl. *Hay/Spier*, 26 J. Legal Studies 1997, S. 423

$$\text{Wahrscheinlichkeit}\,(Y/X) \times \text{Wahrscheinlichkeit}\,(X) \times \begin{array}{l}\text{Kosten des Klägers,}\\ \text{um die Tatsache X}\\ \text{zu beweisen}\end{array}$$

$$<$$

$$\text{Wahrscheinlichkeit}\,(Y/{-X}) \times \text{Wahrscheinlichkeit}\,({-X}) \times \begin{array}{l}\text{Kosten des Beklagten,}\\ \text{um zu beweisen, daß}\\ \text{Die Tatsache X nicht}\\ \text{vorliegt}\end{array}$$

Diese Entscheidungsregel lautet in einer abgekürzten Formel, in der sie im weiteren Verlauf der Darstellung verwendet werden soll, wie folgt:

$$W\,(Y/X) \times W\,(X) \times \text{Klägerkosten} < W\,(Y/{-X}) \times W({-X}) \times \text{Beklagtenkosten}$$

Der Buchstabe W soll für Wahrscheinlichkeit stehen. Als „Klägerkosten" sind die voraussichtliche Kosten des Klägers, um die Tatsache X zu beweisen, als „Beklagtenkosten" die voraussichtliche Kosten des Beklagten, um zu beweisen, daß die Tatsache X nicht vorliegt, gemeint.

IV. Verfeinerungen der Entscheidungsregel

Bei der Festlegung des Entscheidungsfeldes wurde konzediert, daß die Parteien nicht berücksichtigen, daß sie Vergleiche schließen können, die eine Beweislastentscheidung überflüssig machen. Im folgenden muß daher untersucht werden, ob die Möglichkeit der Parteien, sich vor oder während eines Prozesses zu vergleichen, einen Einfluß auf das Verhalten der Parteien bei unterschiedlicher Beweislastzuweisung hat. Ferner ist darauf einzugehen, ob das Verhalten des Anspruchsinhabers, den Anspruchsgegner vor Gericht zu verklagen, die *a posteriori* Wahrscheinlichkeit verändert.

1. Die Möglichkeit eines Vergleiches

Durch einen Vergleichsschluß können die Parteien vermeiden, Beweismittel zu eruieren und dem Gericht vorzulegen. Dadurch würden sie die Beweismittelkosten, die sie im Falle der Beweislast zu tragen hätten, sparen. Da die Parteien, wie angenommen wurde, gleichermaßen über den Inhalt des Beweismittels informiert sind[434], ist zu überprüfen, ob die Möglichkeit der Parteien, sich zu vergleichen, einen Einfluß auf das Verhalten der Parteien[435] und somit auf die Beweislastverteilung hat.

In der US-amerikanischen Literatur wird der Einfluß von Vergleichsmöglichkeiten auf die Beweislastverteilung eingehend erörtert.[436] Dabei wird ausgeführt, daß es effizient für die Parteien ist, einen Vergleich zu schließen, da in der Situation, in der beide den Inhalt des Beweismittels kennen, ein Vergleich beiden Parteien nützt. Die beweisbelastete Partei gibt zwar hinsichtlich des Streitgegenstands nach, vermeidet aber zumindest die Beweismittelkosten. Die andere Partei realisiert durch den Vergleich ihr Begehren.

Dies ist aber nicht auf das deutsche Recht übertragbar. Im US-amerikanischen Zivilverfahrensrecht trägt jede Partei unabhängig vom Ausgang des Prozesses ihre Kosten selbst, da eine § 91 ZPO vergleichbare Regelung fehlt.[437] Das deutsche Zivilprozeßrecht normiert gerade in § 91 Abs. 1 ZPO, daß die unterliegende Partei die Kosten des Rechtsstreits zu tragen hat. Aus diesem Grund treten die oben genannten Effizienzwirkungen eines Vergleichs unter deutschem Recht nicht ein. Die beweisbelastete Partei spart im Falle eines Vergleichs nicht die Beweismittelkosten, denn bei Gewinn des Prozesses bekommt sie diese vom Unterliegenden ersetzt. Diese Kosten fallen ja nur an, wenn das Beweismittel der Partei nützt.[438] Wenn ihr das Beweismittel nützt, wird die Partei es vorlegen und einen Vergleich nicht in Betracht ziehen. Damit ist zu konstatieren, daß die Möglichkeit eines Vergleichsschlusses unter den Parteien nichts über deren Verhalten hinsichtlich der Vorlage von Beweismitteln aussagt. Deshalb ist auch kein Einfluß auf die Beweislastverteilung gegeben.

2. Schlußfolgerung aus dem Verhalten des Klägers

Die Vorinformation Y des Gerichts in dem Zeitpunkt, in dem es die Beweislastentscheidung treffen muß, beinhaltet auch das Wissen, daß der Kläger sich entschlossen hat, den Beklagten zu verklagen.[439] Dabei ist davon auszugehen, daß der Kläger mit einem Rechtsstreit, den er zu verlieren glaubt, nicht seine Zeit und seine Ressourcen verschwenden will (*homo*

---

[434] Siehe oben D I
[435] Siehe oben D II
[436] Vgl. nur *Hay/Spier*, 26 J. Legal Studies 1997, S. 421 f.; *Hay*, 72 Indiana L. J. 1997, S. 655/659 f.
[437] *Schack*, Einführung in das US-amerikanische Zivilprozeßrecht, S. 8 f.; *Schurtmann/Walter*, Der amerikanische Zivilprozeß, S. 35
[438] Siehe oben D II 3
[439] Vgl. *Hay/Spier*, 26 J. Legal Studies 1997, S. 422

oeconomicus[440]). Somit ist anzunehmen, daß der potentielle Kläger keine Klage einlegen wird, falls die Tatsache X nicht gegeben ist, denn in diesem Fall würde er den Prozeß unabhängig von der Beweislastverteilung verlieren.[441] Aus diesem Grund muß gefragt werden, ob die Vorinformation, daß der Kläger ein Klage eingereicht hat, dann nicht gerade ein starkes Indiz dafür ist, daß die Tatsache X wirklich gegeben ist. Denn die Klageerhebung kann in Anlehnung an *Coase*[442] als reziprokes Rechtsproblem gesehen werden. Nicht nur der Kläger, sondern gerade der Beklagte ist Anlaß der Klage, da er gegenüber dem Anspruch des Klägers Schritte hätte ergreifen können, die die entstehenden Kosten verhindert hätten.[443] Daraus könnte das Gericht schließen, daß die *a posteriori* Wahrscheinlichkeit (X/Y) groß ist.

Diese Ansicht ignoriert aber das Verhalten des Klägers, eine aussichtslose Klage in der Hoffnung einzureichen, dem Beklagten wenigstens einen Vergleich abzuringen. Der Beklagte wird – wenn er die Beweislast trägt – gewillt sein, den Prozeß durch Vergleich zu beenden. Dadurch spart er sich die Kosten, für den Beweis, daß die Tatsache X nicht vorliegt. Der Kläger, der dies weiß, wird daher möglicherweise ungeachtet der Erfolgsaussichten Klage erheben. Somit ist allein die Entscheidung des Klägers, eine Klage zu erheben, kein gewichtiges Anzeichen dafür, daß die Tatsache X auch wirklich vorliegt. Mit anderen Worten wird die *a posteriori* Wahrscheinlichkeit (X/Y) als ein Faktor des Erwartungswerts durch die Klageerhebung nicht beeinflußt.

3. Ergebnis

Die Untersuchung hat gezeigt, daß die gefundenen Entscheidungsregel weder aus dem Grund, daß Vergleiche möglich sind, noch aus der Tatsache, daß der Kläger eine Klage erhoben hat, verändert werden muß.

V. Die richterliche Entscheidungsregel in der Praxis

Im folgenden ist der Frage nachzugehen, inwieweit die gefundene Entscheidungsregel, die das Gericht bei seiner Beweislastentscheidung befolgen soll, in der Praxis angewendet werden kann. Dabei soll auf die bisher verwendeten Beispiele 1 und 2[444] rekurriert werden, ohne dabei eine Festlegung auf

[440] Siehe oben C I 1
[441] Siehe oben D II 1
[442] Vgl. *Coase*, 3 J. Law & Economics 1960, S. 1 ff.
[443] Vgl. *Hay*, 72 Indiana L. J. 1997, S. 656
[444] Siehe oben D I 2

eine Beweislastentscheidung zu treffen. Vielmehr soll dieser Abschnitt dazu dienen, die Art und Weise der Anwendung zu verdeutlichen. Hierfür ist noch einmal die Entscheidungsregel zu notieren: Das Gericht soll dem Kläger die Beweislast auferlegen, wenn folgende Aussage gilt:[445]

$$W(Y/X) \times W(X) \times \text{Klägerkosten} < W(Y/{-X}) \times W({-X}) \times \text{Beklagtenkosten}$$

1. Beispiel 1

In dem Beispiel 1 hat ein Besteller den Bauunternehmer verklagt. Im Prozeß macht er eine Pflichtverletzung des Bauunternehmers geltend. Der Bauunternehmer bestreitet dies. Das Gericht weiß in einer Vorinformation, daß das Haus des Klägers eingestürzt ist.

Will das Gericht nun entscheiden, wem von den beiden Parteien es die Beweislast hinsichtlich der Pflichtverletzung auferlegen soll, so muß es die obige Entscheidungsregel anwenden. Dazu muß es die einzelnen Faktoren der Formel bestimmen. Dabei ist klar, daß exakte kardinale Wahrscheinlichkeitsbestimmungen für das Gericht sehr schwierig sind. Auch die voraussichtlichen Kosten des Klägers oder Beklagten kann es nicht genau bestimmen. Jedoch kann das Gericht einschätzen, welche Partei im Verhältnis zur anderen weniger Kosten hat, um Beweise zu präsentieren. Bei diesem Beispiel soll angenommen werden, der Kläger habe 50 % weniger Kostenaufwand als der Beklagte. Dies ergibt sich daraus, daß der Kläger Eigentümer des Hauses ist und damit Augenscheinsobjekte von ihm leichter beschafft werden können. Außerdem bewerteten wir die Wahrscheinlichkeit (X) als niedrig, da nicht davon ausgegangen werden kann, daß Bauunternehmer häufig pflichtwidrig sind.[446] Als vorsichtiger Wert kann eine Wahrscheinlichkeit (X) von 0,4 angesetzt werden, was gleichzeitig eine Wahrscheinlichkeit (–X) von 0,6 bedeutet. Diese Wahrscheinlichkeiten sind bei diesem konstruierten Beispielsfall intuitiv gewählt, in der Praxis können sich aufgrund von Erfahrungswerten aber genauere Wahrscheinlichkeiten durch Berechnung ergeben.[447] Eine Bestimmung der Wahrscheinlichkeiten (Y/X) und (Y/–X) kann nicht erfolgen, da sie von der Vorinformation Y, die sich wiederum aus dem konkreten Einzelfall ergibt, abhängig ist.[448] Alle bekannten Werte in die Entscheidungsregel eingesetzt, ergibt folgendes:

---

[445] Zur Herleitung siehe oben D III 2
[446] Siehe oben D III 1 a) cc)
[447] Siehe oben D III 1 a) cc)
[448] Siehe oben D III 1 a) cc)

W (Y/X) x 0,4 x 0,5 < W (Y/–X) x 0,6 x 1
W (Y/X) x 0,2 < W (Y/–X) x 0,6
W (Y/X) < 3 x W (Y/–X)

Somit ist dem Kläger die Beweislast aufzuerlegen, wenn nicht die Wahrscheinlichkeit (Y/X) mindestens dreimal so groß als die Wahrscheinlichkeit (Y/–X) ist. Legt das Gericht die Wertungen, die bei Erläuterung der Wahrscheinlichkeiten dargelegt wurden[449], zugrunde, so ist die linke Seite der Ungleichung kleiner als die rechte Seite. Damit zeigt die Entscheidungsregel an, daß die Beweislast hinsichtlich des Vorliegens einer Pflichtverletzung beim Kläger ist. Dieser muß folglich dafür den Beweis erbringen.

Wird das Beispiel abgewandelt, indem angenommen wird, die Kosten des Klägers hinsichtlich der Beweismittel seien genauso hoch, wie die des Beklagten, so ergibt sich als Entscheidungsregel:

W (Y/X) x 0,4 x 1 < W (Y/–X) x 0,6 x 1
W (Y/X) x 0,4 < W (Y/–X) x 0,6
W (Y/X) < 1,5 x W (Y/–X)

Selbst dann ist dem Kläger vom Gericht die Beweislast aufzuerlegen. Ausgehend von der Prämisse, daß die Wahrscheinlichkeit (Y/X) gering, jedenfalls nicht viel größer als die Wahrscheinlichkeit (Y/–X) ist, behält die Ungleichung ihre Richtigkeit, da die Wahrscheinlichkeit (Y/X) nicht um 50 % höher als die Wahrscheinlichkeit (Y/–X) ist.

2. Beispiel 2

Bei dem Beispiel 2 verklagt der Verletzte eines Autounfalls den verursachenden Autofahrer und legt dar, daß sich der Autofahrer fahrlässig verhalten hat. Als Vorinformation ist dem Gericht bekannt, daß sich der Autounfall auf der gegnerischen Straßenseite, also der des Klägers, ereignete.

Hier ist genauso wie beim ersten Beispiel vorzugehen. Das Gericht muß einschätzen, welche Partei im Vergleich zur anderen die voraussichtlich niedrigeren Beweismittelkosten zu tragen hat. Jetzt soll angenommen werden, daß der Kläger um 60 % höhere Kosten hat, die Fahrlässigkeit des Beklagten zu

[449] Siehe oben D III 1 a) cc): Die Wahrscheinlichkeit (Y/X) beschreibt die Wahrscheinlichkeit, daß das Gericht einen Einsturz des Hauses annimmt unter der Prämisse, daß der Bauunternehmer eine Pflichtverletzung begangen hat. Bei dieser Wahrscheinlichkeit wurde angenommen, daß sie gering ist, daß sie jedenfalls – und dies ist entscheidend – nicht viel größer als die Wahrscheinlichkeit (Y/–X) ist.

beweisen. Dies ist in der Tendenz sicher richtig, da der Kläger sich erst mühsam Kenntnis von dem Verhalten des Beklagten im Tatzeitpunkt verschaffen muß. Die Wahrscheinlichkeit (X), daß sich Autofahrer fahrlässig verhalten, wurde hoch angesetzt, jedenfalls höher als die Wahrscheinlichkeit (–X), so daß für die Wahrscheinlichkeit (X) – wiederum vorsichtig – ein Wert von 0,6 und somit für die Wahrscheinlichkeit (–X) 0,4 anzusetzen ist. Die Entscheidungsregel besagt dann:

$$W(Y/X) \times 0{,}6 \times 1{,}6 < W(Y/-X) \times 0{,}4 \times 1$$
$$W(Y/X) \times 0{,}96 < W(Y/-X) \times 0{,}4$$
$$W(Y/X) < 0{,}42 \times W(Y/-X)$$

Danach ist dem Kläger die Beweislast aufzuerlegen, wenn die Wahrscheinlichkeit (Y/X) weniger als die Hälfte der Wahrscheinlichkeit (Y/–X) einnimmt. Die Wahrscheinlichkeit (Y/X) zeigt die Wahrscheinlichkeit an, daß ein Unfall auf der gegnerischen Straßenseite stattgefunden hat, wenn der Autofahrer sich fahrlässig verhalten hat. Diese wurde als sehr hoch eingestuft, jedenfalls als um einiges höher als die Wahrscheinlichkeit (Y/–X).[450] Damit ist die linke Seite der Ungleichung auf jeden Fall größer als die rechte Seite, da selbst dann, wenn die Wahrscheinlichkeiten gleich hoch wären, die linke Seite größer wäre. Daraus folgt, daß die Ungleichung mathematisch nun nicht richtig ist. Das Gericht kommt nämlich hier zu dem Ergebnis – anders als die gängige Beweislastverteilung, daß nicht dem Kläger, sondern dem Beklagten die Beweislast aufzuerlegen ist. Der beklagte Unfallverursacher muß in diesem Beispiel beweisen, daß er nicht fahrlässig gehandelt hat.

Wandelt man dieses Beispiel leicht ab, indem angenommen wird, daß fahrlässiges Autofahren nicht sehr häufig vorkommt. Die Wahrscheinlichkeit (X) soll daher mit 0,1 und die Wahrscheinlichkeit (–X) mit 0,9 bewertet werden. Die Entscheidungsregel lautet somit wie folgt:

$$W(Y/X) \times 0{,}1 \times 1{,}6 < W(Y/-X) \times 0{,}9 \times 1$$
$$W(Y/X) \times 0{,}16 < W(Y/-X) \times 0{,}9$$
$$W(Y/X) < 5{,}625 \times W(Y/-X)$$

Danach ist dem Kläger die Beweislast aufzuerlegen, wenn die Wahrscheinlichkeit (Y/X) etwa mindestens fünfmal so groß wie die Wahrscheinlichkeit (Y/–X) ist. In der bisherigen Darstellung wurde festgelegt, daß die Wahrscheinlichkeit (Y/X) sehr viel größer ist. Nun ist weiter zu fragen, ob die Wahrscheinlichkeit, daß ein Unfall auf der gegnerischen Straßenseite stattgefunden hat, wenn der Autofahrer sich fahrlässig verhalten hat, fünfmal höher als die Wahrscheinlichkeit ist, daß der Unfall auf der gegnerische

---

[450] Siehe oben D III 1 a) cc)

Straßenseite passiert unter der Hypothese, daß sich der Autofahrer nicht fahrlässig verhalten hat. Dies kann, wenn man beide Wahrscheinlichkeiten gegenüber stellt, bejahen. Damit bleibt es auch in dieser Variante bei der Beweislast des Beklagten.

3. Ergebnis

Die Anwendung der richterlichen Entscheidungsregel auf die beiden Beispiele hat gezeigt, daß sie in der Praxis anwendbar ist. Zuzugeben ist dabei, daß die Wahl der Wahrscheinlichkeitswerte willkürlich erscheint, so daß die Beweislastverteilung ergebnisorientiert wirkt. Dabei muß darauf hingewiesen werden, daß es sich hier um konstruierte Beispielsfälle handelt, bei denen hinsichtlich der Wahrscheinlichkeitswerte nicht auf Erfahrungswerte zurückgegriffen werden kann. Zudem ist gezeigt worden, daß selbst bei verschiedenen Wahrscheinlichkeitswerten das Ergebnis gleich bleibt. Das Gericht ist damit bei seiner Entscheidung nicht auf die Ermittlung absolut richtiger Wahrscheinlichkeitswerte angewiesen, sondern es braucht nur die Tendenz einer Wahrscheinlichkeit ermitteln. Das Theorem von Bayes, das in der Entscheidungsregel enthalten ist, ist ein geeignetes und rationales Mittel, um Unsicherheiten faßbarer zu machen.[451] Da die Entscheidungsregel mehrere Komponenten hat, ist dasselbe Ergebnis auch bei der Annahme verschiedener Wahrscheinlichkeiten möglich, wie dies bei beiden Beispielen gezeigt wurde.

VI. Begutachtung der Entscheidungsregel

1. Die Entscheidungsregel als Wahrscheinlichkeitstheorie

Die hier entwickelte Entscheidungsregel beinhaltet in ihrer Ungleichung vier Wahrscheinlichkeiten als Faktoren. Jedoch ist diese Theorie der Beweislastverteilung keine Wahrscheinlichkeitstheorie wie diejenigen *Kegels*, *Reineckes* oder *Wahrendorfs*.[452] Geltungsgrund dieser Theorie ist vielmehr das dem Zivilverfahrensrecht innewohnende Rechtsprinzip der Effizienz.[453] Es wurde bereits gezeigt, daß im Recht der Beweislastverteilung eine gesetzesübersteigende Rechtsfortbildung unter Berücksichtigung des Rechtsprinzips der Effizienz möglich und diese auch mit der Verfassung vereinbar ist.[454]

---

[451] *Posner*, 51 Stanford L. Rev. 1999, S. 1514; skeptisch zur Brauchbarkeit des Theorems von Bayes im Beweisrecht *Shapira*, 19 Cardozo L. Rev. 1998, S. 1608

[452] Zur Wahrscheinlichkeitstheorie siehe oben B III

[453] Siehe oben C III

[454] Siehe oben C

Der Vorwurf, der an die Wahrscheinlichkeitstheorien gerichtet wurde, ihnen fehle das rechtstheoretische und verfassungsrechtliche Fundament[455], trifft daher auf diesen Ansatz nicht zu.

2. Die Verwendung von Wahrscheinlichkeitswerten

Durch die Berücksichtigung von Wahrscheinlichkeiten bei der Anwendung der Entscheidungsregel resultiert aber eine Ähnlichkeit zu den dargestellten Wahrscheinlichkeitstheorien.[456] Somit ist zu überprüfen, inwieweit die dagegen vorgebrachten Einwände auch auf die hier entwickelte Entscheidungsregel[457] zutreffen.

a) Das Kollektivproblem

Gegen die Verwendung von objektiven Wahrscheinlichkeiten bei Bestimmung der Beweislast wurde vor allem eingewandt, daß deren Ermittlung ungenau und willkürlich sei. Ihre Berechnung ist nämlich abhängig von der Zusammensetzung des Kollektivs, d.h. von der Grundgesamtheit, über die die Aussage gemacht wird.[458] Es ist zuzugestehen, daß objektive Wahrscheinlichkeiten ohne vorherige Feststellung des Kollektivs nicht ermittelt werden können.[459]

Die Wahrscheinlichkeiten (X) und (–X) beschreiben die unbedingten Wahrscheinlichkeiten, daß eine bestimmte Tatsache X vorliegt bzw. nicht vorliegt. Betrachtet man hierzu das Beispiel 2[460], so wurde für die Tatsache X das Kriterium „fahrlässiges Autofahren“ angegeben. Damit liegt hier der Bezug auf das Kollektiv aller Autofahrer. Es ist klar, daß dieses Kollektiv enger und weiter gefaßt werden und sich dadurch die Wahrscheinlichkeit ändern kann.

Betrachtet man die Situation, wenn das Kollektiv weiter gefaßt ist, so wäre es am weitesten, wenn man auf die Wahrscheinlichkeit, daß sich alle Menschen sorgfaltswidrig verhalten, rekurriert. Dabei ist aber klar, daß sich eine sinnvolle Aussage über die Wahrscheinlichkeit nicht treffen läßt. Das Kollektiv ist aber auch relativ weit gefaßt, wenn man alle Fahrer eines Kraft-

---

455 Vgl. *Prütting*, Gegenwartsprobleme, S. 194/199

456 Siehe oben B III

457 Siehe oben D III 2

458 *Prütting*, Gegenwartsprobleme, S. 202; vgl. *Nell*, Wahrscheinlichkeitsurteile in juristischen Entscheidungen, S. 24 ff.

459 *Nell*, Wahrscheinlichkeitsurteile in juristischen Entscheidungen, S. 25

460 Siehe oben D I 2

fahrzeuges, also auch Busfahrer und Motorradfahrer, mit einbezieht. Ob sich durch diese Erweiterung des Kollektivs die Wahrscheinlichkeit ändert, ist fraglich. Es ist aber zumindest möglich.

Genauso kann das Kollektiv hinsichtlich der Tatsache X enger gefaßt werfen, z.B. auf alle fahrlässigen Autofahrer unter 30 Jahren bezogen werden. Ergeben statistische Erhebungen, daß solche Autofahrer mehr Unfälle verursachen, so ändern sich die Wahrscheinlichkeiten (X) und (–X). Dabei stellt sich die Frage, ob die Änderung so stark ist, daß sich dadurch nach Anwendung der Entscheidungsregel ein andere Beweislastverteilung ergibt.

Diese Kollektivänderungen bei dem Beispiel 2 zeigen, daß sich hinsichtlich der unbedingten Wahrscheinlichkeiten (X) und (–X) der Einwand der willkürlichen Kollektivbildung nicht von der Hand weisen läßt. Je enger das Kollektiv gefaßt wird, desto schwieriger wird eine statistische Aussage zu treffen. Berücksichtigt man nämlich andere Eigenschaften, so ergibt sich ein anderes Kollektiv und damit ein anderer Wahrscheinlichkeitswert.[461] Will man eine vernünftige unbedingte Wahrscheinlichkeit angeben, so kann man nicht allein eine abstrakte Wahrscheinlichkeit bilden. Vielmehr müssen konkrete Umstände in die Bestimmung der Wahrscheinlichkeit mit einfließen, durch die eine sinnvolle Eingrenzung gefunden werden kann. Genauso wird man auch kein zu enges Kollektiv bilden, da dadurch die unbedingte Wahrscheinlichkeit immer mehr zu einer bedingten werden würde.[462]

Wenden wir uns nun den Wahrscheinlichkeiten (Y/X) und (Y/–X) zu, die die bedingte Wahrscheinlichkeit anzeigen, daß die Vorinformation Y gegeben ist unter der Prämisse, daß die Tatsache X gegeben bzw. nicht gegeben ist. Diese Wahrscheinlichkeit ergibt sich in einem Zusammenspiel von Y und X. Daraus folgt, daß sie variiert, je nach dem, wie die Vorinformation Y beschaffen ist.

Im Beispiel 1[463] war die Vorinformation Y, daß das Haus eingestürzt ist. Die Wahrscheinlichkeit (Y/X) wurde als gering eingestuft, da auch andere Ursachen als die Pflichtwidrigkeit des Unternehmers zum Einsturz des Hauses führen können. Die Vorinformation Y kann aber auch geändert und als „poröse Steine“ angesetzt werden. Dann stellt die Wahrscheinlichkeit (Y/X) diejenige Wahrscheinlichkeit dar, daß das Gericht die Vorinformation poröse Steine beachtet unter der Prämisse, daß der Bauunternehmer eine Pflichtverletzung begangen hat. Anders formuliert, stellt sich die Frage, wie wahrscheinlich es ist, daß das Haus aufgrund einer Pflichtverletzung des Bauun-

[461] *Nell*, Wahrscheinlichkeitsurteile in juristischen Entscheidungen, S. 25 f.
[462] Siehe oben D III 1 a) bb)
[463] Siehe oben D I 2

ternehmers mit porösen Steinen gebaut wurde. Die Wahrscheinlichkeit (Y/–X) zeigt dagegen die Wahrscheinlichkeit an, daß das Gericht die Vorinformation poröse Steine für gegeben hält, unter der Hypothese, der Bauunternehmer habe sich nicht pflichtwidrig verhalten. Diese Wahrscheinlichkeit wird man als sehr gering einstufen. Hat sich der Bauunternehmer nicht pflichtwidrig verhalten, wer soll dann die porösen Steine eingebaut haben? Die Wahrscheinlichkeit (Y/X) ist dagegen erheblich höher. Geht man von einer Pflichtverletzung des Bauunternehmers aus, so kann es durchaus sein, daß diese das Einbauen poröser Steine beinhaltet, zumal das ordnungsgemäße Bauen gerade seine Leistungspflicht ist.

Diese Anwendung zeigt, daß die Veränderung der Vorinformation Y eine Veränderung des Verhältnis der Wahrscheinlichkeiten (Y/X) und (Y/–X) zur Folge hat. Das hat dann auch Auswirkung auf die Beweislastentscheidung. In der obigen Entscheidungsregel wurde konstatiert, daß dem Kläger die Beweislast aufzuerlegen ist, wenn gilt:[464]

$$W(Y/X) < 3 \times W(Y/{-X})$$

Da die Wahrscheinlichkeit (Y/X) erheblich, nämlich zumindest um ein dreifaches, höher als die Wahrscheinlichkeit (Y/–X) ist, wird man die Ungleichung mathematisch nicht aufrechterhalten können. Vielmehr ist die rechte Seite geringer als die linke Seite. Somit hat nun der beklagte Bauunternehmer die Beweislast, daß er keine Pflichtverletzung begangen hat. Er kann diesen Beweis z.B. damit führen, daß die Steine nach DIN Normen zum Bau dieses Hauses geeignet waren, indem er einen Sachverständigen mit der Prüfung beauftragt. Zudem kann er beweisen, daß es für ihn nicht erkennbar war, daß diese Steine fehlerhaft waren.

Die Ausführungen haben gezeigt, daß sich mit der Änderung der vom Gericht zugrunde gelegten Vorinformation Y eine andere Beweislastverteilung ergeben kann. Das bedeutet, daß die Wahrscheinlichkeiten (Y/X) bzw. (Y/–X) individuell nach der jeweiligen Vorinformation zu bestimmen sind. Diesen Wahrscheinlichkeiten kann daher nicht der Vorwurf gemacht werden, sie sind abhängig von dem willkürlich gebildeten Kollektiv. Dies ist nämlich nicht der Fall. Die Bildung dieser Wahrscheinlichkeiten ergibt sich gerade aus dem Zusammenhang der Vorinformation Y zur Tatsache X. Entscheidend ist demnach, welche Vorinformationen Y das Gericht bekommt, von denen es ausgehen kann. Je nachdem, wie es die Tatsache X in bezug auf die Vorinformation Y einzuschätzen hat, ändert sich die Wahrscheinlichkeit (Y/X) bzw. (Y/–X). Es ist also gerade der Kerngedanke, daß die

---

[464] Siehe oben D V 1

Wahrscheinlichkeit wegen ihrer Abhängigkeit von der Vorinformation Y variabel ist.

b) Die Ungenauigkeit der Bestimmung von Wahrscheinlichkeitswerten

Ferner wird der Benutzung von Wahrscheinlichkeiten entgegengehalten, daß deren Bestimmung zumeist ungenau ist, da dem Richter in vielen Fällen kein gesichertes Tatsachenmaterial zur Verfügung steht. Die Ermittlung der Wahrscheinlichkeitswerte liefe somit auf eine subjektive Schätzung des Richters hinaus.[465] Dadurch wird letztlich Rechtsunsicherheit erzeugt, denn die Kalkulierbarkeit und Vorhersehbarkeit von Prozessen sei beeinträchtigt.[466] Die Entscheidungstheorie gibt für die Gewinnung von Wahrscheinlichkeiten insbesondere drei Möglichkeiten an: auf Basis empirischer Häufigkeiten, auf Basis vorausgesetzter theoretischer Verteilungen und reine Intuition.[467] Subjektive Wertungen werden also durchaus für die Wahrscheinlichkeitsgewinnung anerkannt, jedoch wird dabei auch auf die Fehlerquellen hingewiesen.[468] Die Kritik, die vom Richter ermittelte „Erlebniswahrscheinlichkeit", eine subjektive Einschätzung, die exakten wissenschaftlichen Anforderungen nicht standhält[469], sei unbrauchbar, verkennt aber, daß er während des Zivilprozesses häufiger zu Wahrscheinlichkeitsurteilen aufgerufen wird. Diese wären dann ebenfalls unbrauchbar.

So ist der Richter im Rahmen der richterlichen Beweiswürdigung nach § 286 ZPO aufgerufen, zu entscheiden, ob er von der Wahrheit einer behaupteten Tatsache überzeugt ist.[470] Dabei steht fest, daß eine absolute Gewißheit nicht zu erreichen und jede Möglichkeit des Gegenteils nicht auszuschließen ist, so daß er sich auf Wahrscheinlichkeiten verlassen muß.[471] Daher genügt hinsichtlich des Bewiesenseins einer Tatsache ein für das praktische Leben brauchbarer Grad von Gewißheit, der den Zweifeln Schweigen

---

[465] *Prütting*, Gegenwartsprobleme, S. 204

[466] *Prütting*, Gegenwartsprobleme, S. 194

[467] *Eisenführ/Weber*, Rationales Entscheiden, S. 172; *Bender/Nack*, Tatsachenfeststellung vor Gericht, Rn. 369

[468] *Eisenführ/Weber*, Rationales Entscheiden; S. 175, insb. S. 179 – unzureichende Kritik am eigenen Urteil; *Bender/Nack*, Tatsachenfeststellung vor Gericht, Rn. 369 – Ungeeignetheit des auf Kant zurückgehenden Wett-Modells, um den Grad der Gewißheit zu schätzen

[469] *Prütting*, Gegenwartsprobleme, S. 204; vgl. auch *Gottwald*, Schadenszurechnung und Schadensschätzung, S. 190 f.

[470] *Baumbach-Lauterbach/Hartmann*, ZPO, § 286, Rn. 16; *Thomas/Putzo/Reichold*, ZPO, § 286, Rn. 2; *Musielak/Foerste*, ZPO, § 286, Rn. 2; vgl. auch *Nell*, Wahrscheinlichkeitsurteile in juristischen Entscheidungen, S. 93 ff.

[471] *Thomas/Putzo/Reichold*, ZPO, § 286, Rn. 2a; MünchKomm-ZPO/*Prütting*, § 286, Rn. 33; *Musielak*, Festschrift für Kegel, S. 462

gebietet, ohne sie auszuschließen.[472] Dem entspricht eine an Sicherheit grenzende Wahrscheinlichkeit, falls sie dem Richter persönliche Gewißheit verschafft.[473] Diese Wahrscheinlichkeit, die die Rechtsprechung als Gewißheit umschreibt, stellt nichts anderes als eine subjektive Wahrscheinlichkeit des Richters dar.[474] Dabei ist es nicht nötig, daß der Richter eine mathematische Berechnung dieser Wahrscheinlichkeit, evtl. nach dem Theorem von Bayes, vornimmt[475], sondern es muß nach seiner subjektiven Erkenntnis nur eine sehr hohe Wahrscheinlichkeit für das Vorliegen der jeweiligen Tatsache sprechen.[476]

Bei § 287 ZPO als Ausnahme des Grundsatzes des § 286 ZPO[477] muß sich der Richter im Rahmen der haftungsausfüllenden Kausalität gar nicht mit an Sicherheit grenzender Wahrscheinlichkeit überzeugen, vielmehr genügt eine höhere oder deutlich höhere Wahrscheinlichkeit.[478] Für das Schrifttum stellt § 287 ZPO einen gesetzlich geregelten Fall der Beweismaßreduzierung auf überwiegende Wahrscheinlichkeit dar.[479]

Weiterhin wendet der Richter im Rahmen der Beweiswürdigung objektive Wahrscheinlichkeiten an, indem er empirisch abgesicherte Erfahrungssätze beim Anscheinsbeweis zugrunde legt.[480] Dabei ist anerkannt, daß dort, wo der Anscheinsbeweis angewendet wird, Tatsachenfeststellungen durch Wahrscheinlichkeitsurteile, die nicht den Grad der vollständigen Gewißheit erreichen, getroffen werden.[481] Hierbei sind ebenfalls im Vergleich zu § 286 ZPO die Wahrscheinlichkeitsanforderungen herabgesetzt, da in der Regel nur der Beweis hoher Wahrscheinlichkeit gefordert wird.[482] So soll in diesen Fällen die Anwendung des Anscheinsbeweises möglich sein, wenn der Er-

---

[472] BGHZ 53, 245 (256); BGH NJW-RR 1994, 567 (568); BGH NJW 2000, 953 (954)
[473] *Musielak/Foerste*, ZPO, § 286, Rn. 19
[474] *Nell*, Wahrscheinlichkeitsurteile in juristischen Entscheidungen, S. 96; *Bender*, Festschrift für Baur, S. 248
[475] BGH NJW 1989, 3161 (3162) = BGH ZZP 103 (1990), 62; *Stein/Jonas/Leipold*, ZPO, § 286, Rn. 4a; für eine Verwendung des Bayes Theorems bei der richterlichen Beweiswürdigung *Bender/Nack*, Tatsachenfeststellung vor Gericht, Rn. 398 ff.
[476] MünchKomm-ZPO/*Prütting*, § 286, Rn. 35/40
[477] *Baumbach-Lauterbach/Hartmann*, ZPO, § 287, Rn. 1
[478] BGH NJW 1992, 3298 (3299); BGH NJW 1995, 1023; *Thomas/Putzo/Reichold*, ZPO, § 287, Rn. 11; *Musielak/Foerste*, ZPO, § 287, Rn. 7
[479] *Huber*, Das Beweismaß im Zivilprozeß, S. 137; vgl. *Gottwald*, Schadenszurechnung und Schadensschätzung, S. 214
[480] *Bender/Nack*, Tatsachenfeststellung vor Gericht, Rn. 367; *Musielak*, Grundlagen der Beweislast, S. 116; aA *Greger*, Beweis und Wahrscheinlichkeit, S. 177 ff. der die Rechtsfigur des Anscheinsbeweises dem materiellen Recht zuordnet
[481] *Nell*, Wahrscheinlichkeitsurteile in juristischen Entscheidungen, S. 97 m.w.H.; *Musielak*, Grundlagen der Beweislast, S. 92 ff.
[482] *Bender*, Festschrift für Baur, S. 259

fahrungssatz „sehr wahrscheinlich“ oder auch nur „überwiegend wahrscheinlich“ ist.[483] Im Versicherungsrecht reicht es aus, daß aus den festgestellten Umständen mit hinreichender Wahrscheinlichkeit auf einen Versicherungsfall geschlossen werden kann. Eine hohe oder nur überwiegende Wahrscheinlichkeit – mehr als 50 % – im Rahmen der Beweiswürdigung ist nicht gefordert.[484]

Dies zeigt, daß der Richter im Zivilprozeß zu Wahrscheinlichkeitsurteilen aufgerufen ist. In diesen Fällen wurde nicht kritisiert, die Wahrscheinlichkeitsurteile seien ungenau und stellten lediglich subjektive Erlebniswahrscheinlichkeiten dar, die exakten wissenschaftlichen Anforderungen nicht standhalten.[485] Die Erlebniswahrscheinlichkeit bezeichnet dabei den Grad der Erwartung in bezug auf Eintritt oder Vorliegen eines bestimmten Ereignisses aufgrund der Lebenserfahrung, ohne daß diese Erwartung zahlenmäßig exakt belegt oder rein objektiv ermittelt werden und Grundlage einer Wahrscheinlichkeitsrechnung bilden könnte.[486] Vielmehr wird anerkannt, daß der Richter bei der Würdigung des Sachverhaltsergebnisses unvermeidbar subjektiv und persönlich entscheidet[487], auch wenn er an objektive Vorgaben wie Denkgesetze[488], Naturgesetze und zwingende Erfahrungssätze gebunden ist.[489]

Schließlich ist noch anzumerken, daß auch dem Schadens- und Haftungsrecht die Verwendung von Wahrscheinlichkeitsurteilen nicht fremd ist.[490] So wird bei der Schadensberechnung mittels der Differenzhypothese die sogenannte hypothetische Lage durch ein Wahrscheinlichkeitsurteil festgestellt.[491] Auch das Adäquanzkriterium bedient sich einer Wahrscheinlichkeitsprognose, nach der ein Ereignis kausal ist, wenn es unter allgemeinen

---

483 *Huber*, das Beweismaß im Zivilprozeß, S. 136; im Ergebnis auch *Musielak*, Grundlagen der Beweislast, S. 128

484 BGH VersR 1987, 146; BGH NJW-RR 1993, 797 f.

485 Vgl. *Prütting*, Gegenwartsprobleme, S. 204

486 *Gottwald*, Schadenszurechnung und Schadensschätzung, S. 190; *Greger*, Beweis und Wahrscheinlichkeit, S. 39 f., der diese Kategorie der Wahrscheinlichkeitsbegriffe allerdings als subjektive Wahrscheinlichkeit bezeichnet

487 So vor allem *Gottwald*, Schadenszurechnung und Schadensschätzung, S. 204/207 darlegend, daß auf die Intuition des Richters vertraut werden muß und eine sog. induktive überwiegende Wahrscheinlichkeit nur eine Sicherheit vortäuscht, die es tatsächlich nicht gibt

488 Dazu sollen aber auch die Grundlagen der klassischen Wahrscheinlichkeitstheorie, wie etwa das Bayes-Theorem, gehören; *Rüßmann*, ZZP 103 (1990), S. 71; vgl. AK-ZPO/*Rüßmann*, § 286, Rn. 10

489 MünchKomm-ZPO/*Prütting*; § 286, Rn. 9; *Stein-Jonas/Leipold*, ZPO, § 286, Rn. 2; *Greger*, Beweis und Wahrscheinlichkeit, S. 178

490 *Müller*, Wahrscheinlichkeitshaftung von Alternativtätern, S. 201

491 *Müller*, Wahrscheinlichkeitshaftung von Alternativtätern, S. 200

und nicht nur unter besonders eigenartigen, unwahrscheinlichen und nach dem gewöhnlichen Verlauf der Dinge außer Betracht zu lassenden Umständen geeignet ist, den Erfolg herbeizuführen.[492] In den genannten Fällen ist der Richter zur Beurteilung eines hypothetischen Sachverhalts aufgerufen, den er mit Hilfe von Wahrscheinlichkeitsurteilen zu lösen versucht. Letztendlich ist anerkannt, daß jede Rechtsanwendung auf Wahrscheinlichkeitsurteilen basiert.[493] Da die vorangegangene Ermittlung von Tatsachen nie in der Weise erfolgen kann, daß Zweifel an ihrer Richtigkeit völlig ausgeschlossen sind, beruht die Rechtsanwendung auf Erfahrungssätzen, denen eine gewisse Unsicherheit im Hinblick auf ihre Richtigkeit innewohnt.

Die Anwendung von Wahrscheinlichkeitsurteilen ist somit der Rechtsanwendung, wie auch die Beispiele aus dem Schadens- und Haftungsrecht zeigen, nicht neu. Sie ist zudem sowohl der Zivilprozeßrechtstheorie als auch der zivilprozessualen Praxis nicht fremd. Aus diesem Grund ist es nicht einzusehen, daß diese Subjektivität der richterlichen Entscheidung in anderen Fällen, vor allem im Rahmen der Beweiswürdigung, hingenommen wird, jedoch bei Feststellung der Beweislastzuweisung kritisiert wird.

Das zur Ablehnung konkreter Wahrscheinlichkeiten verwandte Argument der fehlenden Kalkulierbarkeit und Vorhersehbarkeit von Prozessen kann auf die Entscheidungsregel nicht bezogen werden. Die hier vertretene Entscheidungsregel[494] ist eine mathematische Ungleichung, bei der jede Prozeßpartei anhand der einzelnen Faktoren überprüfen kann, wie der Richter die Beweislast verteilen wird. Dadurch unterscheidet sie sich eminent von solchen Wahrscheinlichkeitstheorien, nach denen pauschal der weniger wahrscheinlichere Vorgang zu beweisen sei.[495] Die Entscheidungsregel vergleicht Kostenerwartungswerte. Die dabei verwendeten Wahrscheinlichkeitswerte entstammen dem Theorem von Bayes, einer aus der Entscheidungstheorie stammender Formel zur Bestimmung subjektiver Wahrscheinlichkeiten. Das Theorem von Bayes ist ein geeignetes Mittel, um die Bestimmung der Wahrscheinlichkeitswerte rational nachvollziehbar zu machen, indem die Qualität der Informationen den Wert der Wahrscheinlichkeit bedingt.[496] Die Verwendung des Bayes-Theorems führt zu einer genaueren Berechnung der Kostenerwartungswerte, so daß die Beweislastentscheidung im Einzelfall kalkulierbar ist. Dies hat die Anwendung der Entscheidungsregel auf die beiden Beispiele gezeigt. Allerdings ist zuzugestehen, daß es den Parteien im Einzelfall schwer fallen kann, die eigenen Kosten

---

492 BGHZ 57, 137 (141)

493 *Müller*, Wahrscheinlichkeitshaftung von Alternativtätern, S. 201 f. mit Hinweis auf *Eidenmüller*, JZ 1999, S. 54

494 Siehe oben D III 2

495 Vgl. *Reinecke*, Beweislastverteilung, S. 51

496 *Posner*, 51 Stanford L. Rev. 1999, S. 1514

und die der Gegenseite zu bestimmen. Auch die Bestimmung der Wahrscheinlichkeitswerte wird für sie schwierig sein. Es geht jedoch nicht um die Berechnung eines exakten Ergebnisses, sondern vielmehr um die Angabe eines Trends, anhand dessen die Parteien ablesen können, wer zur Beweisführung aufgerufen ist.

3. Die Ausschließlichkeit von Wahrscheinlichkeitsurteilen im Rahmen des Beweismaßes

Schließlich wurde angeführt, daß die Bestimmung der Wahrscheinlichkeit, daß eine Tatsache gegeben ist, eine Frage des Beweismaßes[497] und nicht der Beweislast ist.[498] Die Abgrenzung zu Beweisführung und Beweiswürdigung würden dadurch verwischt werden. Dieser Vorwurf kann für die hier vertretene Entscheidungsregel nicht gelten, da sie der von der herrschenden Meinung vertretenen Trennung zwischen Beweislast und Beweismaß folgt.[499] Das Gericht bestimmt bei Anwendung der Entscheidungsregel die Verteilung der Beweislast streng genommen nicht nach der Wahrscheinlichkeit, nach der eine Tatsache auftritt, sondern danach, welche Partei voraussichtlich die geringsten Kosten hat, den Beweis zu erbringen. Entscheidungskriterium für die Beweislastverteilung ist somit nicht die Wahrscheinlichkeit, sondern die voraussichtliche Höhe der Kosten. Allein die Kostenhöhe wird mit Wahrscheinlichkeiten genauer ausgedrückt, nämlich mit dem sogenannten Erwartungswert der Kosten. Die Wahrscheinlichkeitswerte werden nur mittelbar zur Bestimmung der Beweislast verwendet. Die Beweismaßfrage wird dadurch nicht überflüssig. Bei Würdigung der Beweise ist das Gericht dann aufgerufen, zu entscheiden, ob es von der Tatsache hinreichend überzeugt ist.[500]

4. Ergebnis

Somit bleibt zusammenfassend festzuhalten, daß die Kritik wegen der schwierigen Kollektivbildung auch bei der Entscheidungsregel besteht, daß die unbedingten Wahrscheinlichkeiten (X) und (–X) also in ihrer Größe abhängig von der jeweiligen Kollektivbildung sind. Den bedingten Wahrscheinlichkeiten dagegen kann dieser Vorwurf nicht gemacht werden, da sie ja immer in bezug auf die Vorinformation Y bestimmt werden müssen. Je-

---

[497] Zum Begriff des Beweismaßes siehe oben A

[498] *Schwab*, Festschrift für Bruns, S. 513; *Musielak*, Grundlagen der Beweislast, S. 291; *Prütting*, Gegenwartsprobleme, S. 212

[499] Vgl. zum „Trennungsdogma" *Baumgärtel*, Beweislastpraxis, Rn. 54 ff.

[500] *Zöller/Greger*, ZPO, § 286, Rn. 18/19; MünchKomm-ZPO/*Prütting*, § 286, Rn. 28/32; *Musielak/Foerste*, ZPO, § 286, Rn. 18

doch wurde auch gezeigt, daß dieses Problem handzuhaben ist und jedenfalls die gesamte Entscheidungsregel nicht unbrauchbar macht. Auch trägt das Argument nicht, daß das Gericht nicht fähig ist, Wahrscheinlichkeiten zu bestimmen, da bei der Bestimmung der richterlichen Überzeugung nach § 286 ZPO und in den anderen genannten Fällen des § 287 ZPO und des Anscheinsbeweises ebenfalls Wahrscheinlichkeiten zu berücksichtigen sind.

E. Vereinbarkeit mit dem Grundgesetz, Übereinstimmung mit Beweislastsonderregeln und Rechtsprechung zur Beweislast, Vergleich mit strittigen Beweislastverteilungen

In diesem Abschnitt muß in einen weitergehenden Schritt untersucht werden, in wieweit sich die im vorigen Abschnitt D entwickelte Entscheidungsregel in das geltende Recht einfügt. Dabei ist zu allererst zu fragen, ob der Ansatz mit der Verfassung vereinbar ist. Des weiteren ist zu untersuchen, inwieweit sich die hier vertretene Entscheidungsregel[501] in das Recht der Beweislastverteilung einfügt. Dabei ist zuerst auf die gesetzlich normierten speziellen Beweislastnormen und Vermutungsregelungen des BGB zurückzugreifen und zu fragen, ob die hier entwickelte Beweislastregel mit den gesetzlichen Regelungen übereinstimmt. Weiterhin ist zu vergleichen, inwieweit dieser Ansatz mit der Entscheidungsregel, die die Normentheorie dem Richter an die Hand gibt, und mit der Rechtsprechung zur Beweislastverteilung im Produkthaftungsrecht vereinbar ist. Schließlich soll die Tauglichkeit der Entscheidungsregel anhand von strittigen Beweislastverteilungen überprüft werden.

I. Vereinbarkeit mit dem Grundgesetz

Die verfassungsrechtliche Relevanz eines Ansatzes zur Verteilung der Beweislast knüpft immer an deren Konsequenzen an. Eine Entscheidung aufgrund Beweislastgrundsätzen kann den Verlust des Prozesses bedeuten und somit die effektive Durchsetzung eines nach materiellen Recht bestehenden Anspruchs verhindern.[502] Problematisch ist demnach, ob die Abweisung einer Klage allein aus dem Grund, daß der Kläger den Anspruch nicht zur Überzeugung des Gerichts beweisen konnte, mit der Verfassung vereinbar ist.[503] Bei der verfassungsrechtlichen Überprüfung bestimmter Beweislastverteilungsregeln ist zu berücksichtigen, daß umstritten ist, inwieweit die Grundrechte und Verfassungsprinzipien des Grundgesetzes das Privatrecht beeinflussen

Zum einen wird davon ausgegangen, daß die Grundrechte und die objektiven Verfassungsgarantien eine nur mittelbare Wirkung auf das Privatrechtsverhältnis und somit auf die zivilrechtliche Beweislastverteilung ausüben, da

---

[501] Siehe oben D III 2

[502] Vgl. *Schneider*, Beweis und Beweiswürdigung, Rn. 15 „die Beweislast zu haben, sei halber Prozeßverlust"

[503] Vgl. dazu ausführlich für das Deliktsrecht *Schlemmer-Schulte*, Beweislast und Grundgesetz, sowie *Reinhardt*, NJW 1994, S. 93 ff.

im Zivilprozeß kein Verhältnis Staat-Bürger gegeben ist. Vielmehr streiten hier Private als grundsätzlich gleichberechtigte und gleicherweise mit allen Grundrechten ausgestattete Rechtssubjekte.[504] Bei gerichtlichen Urteilen ist das Willkürverbot nach Art. 3 GG erst dann verletzt, wenn die Rechtsanwendung oder das eingeschlagene Verfahren Fehler enthält, die bei verständiger Würdigung nicht mehr nachvollziehbar sind, so daß sich der Schluß aufdrängt, die Rechtsanwendung beruhe auf sachfremden Erwägungen.[505] Dies trifft aber auf den hier vertretenen Ansatz nicht zu, da er die Beweislast aufgrund von Effizienzerwägungen, die als Prinzip des Zivilverfahrensrechts eruiert wurden[506], verteilt. Auch wird die Konzeption des Zivilprozesses als Erkenntnisverfahren mit dem Grundgesetz als vereinbar angesehen, auch soweit sie den Parteien eine Beweisführungspflicht auferlegt und daraufhin Entscheidungen aufgrund von Beweislastregelungen erlaubt.[507] Bei dieser Sichtweise begegnet eine Beweislastverteilung aufgrund des Effizienzkriteriums keinen verfassungsrechtlichen Bedenken, da die konkrete Ausgestaltung der Beweislast hinsichtlich ihrer Vereinbarkeit mit Grundrechten nicht überprüfbar ist.

Geht man jedoch mit der anderen Ansicht von einer unmittelbaren Wirkung der Grundrechte auf das Privatrechtsverhältnis und somit auf das Prozeßrechtsverhältnis aus[508], so muß der Richter bei seiner Entscheidung, wem er im konkreten Fall die Beweislast auferlegt, folgende Grundrechte beachten: die aus dem Rechtsstaatsprinzip resultierenden Gebote des effektiven und fairen Gerichtsverfahren und der Verhältnismäßigkeit, das aus Art. 3 GG zu fordernde Willkürverbot, sowie die Art. 2 und 14 GG. Dabei ist festzuhalten, daß diese Grundrechte und Verfassungsgarantien in ihrer Gesamtheit pauschale, einseitige und radikale Ausgestaltungen der Beweislastverteilung verbieten, da eine solche der Vielfalt der Lebenssachverhalte nicht gerecht werden würde.[509] Eine einseitige Risikozuweisung durch die Beweislast würde der verfassungsrechtlich gebotenen Interessenabwägung nicht standhalten.[510] Darüber hinaus kann das Gebot eines effektiven und fairen Verfahrens verletzt sein, wenn im Einzelfall die Anforderungen der Beweisführung für eine Partei übertrieben und unerfüllbar sind.[511] Das Willkürverbot

---

504 BVerfG NJW 1979, 1925 (1927); *Schlemmer-Schulte*, Beweislast und Grundgesetz, S. 117

505 BVerfG NJW 1979, 1925

506 Siehe oben C III

507 BVerfG NJW 1979, 1925 (1927)

508 Diese Auffassung wurde im Sondervotum zum Arzthaftungsbeschluß BVerfG NJW 1979, 1927 (1930 – 1933) vertreten; vgl. *Schlemmer-Schulte*, Beweislast und Grundgesetz, S. 43

509 *Schlemmer-Schulte*, Beweislast und Grundgesetz, S. 118

510 *Schlemmer-Schulte*, Beweislast und Grundgesetz, S. 118

511 *Schlemmer-Schulte*, Beweislast und Grundgesetz, S. 90

verbietet ferner die einseitige Ausrichtung von Beweislastregeln und fordert die grundsätzliche Gleichstellung der Prozeßbeteiligten.[512] Die Berücksichtigung des Verhältnismäßigkeitsgrundsatzes erfordert eine Gesamtabwägung, nach der eine Beweislastverteilung geeignet, erforderlich und verhältnismäßig ieS zur Ordnung zivilrechtlicher Verhältnisse sein muß, da ansonsten die Abwägung aller betroffenen Rechtsgüter verletzt wird.[513] Schließlich ergibt sich auch unter Beachtung der Art. 2 und 14 GG das Verbot einseitiger Beweislastzuweisungen, um somit der vom verfassungsrechtlichen Eigentumsbegriff gebotenen Abwägung zwischen sozialem und privatem Interesse sowie den Rechtsgütern Leben und Gesundheit gerecht zu werden.[514]

Auch wenn man eine unmittelbare Wirkung der Verfassungsmaximen auf die Beweislastentscheidung des Richters annimmt, verstößt eine Beweislastentscheidung unter Berücksichtigung des Effizienzkriteriums nicht gegen das Grundgesetz. Der hier vertretene Ansatz[515] gestaltet die Beweislast nicht einseitig und pauschal in dem Sinne aus, daß sie nur dem Kläger bzw. Beklagten auferlegt wird. Vielmehr wird hinsichtlich jeder Tatsache neu anhand der Entscheidungsregel überprüft, wer nun die Beweislast zu tragen hat. Dadurch werden an eine Partei nicht übermäßige Anforderungen gestellt, ihren Anspruch zu beweisen, zumal zu den Anforderungen auch die Beweisführungskosten der Parteien gezählt werden müssen, und diese bei der Entscheidungsregel in der Weise berücksichtigt werden, daß derjenige mit den tendenziell höheren Beweiskosten von der Beweislast befreit ist. In dieser Hinsicht liegt zudem eine Gleichstellung der Parteien vor, denn es wird ausschließlich der Partei die Beweislast zugewiesen, deren Kostenerwartungswert hinsichtlich der Beweisführung geringer ist. Indem die hier vertretene Entscheidungsregel die Beweisführung erleichtert[516], beachtet sie die verfassungsrechtlich geschützte Abwägung im Rahmen des Art. 14 GG und sorgt für einen angemessenen Schutz der Rechtsgüter des Art. 2 GG.

II. Übereinstimmung mit den besonderen Beweislastregelungen und den gesetzlichen Vermutungen des BGB

Die besonderen Beweislastregelungen und gesetzlichen Vermutungen, die das BGB enthält, stellen Normen dar, die bestimmen, wie die Beweislast in einem speziellen Fall zu verteilen ist. Der Richter hat diese anzuwenden.

---

[512] *Schlemmer-Schulte*, Beweislast und Grundgesetz, S. 94 f./118
[513] *Schlemmer-Schulte*, Beweislast und Grundgesetz, S. 95 ff./118
[514] *Schlemmer-Schulte*, Beweislast und Grundgesetz, S. 102/110/119
[515] Siehe oben D III 2
[516] Siehe oben D III 2

Die besonderen Beweislastregeln weisen im Prozeß einer Partei die Beweislast für eine bestimmte Tatsache ausdrücklich zu.[517] Bei den gesetzlichen widerlegbaren Vermutungen ergibt sich die Wirkungsweise aus § 292 ZPO. Danach wird im Falle, daß das Gesetz eine Vermutung hinsichtlich des Vorhandenseins einer Tatsache aufstellt, diese vom Gericht als gegeben angesehen. Es steht dann jedoch der anderen Partei zu, den Gegenbeweis diesbezüglich zu erbringen.

Beide Institute sind gegenüber der entwickelten Entscheidungsregel vorrangig anzuwenden. Dies liegt daran, daß hinsichtlich dieser Fälle eine gesetzliche Regelung und daher keine Lücke vorliegt. Dies versperrt den Weg einer richterlichen Rechtsfortbildung und die Anwendung der auf einer solchen beruhenden Entscheidungsregel.

Allerdings darf untersucht werden, ob die Wertungen, die das BGB in diesen Regelungen zum Ausdruck bringt, auf das Effizienzkriterium zurückzuführen sind oder wenigstens mit ihm übereinstimmen, und damit auf dem gleichen Geltungsgrund wie die hier vertretene Entscheidungsregel[518] beruht. In diesem Falle würden diese Regelungen des BGB, ohne daß der Gesetzgeber dies ausdrücklich intendiert hätte, das Prozeßrechtsverhältnis zwischen den Parteien effizient ausgestalten. Der Regelungszweck dieser Normen müßte dann auch in der Herbeiführung eines effizienten Zustandes gesehen werden. Die Rückführung bzw. Übereinstimmung mit dem Effizienzkriterium kann angenommen werden, wenn die gesetzlichen Regelungen und die hier entwickelte Entscheidungsregel zum gleichen Ergebnis kommen. Dies soll im folgenden anhand einzelner Beispiele untersucht werden.

1. Die Beweislastregelungen

Von den oben aufgezählten besonderen Beweislastregelungen des BGB[519] sollen hier nur die §§ 282, 179 Abs. 1 BGB näher betrachtet werden[520], da diesen eine exponierte Bedeutung im Bereich des Zivilrechts zukommt. Insbesondere § 282 BGB stellt die zentrale Beweislastregelung im Bereich des vertraglichen Leistungsstörungsrechts dar, da sie nicht nur im Bereich des Unmöglichkeitsrechts, sondern auch analog im Rahmen der positiven Ver-

---

[517] Vgl. *Musielak*, Grundlagen der Beweislast, S. 304 ff.

[518] Siehe oben D III 2

[519] Siehe oben B IV und C II 1

[520] Hinsichtlich der anderen Regelungen vgl. *Musielak*, Grundlagen der Beweislast, S. 368 ff.

tragsverletzung und der culpa in contrahendo Anwendung findet.[521] Dem § 179 Abs. 1 BGB kommt im Rahmen streitiger Stellvertreterbeziehungen herausragende Bedeutung zu.

a) § 282 BGB

Aus § 282 BGB ergibt sich explizit, daß im Falle der Unmöglichkeit einer Leistung den Schuldner die Beweislast dafür trifft, daß er die Unmöglichkeit nicht zu vertreten hat. § 282 BGB ist demnach eine vom Richter zu beachtende gesetzliche Anordnung, die Beweislast hinsichtlich der Tatsachen, die das Tatbestandsmerkmal „Vertreten müssen der Unmöglichkeit" begründen, dem Schuldner aufzuerlegen. Als Begründung für diese Regelung wird angeführt, daß der Schuldner am besten in der Lage ist, die Umstände, die zur Unmöglichkeit geführt haben, aufzuklären.[522] Der Schuldner steht den Gründen der Unmöglichkeit im allgemeinen näher als der Gläubiger, so daß er sie besser und leichter als dieser aufklären kann.[523] Diese Beweislastzuweisung will also die besseren Aufklärungsmöglichkeiten, über die eine Partei, hier der Schuldner, verfügt, nutzbar machen.[524]

Ferner wird die Grundlage für die Beweislastverteilung des § 282 BGB in dem Wahrscheinlichkeitsprinzip gesehen. Bei Vorliegen einer Unmöglichkeit spricht ein hohes Maß an Wahrscheinlichkeit für ein schuldhaftes Verhalten des Schuldners und nicht für das Vorliegen von höherer Gewalt bzw. Verschulden des Gläubigers. Dies rechtfertigt es, den Schuldner mit dem Beweisrisiko zu belasten.[525]

Das Ergebnis, das § 282 BGB normiert, ist nun mit dem Ergebnis der Entscheidungsregel zu vergleichen. Dabei kann von folgenden Annahmen ausgegangen werden: Im Falle der Unmöglichkeit einer Leistung wird meistens der Kläger Ansprüche herleiten, zum Beispiel einen Anspruch auf Schadensersatz aus § 280 Abs. 1 BGB oder § 325 Abs. 1 BGB. Das hat zur Folge, daß sich der Schuldner der Leistung in der Beklagtenrolle wiederfindet. Indem § 282 BGB die Beweislast für das Tatbestandsmerkmal „Vertreten müssen der Unmöglichkeit" dem Schuldner auferlegt, ist sie gleichzeitig

---

[521] Hinsichtlich der pVV BGH NJW 1980, 2186 (2187); BGH NJW 1986, 2757; hinsichtlich der cic BGHZ 99, 101(108); BGHZ 111, 75 (80); vgl. auch *Jauernig/Vollkommer*, § 282, Rn. 5 und § 276, Rn. 61/84

[522] MünchKomm/*Emmerich*, § 282, Rn. 3; *Palandt/Heinrichs*, § 282, Rn. 2; *Staudinger/Löwisch* (2001), § 282, Rn. 3; BGHZ 4, 192 (195); BGH NJW 1965, 1583 (1584)

[523] *Fikentscher*, Schuldrecht, Rn. 339; *Musielak*, Grundlagen der Beweislast, S. 367

[524] *Musielak*, Grundlagen der Beweislast, S. 370 f.

[525] *Wahrendorf*, Prinzipien, S. 105 f.; *Reinecke*, Beweislastverteilung, S. 136 f.; *Heinemann*, Die Beweislastverteilung bei positiven Forderungsverletzungen, S. 43

dem Beklagten zugewiesen. In diesem Sinne stellt § 282 BGB eine Beweislastumkehr zu Lasten des Schuldners dar, denn nach allgemeinen Beweislastgrundsätzen müßte das „Vertreten müssen“ vom Gläubiger nachgewiesen werden.[526] Geht man also davon aus, daß der Schuldner der Beklagte ist, so beinhaltet § 282 BGB in der konkreten Prozeßsituation die Anordnung, daß dem Beklagten hinsichtlich der Tatsache die Beweislast obliegt.

Zu überprüfen ist nun, zu welcher Beweislastverteilung die hier vertretene Entscheidungsregel gelangt. Dabei soll von folgendem Beispiel ausgegangen werden. Der Kläger macht gegen den Beklagten einen Anspruch aus § 325 Abs. 1 BGB geltend, weil der Beklagte, ein Konditor, an einen bestimmten Tag die Hochzeitstorte nicht geliefert hat, was als absolute Fixschuld ein Fall der Unmöglichkeit ist.[527] Der Anspruch ist aber nur gegeben, wenn der Beklagte die Unmöglichkeit zu vertreten hat. Bestreitet er seine Verantwortlichkeit, so stellt sich die Frage der Beweislast. Der Kläger hat die Beweislast hinsichtlich des Kriteriums X, hier „Vertreten müssen der nicht rechtzeitigen Lieferung“, wenn wiederum folgende Ungleichung richtig ist.

$$W(Y/X) \times W(X) \times \text{Klägerkosten} < W(Y/{-X}) \times W({-X}) \times \text{Beklagtenkosten}$$

Dabei muß man sich bezogen auf dieses Beispiel den einzelnen Faktoren der Ungleichung zuwenden. Bei Analyse der Kosten der Beweisführung, d.h. der Kläger- bzw. Beklagtenkosten, muß berücksichtigt werden, daß der Grund für die verspätete und damit unbrauchbare Lieferung dem Kläger meistens verborgen bleibt. Der Beklagte ist seiner Verpflichtung zur Leistung einer Torte aus irgend einem Grund nicht nachgekommen. Diesen Grund, warum er nicht rechtzeitig geliefert hat, wird nur er wissen, so daß es für ihn einfach ist, diesen darzulegen. Das bedeutet folglich, daß der Beklagte die besseren Aufklärungsmöglichkeiten hat. Dabei ist das Argument, das für die Regelung des § 282 BGB angeführt wurde, heranzuziehen. Der Schuldner, meistens der Beklagte, sei am besten in der Lage, die Umstände, die zur Unmöglichkeit geführt haben, aufzuklären Er habe folglich die leichteren und besseren Aufklärungsmöglichkeiten.

Was sich hinter diesem Begriff „leichtere und bessere Aufklärungsmöglichkeit“ verbirgt, bleibt jedoch ungeklärt. Daher stellt sich die Frage, wie dieser zu deuten ist. Wer leichter und besser einen bestimmten Umstand aufklären kann, für den ist auch die Beweisführung einfacher. In einem weiteren

[526] *Jauernig/Vollkommer*, § 282, Rn. 1; *Palandt/Heinrichs*, § 282, Rn. 1

[527] BGHZ 99, 182 (189); *Staudinger/Löwisch* (2001), § 275, Rn. 6; *Jauernig/Vollkommer*, § 361, Rn. 2

Schritt ist zu konstatieren, daß derjenige, der leichter Beweise vorlegen kann, diese dem Gericht kostengünstiger präsentieren kann. Dies gilt auch, wenn der Beklagte im konkreten Fall überhaupt nicht in der Lage ist, den Beweis zu führen. Denn die hier vorgenommene Argumentation bezieht sich auf die abstrakte Beweislast. Sowohl das Argument aus den Motiven wie auch die Entscheidungsregel beziehen sich nämlich auf abstrakte Fälle. Die Beweisnot einer Partei in einer konkreten Prozeßsituation wird von ihnen nicht berücksichtigt. Vielmehr ist anerkannt, daß immer die Möglichkeit besteht, daß eine Partei trotz Zuweisung der Beweislast den Beweis nicht führen kann. Dann ergeht eine Entscheidung hinsichtlich der objektiven Beweislast.[528]

Folglich ist das Argument der leichteren und besseren Aufklärungsmöglichkeit hinsichtlich der Beweisführung als ein ökonomisches Argument zu verstehen. Es ist dahingehend zu deuten, daß der Schuldner, hier der Beklagte, die geringeren Beweisführungskosten hat. Somit sind in der obigen Ungleichung die Beklagtenkosten geringer als die Klägerkosten. Aufgrund dieser Ausführungen – der Kläger besitzt Unkenntnis über die Umstände, der Beklagte hat diesbezüglich leichte Aufklärungsmöglichkeiten – müssen die voraussichtlichen Kosten des beklagten Konditors erheblich geringer als die des Klägers eingestuft werden, so daß zulässig von einem Verhältnis 1 zu 10 ausgegangen werden kann.

Die Wahrscheinlichkeit (X) gibt an, wie wahrscheinlich ein Konditor durch eigenes Verschulden eine Hochzeitstorte nicht rechtzeitig liefert. Diese Wahrscheinlichkeit wird man sehr hoch einstufen können. Sie ist jedenfalls höher als die Wahrscheinlichkeit, daß die Lieferung durch höhere Gewalt bzw. durch ein Verschulden eines unbeteiligten Dritten oder des klagenden Gläubigers vereitelt wurde.[529] Diese Alternativmöglichkeiten sind hinsichtlich des Vorliegens einer Unmöglichkeit allesamt selten anzutreffen, so daß man für die Wahrscheinlichkeit (X) einen Wert von 0,8 angeben kann. Daraus ergibt sich:

$$W(Y/X) \times 0{,}8 \times 1 \quad < \quad W(Y/{-X}) \times 0{,}2 \times 0{,}1$$
$$W(Y/X) \times 0{,}8 \quad < \quad W(Y/{-X}) \times 0{,}02$$
$$W(Y/X) \quad < \quad 0{,}025 \times W(Y/{-X})$$

Demnach ist dem Kläger nur die Beweislast aufzuerlegen, wenn W (Y/–X) um mehr als das 40fache höher ist als W (Y/X). Diese bedingten Wahrscheinlichkeiten sind vom Einzelfall abhängig[530] und können daher bei ei-

[528] Zu den Begriffsdefinitionen siehe oben A
[529] Vgl. *Reinecke*, Beweislastverteilung, S. 136
[530] Siehe oben D III 1 a) cc)

nem abstrakten Vergleich mit einer gesetzlichen Anordnung nicht bestimmt werden. Es kann jedoch anhand des Verhältnisses der beiden Wahrscheinlichkeiten bestimmt werden, welcher Partei generell die Beweislast zuzuweisen ist. So kann in diesem Fall nicht angenommen werden, daß W(Y/–X) mehr als 40fach so hoch ist wie W(Y/X). Denn in diesem Fall müßte die Vorinformation Y in ganz erheblichem Maß für eine vom Beklagten unverschuldete, vom Beklagten nicht vertretbare und nicht rechtzeitige Lieferung sprechen.

Wie oben schon angedeutet[531], kann häufig aufgrund fehlender Erfahrungswerte kein absolut genauer Wert für die Wahrscheinlichkeit (X) angegeben werden. Daß dies aber auch bei der Überprüfung der Entscheidungsregel im Vergleich zu § 282 BGB unschädlich, zeigt sich, wenn ein anderer Wert eingesetzt wird. So soll die Wahrscheinlichkeit (X) nur bei 0,6 liegen. Dann ergibt sich:

W (Y/X) x 0,6 x 1	<	W (Y/–X) x 0,4 x 0,1
W (Y/X) x 0,6	<	W (Y/–X) x 0,04
W (Y/X)	<	0,066 x W (Y/–X)

Danach ist dem Kläger die Beweislast nur dann zuzuweisen, wenn die Wahrscheinlichkeit (Y/–X) um ein 15faches größer ist als die Wahrscheinlichkeit (Y/X). Selbst bei diesem Ergebnis müßte die Vorinformation Y beträchtlich für eine nicht rechtzeitige Lieferung sprechen.

Als entscheidender Faktor stellen sich somit die voraussichtlichen Kosten heraus. Dabei wurde von einem Verhältnis 1 zu 10 ausgegangen, aber selbst, wenn nur ein Verhältnis von 1 zu 5 zugrunde gelegt wird, fällt dem Kläger die Beweislast zu. Wird bei einem Kostenverhältnis von 1 zu 5 eine Wahrscheinlichkeit (X) von 0,8 angesetzt, hätte der Kläger die Beweislast, wenn die Wahrscheinlichkeit (Y/–X) 20fach höher als die Wahrscheinlichkeit (Y/X) wäre.[532] Dieses Ergebnis wurde wie folgt gewonnen. Wird bei einem gleichen Kostenverhältnis eine Wahrscheinlichkeit (X) von 0,6 zugrunde ge-

[531] Siehe oben D V

[532] Diesem Ergebnis liegt folgende Berechnung zugrunde:

W (Y/X) x 0,8 x 1	<	W (Y/–X) x 0,2 x 0,2
W (Y/X) x 0,8	<	W (Y/–X) x 0,04
W (Y/X)	<	0,05 x W (Y/–X)

legt, so hätte der Kläger die Beweislast, wenn die Wahrscheinlichkeit (Y/–X) immerhin noch 7,5fach größer als die Wahrscheinlichkeit (Y/X) wäre.[533]

Die gerade durchgeführten Berechnungen zeigen, daß es nicht entscheidend ist, ein exaktes Kostenverhältnis und einen exakten Wahrscheinlichkeitswert anzugeben. Die beiden Argumente, die zur Begründung des § 282 BGB herangezogen werden, sind aber auch bei der Bestimmung der Faktoren der Entscheidungsregel entscheidend. Sie geben vor, daß einerseits das Kostenverhältnis zu Ungunsten des Beklagten lauten und andererseits die Wahrscheinlichkeit (X) größer als ihr Gegenpart sein muß.

Zusammenfassend hat sich daher gezeigt, daß dem Beklagten die Beweislast zufällt, bei Unmöglichkeit der Leistung sein Nichtverschulden zu beweisen, da hinsichtlich des Vertretenmüssens der Unmöglichkeit einer Leistung zwingend der Beklagte die erheblich niedrigeren Kosten der Beweisführung hat und zudem ein hoher Wahrscheinlichkeitswert für ein Verschulden des beklagten Schuldners spricht. Folglich kommt die Entscheidungsregel zu dem gleichen Ergebnis wie das Entscheidungsprogramm des § 282 BGB.

b) § 179 Abs. 1 BGB

In der Vorschrift des § 179 Abs. 1 BGB wird dem Vertreter die Beweislast auferlegt, wenn die Tatsachen, aus denen sich die „Vertretungsmacht des Vertreters" ergibt, beweisbedürftig sind. In diesem Fall liegt eine gesetzliche Regelung vor, wonach dem Vertreter die Beweislast aufzuerlegen ist. In der Begründung zu dieser Beweislastregel wird unter anderem angeführt, daß der Vertreter zum Nachweis dieser Tatsachen „weit eher im Stande ist als der Kläger, da ihm die vorhandenen Beweismittel voraussichtlich zu Gebote stehen würden, während der Kläger den Beweis der Negative nur schwer erbringen könne".[534] Das Gesetz legt somit dem Vertreter die Beweislast auf, da er die besseren Aufklärungsmöglichkeiten hat.[535]

Die hier vertretene Entscheidungsregel[536] kommt bei dieser Beweislastfrage zu dem gleichen Ergebnis, wenn man folgendes Beispiel zugrunde legt: Der

---

[533] Diesem Ergebnis liegt folgende Berechnung zugrunde:

W (Y/X) x 0,6 x 1	<	W (Y/–X) x 0,4 x 0,2
W (Y/X) x 0,6	<	W (Y/–X) x 0,08
W (Y/X)	<	0,13 x W (Y/–X)

[534] Prot. I, S. 161; vgl. auch *Musielak*, Grundlagen der Beweislast, S. 367; *Baumgärtel/Laumen*, Handbuch der Beweislast, § 179, Rn. 2

[535] *Musielak*, Grundlagen der Beweislast, S. 370 f.

[536] Siehe oben D III 2

A bittet den V, nach einen Gebrauchtwagen für ihn Ausschau zu halten. V will eine, wie er meint, günstige Gelegenheit nutzen und kauft von B ein Auto. Wenn A nun nichts mehr von dem Kauf wissen will, wird sich B an den V halten und ihn auf Zahlung des Kaufpreises bzw. Schadensersatz nach § 179 Abs. 1 BGB verklagen. V wird dagegen einwenden, daß er als Stellvertreter des A gehandelt habe, so daß der A aus dem Kauf verpflichtet wurde. Damit ist das Tatbestandsmerkmal „Vertretungsmacht" strittig und beweisbedürftig. Nach der Entscheidungsregel muß der Kläger B diese Tatsachen beweisen, wenn sein Kostenerwartungswert geringer als der des Beklagten V.

$$W(Y/X) \times W(X) \times \text{Klägerkosten} < W(Y/{-X}) \times W(-X) \times \text{Beklagtenkosten}$$

Bei Vergleich der Beweisführungskosten stellt sich heraus, daß die Kosten für den V, seine Vertretungsmacht, wenn er sie besäße, nachzuweisen, gering sind. Ist eine Vollmachtsurkunde ausgestellt, so hat nur er und nicht B Zugang zu ihr, so daß er sie ohne weiteres vorlegen kann. Aber auch wenn keine Urkunde ausgestellt ist, trägt der V geringere Kosten. Er weiß, welche Personen in Betracht kommen, die die Bevollmächtigung bezeugen können. Die Kosten des Klägers B, den Beweis zu erbringen, daß V ohne Vollmacht gehandelt hat, sind dagegen erheblich größer, da dieses Rechtsgeschäft zwischen A und V stattfand und B keinen Einblick darin hatte.

Dazu muß auch das Argument des Gesetzgebers mit einbezogen werden. Auch er hat erkannt, daß dem Vertreter erheblich leichter die Beweismittel zur Verfügung stehen als dem Kläger. Der in den Protokollen angestellte Vergleich, daß dem Vertreter die Beweise voraussichtlich vorliegen, der Kläger dagegen den gegenteiligen Beweis nur schwer erbringen könne[537], muß als ein Vergleich der Beweisführungskosten angesehen werden. Auch in dieser Situation ist eine ökonomische Betrachtungsweise angebracht. Dem Vertreter wird die Beweislast zugewiesen, da seine Beweisführungskosten geringer als die des Klägers sind. Es kann zulässigerweise ein Verhältnis der Kosten von 1 zu 10 angenommen werden.

Die Wahrscheinlichkeiten (X) und (–X) bezeichnen die Wahrscheinlichkeit, daß ein als Vertreter handelnder wirklich Vertretungsmacht hat bzw. diese nicht hat. Die Wahrscheinlichkeit (X) ist dabei als hoch einzustufen, da Personen selten den Aufwand betreiben, für andere Geschäfte abzuschließen, bei denen sie nicht sicher sein können, ob sie auch bevollmächtigt sind. Die Wahrscheinlichkeit (X) soll trotzdem vorsichtig mit 0,7 und damit die Wahrscheinlichkeit (–X) mit 0,3 angeben, so daß sich folgendes ergibt.

---

[537] Prot. I, S. 161

$W (Y/X) \times 0{,}7 \times 1 < W (Y/{-X}) \times 0{,}3 \times 0{,}1$
$W (Y/X) \times 0{,}7 < W (Y/{-X}) \times 0{,}03$
$W (Y/X) < 0{,}043 \times W (Y/{-X})$

Somit ist der Kostenerwartungswert des beklagten V erheblich geringer als der des Klägers A. Dies ergibt sich aus einem Vergleich der beiden bedingten Wahrscheinlichkeiten, die in einer solchen abstrakten Konstellation nicht bestimmt werden können.[538] Die Wahrscheinlichkeit (Y/–X) müßte in diesem Fall 23 mal größer als ihr Pendant, die Wahrscheinlichkeit (Y/X), sein. Auch hier ist es möglich, ein anderes Kostenverhältnis, z.B. 1 zu 8, und andere Wahrscheinlichkeitswerte, z.B. W (X) gleich 0,6, zugrunde zu legen, wie sich bei den Ausführungen zu § 282 BGB gezeigt hat.[539] Dann ergibt sich folgendes.

$W (Y/X) \times 0{,}6 \times 1 < W (Y/{-X}) \times 0{,}4 \times 0{,}125$
$W (Y/X) \times 0{,}6 < W (Y/{-X}) \times 0{,}05$
$W (Y/X) < 0{,}083 \times W (Y/{-X})$

Die Wahrscheinlichkeit (Y/–X) müßte immerhin noch 12 mal größer als ihr Pendant, die Wahrscheinlichkeit (Y/X), sein, damit dem Kläger die Beweislast zugewiesen wird. Beide Wahrscheinlichkeitswerte sind aber im Regelfall nicht gegeben. Aufgrund der Entscheidungsregel wird also hinsichtlich des Tatbestandsmerkmals „Vertretungsmacht des Vertreters“ dem beklagten Vertreter – genauso wie es § 179 Abs. 1 BGB anordnet – die Beweislast auferlegt.

2. Die gesetzlichen Vermutungen

Das BGB enthält eine Reihe von Vermutungen, die sich zum einen auf Tatsachen und zum anderen auf Rechte beziehen. Als Tatsachenvermutungen können zum Beispiel die §§ 363[540], 938, 1117 Abs. 3, 1253 Abs. 2, 1377 Abs. 1 und 3, 2009 BGB und als Rechtsvermutungen die §§ 891 Abs. 1 und 2, 1006 Abs. 1 Satz 1, 1065, 1227, 2365 BGB genannt werden.[541]

---

[538] Siehe oben E II 1 a)

[539] Siehe oben E II 1 a)

[540] *Musielak*, Grundlagen der Beweislast, S. 310 Fn. 158/359; MünchKomm-ZPO/*Prütting*, § 292, Rn. 13; *Musielak/Huber*, ZPO, § 292, Rn. 2 – § 363 stellt eine Tatsachenvermutung dar, wenn auch nicht ausdrücklich als Vermutung bezeichnet; aA MünchKomm/*Wenzel*, § 363, Rn. 2; *Staudinger/Olzen* (2000), § 363, Rn. 1: Der Paragraph [§ 363; der Verfasser] enthält eine Beweislastumkehr

[541] Vgl hierzu MünchKomm-ZPO/*Prütting*, § 292, Rn. 14; *Baumbach-Lauterbach/Hartmann*, ZPO, § 292, Rn. 4/6; *Musielak/Huber*, ZPO, § 292, Rn. 2 f.

§ 292 ZPO normiert, daß hinsichtlich der durch die Vermutung zugrunde gelegten Tatsache der „Beweis des Gegenteils" zulässig ist. Dabei regelt § 292 ZPO, wie sich aus dem Wortlaut ergibt, nur die Tatsachenvermutungen. Hinsichtlich der Rechtsvermutungen ist er jedoch analog anzuwenden.[542] Heute ist anerkannt, daß § 292 ZPO auf alle gesetzlichen widerlegbaren Vermutungen Anwendung findet, wobei es keinen Unterschied macht, ob die angeordnete Vermutung eine Tatsache oder ein Recht ist.[543]

Hinsichtlich der gesetzlichen Vermutungen ergibt sich für die Parteien im Zivilprozeß folgendes Bild: Für die eine Partei spricht die Vermutung des Gesetzes. Sie ist daher nicht zum Beweis der Tatsache oder des Rechts, sondern nur der Ausgangstatsache, die die Vermutung stützt („Vermutungsbasis"), verpflichtet.[544] Dies ist in der Regel erheblich leichter für sie. Wurde die Vermutungsbasis dargelegt und im Falle eines Bestreitens bewiesen, so bewirkt die gesetzliche Vermutung, daß die vermutete Tatsache oder das vermutete Recht für das Gericht nunmehr feststeht und keines Beweises mehr bedarf.[545] Die andere Partei muß dann, um die Vermutung zu entkräften, nach § 292 ZPO den Beweis des Gegenteils erbringen. Dies stellt einen vollen Gegenbeweis im Sinne eines Hauptbeweises dar.[546] Bei einer Rechtsvermutung, bei der der Beweis des Gegenteils – also des Nichtbestehens des vermuteten Rechts – nicht möglich ist[547], ist es ebenfalls notwendig durch Hauptbeweis darzulegen, daß das vermutete Recht gerade nicht besteht. Das bedeutet für die andere Partei, daß sie diese Vermutung durch die Darlegung und den Beweis entgegengesetzter Tatsachen widerlegen kann und muß.

Daraus folgt, daß die gesetzlichen Vermutungen für das Vorliegen einer bestimmten Tatsache oder eines bestimmten Rechts die Beweislast umkehren. Sie sind daher besondere Normen der Beweislastverteilung.[548] Der Vergleich des Ergebnisses der gesetzlichen Vermutungen mit dem der Entscheidungsregel soll hierbei auf die §§ 1006 Abs. 1 Satz 1 und 363 BGB beschränkt werden. Die Wahl des § 1006 Abs. 1 Satz 1 BGB hat dabei mehrere Gründe: Zum einen ist diese Norm eine zentrale Vorschrift, wenn es um den Beweis des Eigentums geht, und zum anderen verweisen andere Vermutungsregelungen wie § 1065 BGB im Falle des Nießbrauchs und § 1227

---

[542] *Rosenberg*, Beweislast, S. 232 m.w.N. in Fn. 2; *Medicus*, Festschrift für Baur, S. 64 in Fn. 8

[543] MünchKomm-ZPO/*Prütting*, § 292, Rn. 11; *Stein/Jonas/Leipold*, ZPO, § 292, Rn. 9

[544] MünchKomm-ZPO/*Prütting*, § 292, Rn. 19; *Musielak/Huber*, ZPO, § 292, Rn. 4; *Baumbach-Lauterbach/Hartmann*, ZPO, § 292, Rn. 9

[545] MünchKomm-ZPO/*Prütting*, § 292, Rn. 21

[546] *Musielak/Huber*, ZPO, § 292, Rn. 5; BAG NJW 1977, 350; KG MDR 1977, 674

[547] *Medicus*, Festschrift für Baur, S. 65; *Rosenberg*, Beweislast, S. 232

[548] *Leipold*, Beweislastregeln, S. 89; MünchKomm-ZPO/*Prütting*, § 292, Rn. 25; *Rosenberg*, Beweislast, S. 224

BGB im Falle des Pfandrechts auf diese Vorschrift. Demgegenüber folgen bestimmte Vermutungsregelungen anderen Prinzipien, wie z.B. § 891 BGB und die auf ihn verweisenden §§ 1138, 1155 BGB, deren Zweck sich aus der besonderen Institution des Grundbuchs ergibt, oder § 2365 BGB, der den Verkehrsschutz hinsichtlich des Erbscheins statuiert. Daraus wird ersichtlich, daß sich die Teleologie der genannten §§ 891, 1138, 1155, 2365 BGB aus dem Schutz des Vertrauens hinsichtlich die Richtigkeit der beiden Institutionen Grundbuch und Erbschein, der dem Grundbuch nachgebildet ist[549], erschließt. Das Gesetz hat beiden Institutionen besondere Beweiskraft beigelegt.[550] Sie würden ihren Zweck verfehlen, wenn sie lediglich formelle Wirkungen zeitigen würden, sich der redliche Rechtsverkehr aber nicht auf deren Richtigkeit verlassen könnte.[551] Dies zeigt, daß die Bedeutung der Vermutungsregelungen auf den vom Gesetz geschaffenen Institutionen basiert. Ein Vergleich mit der hier vertretenen Entscheidungsregel[552] ist zwar möglich, jedoch nicht so ergiebig, da mitunter wegen des Vertrauens auf den Grundbuchstand[553] bzw. auf die Richtigkeit es Erbscheins gehandelt wurde und zum anderen der Vermutungsgegner in diesen Fällen Beweismittel ohne Schwierigkeit besorgen kann, indem er sich z.B. Grundbuchauszüge besorgt.[554]

Die Vorschrift des § 363 BGB ist ebenfalls eine zentrale Norm im Bereich des Vertragsrechts, da sie auf alle Verträge hinsichtlich streitiger Fragen der Erfüllung anwendbar ist. Im Rahmen der Erfüllung wurde ihr große praktische Wichtigkeit zugesprochen, da die Fälle, in welchen der Beklagte wegen Mangels bereiter Zahlungsmittel hinter der Einrede des nichterfüllten Vertrages Schutz suche, indem er Mangelhaftigkeit oder Fehlerhaftigkeit der Leistung rüge (*exceptio non rite adimpleti contractus*)[555], sehr häufig seien.

a) § 1006 Abs. 1 Satz 1 BGB

Bei § 1006 Abs. 1 Satz 1 BGB wird vermutet, daß der Besitzer einer beweglichen Sache bei Erwerb des Besitzes Eigenbesitz begründet und dabei unbedingtes Eigentum erworben hat.[556] Diese Erwerbsvermutung wird ergänzt durch eine Bestandsvermutung, d.h., daß das erworbenen Recht fort-

---

[549] *Erman/Schlüter*, § 2365, Rn. 1; MünchKomm/*Promberger*, § 2365, Rn. 1
[550] MünchKomm/*Promberger*, § 2365, Rn. 1; BGB-RGRK/*Augustin*, § 891, Rn. 1
[551] Hinsichtlich des Grundbuches *Soergel/Stürner*, § 891, Rn. 1
[552] Siehe oben D III 2
[553] *Erman/Hagen/Lorenz*, BGB, § 891, Rn. 1
[554] Hinsichtlich §§ 891, 1138, 1155 BGB *Medicus*, Festschrift für Baur, S. 66
[555] Mot. II, S. 204f.; vgl. *Jakobs/Schubert*, Recht der Schuldverhältnisse I, S. 468
[556] *Palandt/Bassenge*, § 1006, Rn. 4; *Erman/Hefermehl*, § 1006, Rn. 4; BGH NJW 1994, 939 (940)

besteht.[557] Beweggrund dieser Regelung ist, daß diese Vermutung auf einer hinreichenden Wahrscheinlichkeit beruht.[558] Nach der allgemeinen Lebenserfahrung ist es wahrscheinlicher, daß der Besitzer auch wirklich das Eigentumsrecht an der Sache innehat, als, daß er nicht auch ihr Eigentümer ist. Außerdem wird darauf verwiesen, daß es für den Besitzer häufig schwierig ist, seinen Eigentumserwerb nachzuweisen. Bei beweglichen Sachen bereitet ein stringenter Nachweis der Eigentümerstellung oft erhebliche Schwierigkeiten. Der Versuch liefe dann vielfach auf eine *probatio diabolica* hinaus.[559] Diese schwierige Beweissituation wollte das Gesetz vermeiden.[560]

Die Vermutung des § 1006 Abs. 1 Satz 1 BGB wirkt sich in einem Rechtsstreit, solange § 1006 Abs. 1 Satz 2 BGB nicht vorliegt, folgendermaßen aus. Der Kläger A will sich gegen die Behauptung des B, er sei Eigentümer, wehren und erhebt gegen ihn Feststellungsklage nach § 256 ZPO. Dabei macht A geltend, daß er Besitzer der Sache ist. Seinen Besitz wird er auch leicht beweisen können. Sein Eigentum muß er nicht beweisen, da es nach § 1006 Abs. 1 Satz 1 BGB aufgrund seines Besitzes vermutet wird. Der Beklagte B hat nun die volle Beweislast dafür, daß die Sache ihm gehört. Konsequenz der Vermutung ist, daß nun der Beklagte die Beweislast hinsichtlich der Tatsache „Eigentum" hat.

Die hier vertretene Entscheidungsregel[561] kommt zum gleichen Ergebnis. Der Kläger hat die Beweislast, wenn sein Kostenerwartungswert geringer als der des Beklagten ist. Die Wahrscheinlichkeit (X) zeigt an, wie wahrscheinlich es ist, daß der Besitzer einer Sache auch ihr Eigentümer ist. Die Wahrscheinlichkeit (X) ist sehr hoch gegenüber der Wahrscheinlichkeit (–X). Als Begründung ist hierbei anzuführen, daß unter normalen Umständen, wenn man sich die unzähligen beweglichen Sachen vorstellt, der Besitzer der Sache auch ihr Eigentümer ist. Die Fälle, daß jemand nur Mieter bzw. Entleiher oder sogar unberechtigter Besitzer aufgrund Diebstahls oder Unterschlagung ist, sind in Vergleich dazu sehr viel seltener.

Weiterhin sind die Beweisführungskosten zu betrachten. Fraglich ist, wer von den beiden Parteien die geringeren Kosten aufzuweisen hat. Die Protokolle zum BGB gehen von einer schwierigen Beweissituation des Besitzers,

---

557 *Wolf*, Sachenrecht, Rn. 224

558 *Musielak*, Grundlagen der Beweislast, S. 362; *Soergel/Mühl*, § 1006, Rn. 1; *Baur/Stürner*, Sachenrecht, § 4, Rn. 12; vgl. BGH NJW 1967, 2008; andere Ansicht hinsichtlich des Beweggrundes von an den Besitz anknüpfenden Vermutungen *Leipold*, Beweislastregeln, S. 86

559 *Staudinger/Gursky* (1999), § 1006, Rn. 1

560 *Musielak*, Grundlagen der Beweislast, S. 361

561 Siehe oben D III 2

hier des Klägers, aus.[562] Wertet man diese Aussage ökonomisch, so müssen darunter hohe Kosten des klagenden Besitzers verstanden werden. Es kann jedoch bezweifelt werden, ob dies heute noch zutrifft. Vielmehr muß die Annahme einer schwierigen Beweissituation des Besitzers vor dem Hintergrund der Entstehung des BGB gesehen werden. Im Zeitpunkt des Inkrafttreten des BGB im Jahr 1900 war es erheblich seltener, daß Sachen aufgrund eines schriftlichen Vertrages übereignet wurden. Aus diesem Grund standen weniger Beweismittel zur Verfügung, die den Eigentumsübergang dokumentierten. Heute dagegen kann der Besitzer kostengünstiger sein Eigentum beweisen, indem er Urkunden vorlegen kann. Daher wird man annehmen können, daß die Kosten des Klägers jedenfalls nicht substantiell geringer als die des Beklagten sind.

Somit hat im Falle der Feststellungsklage der Beklagte die Beweislast, da die Wahrscheinlichkeit (X), die anzeigt, wie wahrscheinlich der Besitzer auch Eigentümer einer Sache ist, sehr hoch ist. Außerdem sind dessen Kosten nicht geringer als die des Beklagten. Die Entscheidungsregel weist demnach grundsätzlich den Beklagten die Beweislast zu, wenn nicht aufgrund der Vorinformation Y die Wahrscheinlichkeit W (Y/–X) um einiges größer als die Wahrscheinlichkeit (W/X) ist. Das wäre nur der Fall, wenn sich aus der Vorinformation Y mit hoher Wahrscheinlichkeit auf das Nichtvorliegen der Tatsache X schließen ließe. Dann müßte das Eintreten der Vorinformation Y auf einer „neutralen“ Ursache, wie höhere Gewalt oder das Eingreifen eines Dritten, beruhen, was im allgemeinen nicht angenommen werden kann.[563] Grundsätzlich ist daher der Kostenerwartungswert des Klägers auf der linken Seite der Ungleichung erheblich größer als der des Beklagten auf der rechten Seite. Es gilt:

W (Y/X) x W (X) x Klägerkosten >(!) W (Y/–X) x W(–X) x Beklagtenkosten

Es ist auch die Konstellation denkbar, in der A einen Anspruch auf Herausgabe z.B. einer Briefmarke aus § 985 BGB gegen den Beklagten B geltend macht. Der Beklagte B ist Besitzer der Briefmarke. A hat die Klage gegen ihn angestrengt, da der B diese verkaufen will.[564] Voraussetzung dieses Anspruchs ist, daß der A Eigentümer der Sache ist. Die Vermutung des § 1006 Abs. 1 Satz 1 BGB spricht für den B, da er Besitzer der Briefmarke ist. Aus diesem Grund muß A gemäß § 292 ZPO das Gegenteil beweisen, d.h. er muß beweisen, daß durch den Besitzerwerb des B kein Eigentumserwerb verbunden war. Dieses Ergebnis würde sich aber auch aufgrund allgemeinen

---

562 Prot. III, S. 382

563 Vgl. *Hay/Spier*, 26 J. Legal Studies 1997, S. 424

564 Vgl. *Baur/Stürner*, § 4 II 2 Rn. 13

Beweislastgrundsätzen ergeben, wonach der Kläger, hier der A, die ihm günstigen Anspruchsvoraussetzungen, also auch sein Eigentum als ein anspruchsbegründendes Tatbestandsmerkmal, beweisen muß.[565]

Aufgrund der Entscheidungsregel ergibt sich das gleiche Ergebnis. Der Kläger, der die Herausgabe verlangt, hat die Beweislast, weil sein Kostenerwartungswert niedriger ist. Die Ungleichung – mathematisch gesehen – ist somit richtig. Es gilt:

$$W(Y/X) \times W(X) \times \text{Klägerkosten} < W(Y/-X) \times W(-X) \times \text{Beklagtenkosten}$$

Dies liegt vor allem daran, daß die Wahrscheinlichkeit (X) erheblich geringer ist als die Wahrscheinlichkeit (–X). Die Wahrscheinlichkeit (X) gibt jetzt an, wie wahrscheinlich es ist, daß ein Nichtbesitzer einer Sache deren Eigentümer ist. Dies stimmt auch mit dem vom Gesetzgeber intendierten Prinzip, das hinter dieser gesetzlichen Vermutung steht, überein.[566]

b) § 363 BGB

§ 363 BGB besagt, daß der Gläubiger, wenn er eine Leistung als Erfüllung angenommen hat, die Beweislast für die Tatsache hat, daß die Leistung eine andere als die geschuldete oder unvollständig sei. Dabei gilt § 363 BGB für alle Vertragstypen, denen eine gegenständliche Leistung zugrunde liegt[567], während er auf Verträge, deren Gegenstand eine Aufklärungs-, Beratungs- oder Hinweispflicht ist, keine Anwendung findet.[568] Die Vermutungsbasis dieser Vorschrift ist die Annahme einer Leistung durch den Gläubiger als Erfüllung.[569] Entscheidend hierbei sind die Beweggründe dieser Sonderregelung. Aus der Annahme der Leistung spricht nach der Lebenserfahrung, daß es sich dabei um die geschuldete handelt, da ansonsten der Gläubiger sie nicht als Erfüllung anerkennen würde.[570] Für die Richtigkeit dieses Schlusses spricht eine hohe Wahrscheinlichkeit, so daß der Gesetzgeber diesen zu einer Beweislastregel gemacht hat.[571] Bei nichtkörperlichen Leistungen wie einer Beratung trifft diese Annahme aber nicht zu. Der Gläubiger kann gera-

---

[565] Vgl. *Baumbach-Lauterbach/Hartmann*, ZPO, Anh § 286, Rn. 12

[566] *Musielak*, Grundlagen der Beweislast, S. 366; vgl. auch *Hay/Spier*, 26 J. Legal Studies 1997, S. 426

[567] *Staudinger/Olzen* (2000), BGB, § 363, Rn. 7

[568] BGH NJW 1996, 2571 (2572); BGH NJW 1993, 1139 (1140)

[569] *Musielak*, Grundlagen der Beweislast, S. 359

[570] *Staudinger/Olzen* (2000), § 363, Rn. 2; *Baumgärtel/Strieder*, Handbuch der Beweislast, § 363, Rn. 1

[571] *Leonhard*, Beweislast, S. 356 f.; *Musielak*, Grundlagen der Beweislast, S. 359

de nicht beurteilen, ob die erhaltene Beratung eine vertragsgemäße Leistung darstellt.[572] Weiterhin wird gesehen, daß der Gläubiger mit der Annahme der Leistung die größere „Nähe" zum Beweis erlangt. Er kann besser und leichter den Beweis führen, daß die Leistung nicht vertragsgerecht ist, als es umgekehrt dem Schuldner möglich ist, die Vertragsmäßigkeit nachzuweisen.[573] Das mag vor allem daran liegen, daß der Gläubiger im Falle einer verkörperten Leistung als Leistungsempfänger in Besitz derselben ist.

Somit gibt es zwei Argumente für die Beweislastverteilung des § 363 BGB. Zum einen ist die Tatsache „Erfüllung durch geschuldete und vollständige Leistung" wahrscheinlicher als ihr Gegenteil und zum anderen hat der Gläubiger die bessere Beweismöglichkeit.

Diese beiden Argumente sollen nun im Rahmen eines Beispiels, bei dem eine körperliche Leistung Vertragsgegenstand ist, in die Entscheidungsregel einfließen. Falls sich ein Vermieter im Rahmen eines Mietvertrages zu Schönheitsreparaturen verpflichtet hat, kann der Mieter nach Durchführung der Reparaturen geltend machen, daß bestimmte Leistungen vom Vermieter nicht erbracht worden sind, also die vertragsmäßige Leistung unvollständig ist. Er wird deswegen gemäß § 536 BGB gegen den Vermieter auf Erfüllung des Mietvertrages klagen. Der Mieter als Beklagter wird dagegen einwenden, daß er seine Leistung vollständig erbracht und somit den Mietvertrag erfüllt hat. Er bringt die rechtsvernichtende Einwendung der Erfüllung gemäß § 362 BGB vor. Somit stellt sich die Frage, wer die vom Kläger vorgebrachte Tatsache, die Leistung sei unvollständig, beweisen muß. Diesbezüglich besagt § 363 BGB, daß durch die Annahme der Leistung durch den Kläger vermutet wird, diese sei vollständig, so daß der klagende Mieter die Beweislast für die Unvollständigkeit der Leistung trägt.

Nach der hier vertretenen Entscheidungsregel hat der Kläger die Beweislast wenn die Ungleichung gilt:

$$W(Y/X) \times W(X) \times \text{Klägerkosten} < W(Y/{-X}) \times W({-X}) \times \text{Beklagtenkosten}$$

Beweggründe für die Regelung des § 363 BGB waren, wie oben dargestellt, einmal die Tatsache, daß der Gläubiger, hier der Kläger, die geringeren Beweisführungskosten hat, und zum anderen die Lebenserfahrung, daß der Gläubiger nur eine vollständige Leistung annehmen werde. Für die Unglei-

---

[572] BGH NJW 1996, 2571 (2572); vgl. *Baumgärtel/Laumen*, Handbuch der Beweislast, § 675, Rn. 41 f.

[573] *Musielak*, Grundlagen der Beweislast, S. 359; *Gautschi*, Beweislast und Beweiswürdigung, S. 176; *Staudinger/Olzen* (2000), § 363, Rn. 2; *Erman/Westermann*, § 363, Rn. 1

chung bedeutet das zum einen, daß die Klägerkosten geringer sind als die Beklagtenkosten. Der Mieter, der dauerhaft in der Wohnung ist, kann auch viel kostengünstiger beweisen, daß die Schönheitsreparaturen unvollständig sind. Für ihn ist es einfacher, Beweise zu sichern, indem er z.B. Fotografien anfertigt. Schließlich ist die Wahrscheinlichkeit (X), die angibt, wie wahrscheinlich es ist, daß der Kläger eine unvollständige Leistung annimmt, geringer als die Wahrscheinlichkeit (–X), da die Lebenserfahrung für den anderen Fall spricht. Daher ist der Kostenerwartungswert des Klägers geringer als der des Beklagten, so daß der Kläger nach dieser Entscheidungsregel, ebenso wie nach der gesetzlichen Vermutung des § 363 BGB, die Beweislast trägt.

Ebenso kann der Mieter vorbringen, daß Leistungen des Vermieters erbracht worden sind, die gar nicht geschuldet waren, so daß der Vermieter eine andere als die geschuldete Leistung erbracht hätte. Bei einer Klage gemäß § 536 BGB auf Erbringung der geschuldeten Leistungen ergibt sich dann hinsichtlich der Tatsache „die Leistung ist eine andere als die geschuldete“ die gleiche Beweislastverteilung wie bei dem obigen Beispiel.

3. Ergebnis

Die besonderen Beweislastregelungen und die gesetzlichen Vermutungen des BGB führen zu dem gleichen Ergebnis wie die Anwendung der Entscheidungsregel in den Fällen der §§ 282, 179, 1006 Abs. 1 Satz 1, 363 BGB. Dies liegt zum einen daran, daß diese Regelungen immanent eine kostengünstige Beweislastverteilung im Sinne von niedrigen voraussichtlichen Beweisführungskosten vorwegnehmen. Die dabei vorgetragenen Argumente der „Beweisnähe“ bzw. „leichteren und besseren Aufklärungsmöglichkeit“ einer Partei lassen sich sinnvoll nur ökonomisch deuten und weisen darauf hin, daß eine Partei das erforderliche Beweismaterial kostengünstiger beschaffen kann.

Außerdem gibt die gesetzliche Vermutung den wahrscheinlichen Lebenssachverhalt an. Derjenige, der nach § 292 ZPO zum Beweis des Gegenteils aufgerufen ist, muß in diesem Falle den unwahrscheinlicheren Lebenssachverhalt beweisen. Diese Wahrscheinlichkeit, die der Gesetzgeber berücksichtigt und als teleologisches Argument herangezogen hat, stimmt überein mit der unbedingten bzw. objektiven Wahrscheinlichkeit, die bei der hier entwickelten Entscheidungsregel – bezeichnet als Wahrscheinlichkeit (X) bzw. Wahrscheinlichkeit (–X)[574] – zur Entscheidungsfindung verwendet wird.

---

[574] Siehe oben D III 1 a) bb)

Aus diesem Grund stimmt jeweils die Beweislastverteilung, die die gesetzlichen Regelungen im Rahmen einer Beweislastumkehr oder gesetzlichen Vermutung anordnen, mit derjenigen, die sich aus der richterlichen Entscheidungsregel ergibt, überein. Der Gesetzgeber hat bei der Beweislastentscheidung Argumente berücksichtigt, die dazu beitragen, eine effiziente Entscheidung im Recht der Beweislast herbeizuführen, ohne jedoch diese selbst unter Effizienzgesichtspunkten zu werten. Daraus ist zu schließen, daß die betrachteten Beweislastsonderregeln des BGB eine effiziente Beweislastregelung beinhalten, da sie demjenigen die Beweislast auferlegen, dessen Kostenerwartungswert in der Regel niedriger ist. Aus diesem Grund muß man hinsichtlich der überprüften besonderen Beweislastregeln und gesetzlichen Vermutungen konstatieren, daß deren Regelungszweck auch darin besteht, Effizienz zu erzielen.

III. Vereinbarkeit mit der Grundregel der Normentheorie

1. Definition der Grundregel und ihre Begründung

Die Normentheorie gibt dem Gericht folgende Entscheidungsregel an die Hand: Der Kläger als Anspruchssteller hat die anspruchsbegründenden Tatsachen, der Beklagte die anspruchshindernden, -vernichtenden und -hemmenden Tatsachen zu beweisen.[575] Dabei ist zu berücksichtigen, daß die Einteilung der Tatsachen in die entsprechenden Kategorien nicht von der Normentheorie vorgenommen wird, sondern unabhängig davon erfolgt.

Diese Aufteilung der Beweislast, die sich aus der Einteilung der anspruchsrelevanten Tatsachen ergibt, soll aus dem zwingenden Gebot der Gerechtigkeit folgen.[576] Dem Kläger könne nicht der Beweis sowohl des wirksamen Entstehens als auch des Fortbestandes des Rechts aufgebürdet werden.[577] Die spezifische Einteilung der anspruchsrelevanten Tatsachen wird historisch erklärt. So sei eine solche Einteilung schon zur Zeit der Arbeiten an dem BGB und den Zivilgesetzen allgemein anerkannt gewesen.[578] Auch ließen sich Hinweise für eine solche Einteilung im römischen Recht finden.[579]

Zum anderen werden auch sachliche Gründe angeführt. Die zeitliche Zäsur zwischen der Rechtsentstehung und des Rechtsuntergangs biete sich für eine

---

[575] *Rosenberg*, Beweislast, S. 105 f.; *Musielak/Foerste*, ZPO, § 286, Rn. 35 f.
[576] *Musielak*, Grundlagen der Beweislast, S. 357; *Rosenberg*, Beweislast, S. 91
[577] Vgl. *Musielak*, Grundlagen der Beweislast, S. 356
[578] *Musielak*, Grundlagen der Beweislast, S. 357
[579] *Musielak*, Grundlagen der Beweislast, S. 207/357

Entscheidung an.[580] Dieses Argument soll nicht nur die Trennung von rechtsbegründenden und rechtsvernichtenden Tatsachen, sondern auch von rechtsbegründenden und rechtshemmenden Tatsachen plausibel machen.[581] Die Herausnahme der rechtshindernden Tatsachen aus dem Tatbestand der Rechtsbegründung läßt sich damit aber nicht erklären[582], weswegen die Normentheorie vielfach kritisiert wurde.[583]

2. Vergleich der Entscheidungsregel mit der Grundregel

Fraglich ist, ob die hier entwickelte Entscheidungsregel[584] zu dem gleichen Ergebnis kommt, d.h. ob sich aufgrund ihrer Anwendung eine Beweislastverteilung entsprechend der Einteilung der anspruchsrelevanten Tatsachen ergibt. Folglich muß die Entscheidungsregel dem Kläger die Beweislast für die anspruchsbegründenden Tatsachen zuweisen, während hinsichtlich der anspruchshindernden, -vernichtenden und -hemmenden Tatsachen der Beklagte beweispflichtig sein muß. Dabei ist zu beachten, daß bei Anwendung der Entscheidungsregel eine Einteilung der Tatsachen in die gerade genannten Kategorien nicht vorgenommen wird. Diese Einteilung ist für die Entscheidungsregel selbst nicht relevant, jedoch für den Vergleich zur Normentheorie. Bei einem Vergleich muß hinsichtlich der jeweiligen Tatsache dargestellt werden, inwieweit die Verteilung der Beweislast, so wie sie aus der Entscheidungsregel resultiert, mit dem Ergebnis, das die Normentheorie aufgrund der Zugehörigkeit der Tatsache zu einer der genannten Kategorie gewinnt, übereinstimmt.

Die Grundregel der Normentheorie findet auf eine Vielzahl von Fällen Anwendung. Aus diesem Grund ist die Entscheidungsregel dahingehend zu überprüfen, wann sie dem Kläger abstrakt die Beweislast auferlegt. Dies ist dann gegeben, wenn der Kostenerwartungswert des Klägers geringer als der des Beklagten ist. Trifft diese Annahme nur auf die rechtsbegründenden Tatsachen, nicht aber auf die rechtshindernden, -vernichtenden und -hemmenden Tatsachen zu, so besteht eine Vereinbarkeit mit der Beweislastverteilung, die mit Hilfe der Normentheorie gewonnen wird. Beide Ansätze

---

[580] *Musielak*, Grundlagen der Beweislast, S. 357 f.; *Schwering*, System der Beweislast, S. 114 f.

[581] *Musielak*, Grundlagen der Beweislast, S. 358

[582] *Leipold*, Beweislastregeln, S. 43; *Musielak*, Grundlagen der Beweislast, S. 358; *Prütting*, Gegenwartsprobleme, S. 267; aA *Rosenberg*, Beweislast, S. 124 ff., der das Verhältnis von rechtsbegründenden und rechtshindernden Normen auf das Verhältnis von Regel und Ausnahme zurückführen will.

[583] Siehe oben B I

[584] Siehe oben D III 2

würden zu identischen Ergebnissen hinsichtlich der Beweislastverteilung kommen.

Um dies zu überprüfen, muß man die Faktoren der Entscheidungsregel näher betrachten. Dem Kläger ist die Beweislast aufzuerlegen, wenn nach abstrakter Beurteilung die folgenden drei Voraussetzungen erfüllt sind.[585] Zum einem dürfen seine Beweisführungskosten nicht wesentlich größer sein als die des Beklagten. Zum anderen muß die Wahrscheinlichkeit (X) gering sein und die Wahrscheinlichkeit (Y/–X) darf nicht zu gering sein. Diese drei Voraussetzungen sind nun zu analysieren und an der Normentheorie zu überprüfen.

a) Keine höheren Beweismittelkosten des Klägers

Erstens dürfen die Kosten des Klägers, das Beweismittel für die jeweilige im Prozeß streitige Tatsache vorzulegen, nicht wesentlich höher sein als die des Beklagten.[586] Dies wird man grundsätzlich annehmen dürfen, da die Kosten, einen Zeugen ausfindig zu machen bzw. einen Sachverständigen zu beauftragen oder auch eine Vertragsurkunde vorzulegen, im Regelfall identisch sind. Jedoch trifft dies nicht ausschließlich auf die rechtsbegründenden Tatbestandsmerkmale, sondern auch auf rechtshindernde Merkmale zu. Es ist möglich, daß der Kläger mit geringeren Kosten beweisen kann, daß der Beklagte nicht geschäftsunfähig ist oder, daß der geschlossene Vertrag nicht gesetzeswidrig bzw. sittenwidrig ist. Hinsichtlich den diese Tatbestandsmerkmale begründenden Tatsachen kann auch nicht das Argument einer zeitlichen Zäsur herangezogen werden.[587] Aber auch bei zu beweisenden Tatsachen, bei denen eine zeitliche Zäsur besteht, muß nicht unbedingt der Beklagte die kostengünstigere Möglichkeit haben, diese zu beweisen. So kann es für den Kläger billiger sein, zum Beispiel die rechtsvernichtenden Tatsachen, die die Nichterfüllung der Forderung begründen, oder die rechtshemmenden Tatsachen, die zur Nichtverjährung seiner Forderung führen, zu beweisen.

Daraus folgt, daß aus den Beweisführungskosten als einem Faktor der Entscheidungsregel nicht geschlossen werden kann, daß die Entscheidungsregel zum gleichen Ergebnis wie die Grundregel kommt. Würde dies der Fall sein, müßte der Kläger nur im Falle der anspruchsbegründenden Tatsachen keine höheren Kosten haben. Es zeigte sich aber, daß dies auch auf andere Tatsachen zutreffen kann.

---

[585] Vgl. *Hay/Spier*, 26 J. Legal Studies 1997, S. 424
[586] *Hay/Spier*, 26 J. Legal Studies 1997, S. 424
[587] Siehe oben E III 1

b) Geringe Wahrscheinlichkeit (X)

Zweitens muß die Wahrscheinlichkeit (X) relativ klein sein.[588] Wenn es sich um Fehlverhalten wie deliktische Handlungen oder Vertragsbruch handelt, wird man hinsichtlich der meisten Fälle davon ausgehen können, daß die Handelnden sich rechtsgemäß verhalten, ungeachtet wie gerade die Beweislastverteilung ist. Zudem wird alleine die Androhung einer Haftung bzw. einer sonstigen Sanktion die Handelnden bewegen, sich an die Haftungsmaßstäbe zu halten.[589] Dies bedeutet, daß Pflichtverletzungen und schuldhaftes Verhalten nicht so häufig vorkommen wie pflichtgemäßes bzw. schuldloses Verhalten, so daß der Kläger den weniger wahrscheinlichen Fall beweisen muß. Danach muß er Tatsachen beweisen, daß dem Beklagten die beiden Tatbestandsmerkmale Pflichtverletzung und Verschulden zur Last gelegt werden können. Diese beiden Tatbestandsmerkmale sind anspruchsbegründend und somit auch nach der Grundregel vom Kläger zu beweisen. Diese Annahme der geringen Wahrscheinlichkeit (X) trifft somit ebenso auf diese Tatsachen zu.

Eine Übereinstimmung besteht aber nicht nur bei Haftungsansprüchen. Auch beim bereicherungsrechtlichen Rückabwicklungsanspruch nach § 812 Abs. 1 BGB ist die Wahrscheinlichkeit, daß gerade zwischen Kläger und Beklagten letzterer etwas durch Leistung ohne rechtlichen Grund erlangt hat, geringer als das Gegenteil.

Somit kann in den bisher genannten Fällen die Wahrscheinlichkeit (X) als ein Bestandteil der Entscheidungsregel zu einer Beweislastverteilung führen, die auch aus der Anwendung der Grundregel der Normentheorie resultiert.

Bezüglich anderer anspruchsbegründender Tatsachen läßt sich eine geringere Wahrscheinlichkeit aber wiederum nicht feststellen. Dies würde dann bei Anwendung der Entscheidungsregel zu einer unterschiedlichen Beweislastverteilung als bei Gebrauchen der Grundregel führen. Ist z.B. bei einer Zahlungsklage, bei der der Kläger vom Beklagten den Kaufpreis gemäß § 433 Abs. 2 BGB einfordert, streitig, ob die Leistung entgeltlich oder unentgeltlich war, so hat nach herrschender Ansicht in Übereinstimmung mit der Normentheorie der Kläger die Beweislast für die anspruchsbegründenden Tatsachen, daß ein Kaufvertrag abgeschlossen wurde. Er hat zu beweisen, daß eine Gegenleistung vereinbart wurde.[590] Jedoch ist die Wahrscheinlichkeit (X) hinsichtlich der Tatsache „entgeltlich" größer als die Wahrscheinlichkeit, daß die Leistung unentgeltlich erfolgte, was gegen die Be-

---

[588] *Hay/Spier*, 26 J. Legal Studies 1997, S. 424
[589] Vgl. *Hay/Spier*, 26 J. Legal Studies 1997, S. 425
[590] *Rosenberg*, Beweislast, S. 281; *Musielak*, Grundlagen der Beweislast, S. 348

weislast des Klägers spräche. In diesem Fall indiziert die Wahrscheinlichkeit (X) eine Beweislast des Beklagten. Da es hier um die Bestimmung der abstrakten Wahrscheinlichkeit (X) geht, spielen Gesichtspunkte wie Geringfügigkeit der Leistung oder eine Leistung unter Verwandten keine Rolle. Diese sind als Vorinformationen Y bei Bestimmung der bedingten Wahrscheinlichkeiten zu berücksichtigen.

Auf der anderen Seite kann die Wahrscheinlichkeit (X) auch bezüglich rechtshindernder Tatsachen gering sein, was wiederum zu einer unterschiedlichen Beweislastverteilung im Vergleich zur Grundregel der Normentheorie führt. So ist zum Beispiel die Wahrscheinlichkeit, daß jemand eine Willenserklärung nur zum Schein abgegeben hat, so daß das zugrundeliegende Rechtsgeschäft ein nichtiges Scheingeschäft gemäß § 117 BGB ist, geringer als ihr Widerpart, eine ernsthafte Willenserklärung. Demnach kann hinsichtlich der Tatsachen, die die „Scheinhaftigkeit der Willenserklärung" begründen, dem Kläger, der sich auf einen rechtswirksamen Vertrag beruft und die Erfüllung desselben einfordert, die Beweislast zugewiesen werden, obwohl es sich dabei um rechtshindernde Tatsachen handelt. Nach der Normentheorie müßte der Beklagte, der das Rechtsgeschäft nicht gelten lassen will, indem er sich darauf beruft, er habe die Erklärung nur zum Schein abgegeben, dies auch beweisen.[591]

Dagegen hat bei Anwendung der Entscheidungsregel der klagende Gläubiger einer Leistung die Beweislast, daß diese gemäß § 362 Abs. 1 BGB erfüllt worden ist, obwohl es sich dabei um eine rechtsvernichtende Einwendung handelt. Nach der Grundregel der Normentheorie hat deswegen der Schuldner, der Beklagter ist, die Beweislast.[592] Beruft sich der Kläger jedoch auf die Nichterfüllung der Leistung, so ist anzunehmen, daß die Wahrscheinlichkeit (X), die die Wahrscheinlichkeit der Nichterfüllung bezeichnet, geringer ist als ihr Gegenpart. Dies entspricht der These, ein Fehlverhalten kommt wegen eventueller Haftungsandrohungen weniger häufig vor als ordnungsgemäßes Verhalten. Daher hat der Kläger – entgegen der Grundregel – die Beweislast hinsichtlich der Nichterfüllung der Leistung.

Zusammenfassend ist anhand der Beispielsfälle demonstriert worden, daß die Wahrscheinlichkeit (X) eingesetzt in die Entscheidungsregel im Rahmen von Haftungsansprüchen aus deliktischem Fehlverhalten oder Vertragsbruch die gleiche Beweislastverteilung wie bei Anwendung der Grundregel bewirken kann. Jedoch kann sich bei anderen anspruchsrelevanten Tatsachen eine Wahrscheinlichkeit (X) ergeben, die einen Anhaltspunkt für eine andere

---

[591] *Palandt/Heinrichs*, Einf v § 116, Rn. 21; *Erman/Palm*, § 117, Rn. 19

[592] *Baumgärtel/Strieder*, Handbuch der Beweislast, § 363, Rn. 1 m.w.N.; *Palandt/Heinrichs*, § 363, Rn. 1

Beweislastverteilung bietet, als sie durch die Grundregel gewonnen wird. Bleiben die anderen Faktoren der Entscheidungsregel unberücksichtigt, folgt im Ergebnis eine zur Grundregel unterschiedliche Beweislastverteilung.

c) Hohe Wahrscheinlichkeit (Y/–X)

Schließlich darf die Wahrscheinlichkeit (Y/–X) nicht zu gering sein, denn sie zeigt an, ob die gegebene Vorinformation Y auch eine mögliche „neutrale" Ursache hat.[593] Ist sie hoch, so liegen „neutrale" Ursachen nahe. Ist dies der Fall, ist der Kläger aufgerufen, darzulegen, daß die Vorinformation Y gerade auf die Tatsache X hinweist. Als neutrale Ursachen kommen das Eintreten höherer Gewalt oder von unabwendbaren Ereignissen, aber auch das Verhalten Dritter in Betracht. Diese bedingte Wahrscheinlichkeit ist immer von der jeweiligen Vorinformation, die das Gericht erhält, abhängig, so daß abstrakte Aussagen über die Beschaffenheit dieses Wahrscheinlichkeitswertes nicht getroffen werden können. Vielmehr muß die Bestimmung dieses Wertes in jedem konkreten Streitfall unter Heranziehung der Vorinformation Y erfolgen. Aus diesem Grund läßt sich auch keine Vergleichbarkeit mit der Grundregel ableiten, da deren Wertungen abstrakt aus dem Gesetz deduziert werden, die Verteilung der Beweislast nach der Entscheidungsregel jedoch je nach Vorinformation variieren kann.

Dies wird z.B. anhand des oben dargelegten Falles sichtbar, bei dem der Kläger den Kaufpreis nach § 433 Abs. 2 BGB einklagte, der Beklagte jedoch die Entgeltlichkeit des Vertrages bestritt.[594] Wird wie oben die Wahrscheinlichkeit (X), die angibt, wie wahrscheinlich eine entgeltliche Leistung ist, als hoch eingestuft, so ist dem Beklagten – bei Nichtberücksichtigung der übrigen Faktoren der Entscheidungsregel – die Beweislast zuzuweisen. Werden nun aber Vorinformationen Y in den Prozeß eingeführt, daß die Parteien enge Verwandte sind und als Leistung ein Gegenstand von geringen Wert hingegeben wurde, so wirkt dies auf die Bestimmung der Wahrscheinlichkeit (Y/–X) ein. Aufgrund dieser Vorinformation Y kann nicht unbedingt von einer entgeltlichen Gegenleistung ausgegangen werden. Vielmehr liegt auch eine Schenkung nahe. Das bedeutet, daß die Wahrscheinlichkeit (Y/–X) groß ist, denn die Vorinformation Y legt den Schluß nahe, daß die Tatsache X, Entgeltlichkeit der Leistung, nicht vorlag. Aus der Bewertung der Wahrscheinlichkeit (Y/–X) folgt, daß dem Kläger die Beweislast zuzuweisen ist, die Entgeltlichkeit des Vertrages zu beweisen. Nun ist die Wahrscheinlichkeit (Y/–X) nicht zu gering, was ja – wie anfangs erläutert – für die Beweislast des Klägers spricht.

---

[593] *Hay/Spier*, 26 J. Legal Studies 1997, S. 424
[594] Siehe oben E III 2 b)

Vergleicht man diese beiden Beispielsfälle, so wird deutlich, daß sich die Beweislast aufgrund der Vorinformation Y geändert hat. In einer abstrakten Betrachtung ist die Wahrscheinlichkeit einer entgeltlichen Leistung hoch, was auf eine Beweislast des Beklagten hinweist. Durch Einführen der genannten Vorinformation Y folgt aber eine Änderung der Beweislastverteilung, da aufgrund dessen dem Kläger die Beweislast zugewiesen wird. Auf der anderen Seite hat bei Anwendung der Grundregel der Kläger stets dieses Tatbestandsmerkmal zu beweisen. Bei der Entscheidungsregel kann die Beweislast sich je nach Bewertung der ihrer einzelnen Faktoren ändern, während die Grundregel die Beweislast streng danach verteilt, in welche Kategorie die jeweilige Tatsache eingeordnet wird. Dies zeigt ebenfalls, daß sich bei Anwendung der Entscheidungsregel eine unterschiedliche Beweislastverteilung im Vergleich zur Normentheorie ergeben kann.

3. Ergebnis

Es bleibt festzuhalten, daß die Entscheidungsregel und die Grundregel der Normentheorie zwar gleiche Beweislastentscheidungen treffen können, dies jedoch nicht immer der Fall sein muß. Dies ist dadurch bedingt, daß die Wertungen der beiden Regeln verschieden sind. Nach der Grundregel wird die Beweislast strikt nach Art der jeweiligen Tatsache verteilt. Dabei kann als Argument für die unterschiedliche Beweislastzuweisung bei den anspruchsbegründenden Tatsachen einerseits und den anspruchsvernichtenden bzw. -hemmenden Tatsachen andererseits allenfalls auf die zeitliche Zäsur verwiesen werden. Hinsichtlich der anspruchshindernden Tatsachen spielen spezifische Gründe des Regelungsgehalts der Norm eine Rolle.[595] Die hier vertretene Entscheidungsregel weist dagegen demjenigen die Beweislast zu, dessen Kostenerwartungswert bezüglich der Beweisführung geringer ist. Die Konsequenz ist, daß die Beweislastverteilung nach der Entscheidungsregel auch variieren kann, je nachdem wie die einzelnen Faktoren der Entscheidungsregel bestimmt werden.

IV. Vereinbarkeit mit der Rechtsprechung zur Beweislastverteilung in Produkthaftungsfällen

Macht der Kläger gegen einen Hersteller eines Produkts Schadensersatzansprüche nach § 823 Abs. 1 BGB wegen dessen Fehlerhaftigkeit geltend, so müßte er nach der Grundregel alle anspruchsbegründenden Tatsachen, also auch eine Pflichtverletzung und ein Verschulden des Herstellers, bewei-

---

[595] Vgl. *Musielak*, Grundlagen der Beweislast, S. 372 ff.

sen.[596] Diese Beweise sind für ihn schwer zu führen, vor allem derjenige der Pflichtverletzung des Herstellers, da dem Kläger der Organisationsablauf des Herstellers unbekannt ist.[597] Die Rechtsprechung hat auf diese Beweisnöte des Klägers reagiert und im Rahmen der Produzentenhaftung nach und nach durch richterliche Rechtsfortbildung unter Berücksichtigung des § 836 BGB eine Beweislastumkehr vorgenommen.[598]

1. Beweislastverteilung der Rechtsprechung

Die Rechtsprechung zur Beweislastverteilung im Produkthaftungsrecht läßt sich wie folgt skizzieren. Hinsichtlich des anspruchsbegründenden Tatbestandes des § 823 Abs. 1 BGB muß der geschädigte Kläger im Prozeß beweisen, daß das Produkt einen Fehler hat[599], wobei ein Konstruktions-, Fabrikations- oder Instruktionsfehler in Betracht kommen kann, sowie die Ursächlichkeit des Fehlers für die Rechtsgutverletzung.[600] Weiterhin ist er dafür beweispflichtig, daß dieser Fehler dem Organisations- und Gefahrenbereich des Herstellers entstammt.[601] Entgegen der Grundregel hat der beklagte Hersteller nun zu beweisen, daß er keine Pflichtverletzung hinsichtlich eines Konstruktions-, Fabrikations- bzw. eines Instruktionsfehlers bei Inverkehrgabe des Produkts begangen hat[602] und ihm auch kein Verschulden zur Last fällt.[603]

Als Begründung für diese Beweislastverteilung entgegen der Grundregel führt die Rechtsprechung an, daß der Nachweis für den Kläger mit besonderen Schwierigkeiten verbunden ist, wenn es um Vorgänge geht, die sich bei der Herstellung des Produkts im Betrieb des Herstellers abgespielt haben.[604] Die Größe des Betriebes, seine komplizierte, verschachtelte, auf Arbeitstei-

---

596 Vgl. *von Westphalen/Foerste*, Produkthaftungshandbuch, § 30 Rn. 12

597 *von Westphalen/Foerste*, Produkthaftungshandbuch, § 30 Rn. 13

598 Grundlegend BGH NJW 1969, 269 ff.; BGH NJW 1991, 1948 (1951); BGH NJW 1996, 2507 f.; vgl. *von Westphalen/Foerste*, Produkthaftungshandbuch, § 30

599 BGH NJW 1969, 269 (274); BGH VersR 1971, 80 (81); OLG Köln VersR 1988, 580 (581); OLG Frankfurt/M. VersR 1994, 1118 (1119)

600 BGH NJW 1969, 269 (274); BGH VersR 1971, 80 (81); BGH NJW 1991, 1948 (1951)

601 BGH NJW 1969, 269 (274); OLG Düsseldorf NJW 1978, 1693; OLG Frankfurt VersR 1985, 890 (891); OLG Köln VersR 1988, 580 (581)

602 BGH NJW 1969, 269, (174 f.); BGH NJW 1972, 2300 (2302); BGH NJW 1977, 379 (380); BGH NJW 1981, 1603 (1605); für Instruktionsfehler bei Inverkehrgabe des Produkts BGH NJW 1981, 1606 1608; BGH NJW 1992, 560 562; vgl. *von Westphalen/Foerste*, Produkthaftungshandbuch, § 30 Rn. 49/79 m.w.N.

603 BGH NJW 1969, 269 (274); BGH NJW 1981, 1603 (1605); vgl. MünchKomm/*Mertens*, § 823, Rn. 299 m.w.N.

604 BGH NJW 1969, 269 (274)

lung beruhende Organisation, verwickelte technische, chemische oder biologische Vorgänge machen es den Geschädigten praktisch unmöglich, die Ursache des schadensstiftenden Fehlers aufzuklären.[605] Es wird somit die Beweisnot des Geschädigten als Begründung herangezogen. Der Hersteller des fehlerhaften Produkts dagegen ist viel „näher dran", den Sachverhalt aufzuklären, da er die Produktionssphäre überblickt und den Herstellungsprozeß sowie die Auslieferungskontrolle bestimmt und organisiert.[606] Mit dieser Gegenüberstellung der Beweismöglichkeiten der Parteien stellt die Rechtsprechung bei der von ihr richterrechtlich geschaffenen Beweislastverteilung auf die besseren Aufklärungsmöglichkeiten ab.[607] Um ein *non liquet* zu vermeiden, soll die Partei die Beweislast tragen, die den streitigen Sachverhalt besser aufklären kann. Dies ist ein Argument, das auch den gesetzlichen Beweislastsonderregeln zu Grunde liegt.[608]

Wertet man diese Argumente, einmal die Beweisnot des Klägers und zum anderen die Beweisnähe des Herstellers, ökonomisch aus, so ergibt sich, daß der Geschädigte zur Aufklärung der Tatsachen erhebliche Kosten aufwenden muß. Er besitzt keine Kenntnis hinsichtlich des Herstellungsprozesses des Produkts und müßte dazu kostenintensiv Beweismaterial ermitteln. Der Hersteller dagegen kennt den Produktionsprozeß und hat die dazu gehörigen Unterlagen. Er kann daher mit geringeren Kosten nachweisen, daß zum Beispiel hinsichtlich des Produkts kein Konstruktions- bzw. Fabrikationsfehler vorliegt. Aus einer ökonomischen Betrachtungsweise folgt somit, daß der Hersteller gegenüber dem Kläger erheblich geringere Beweisführungskosten hat als der klagende Käufer des Produkts.

2. Beweislastverteilung bei Anwendung der Entscheidungsregel

Nun ist zu untersuchen, ob die hier vertretene Entscheidungsregel[609] hinsichtlich der Pflichtwidrigkeit und des Verschuldens ebenfalls dem Hersteller die Beweislast zuweist. Dies soll anhand des vom BGH entschiedenen, jedoch für diesen Zweck vereinfachten Hühnerpest-Falles überprüft werden.[610] Die Klägerin, die eine Hühnerfarm betreibt, ließ ihre Hühner durch einen Tierarzt gegen Hühnerpest impfen. Dieser benutzte einen Impfstoff, der von der Beklagten hergestellt wurde. Wenige Tage nach der Impfung brach bei den Hühnern die Hühnerpest aus und mehr als 4000 Hühner verendeten. Eine Untersuchung der Impfstoffampullen ergab, daß diese bakteri-

---

605 BGH NJW 1969, 269 (275); BGH NJW 1996, 2507 (2508)
606 BGH NJW 1969, 269 (275); BGH NJW 1996, 2507 (2508)
607 *Musielak*, Grundlagen der Beweislast, S. 372
608 *Musielak*, Grundlagen der Beweislast, S. 372; siehe oben E II 1
609 Siehe oben D III 2
610 BGHZ 51, 91ff. = BGH NJW 1969, 269 ff.

elle Verunreinigungen und noch aktive Viren enthielten, die nicht ausreichend immunisiert worden waren. Die Klägerin verlangte nach § 823 Abs. 1 BGB Schadensersatz wegen der verendeten Hühner. Dabei stand fest, daß das Produkt einen Fehler, genauer einen Fabrikationsfehler, hatte und dieser ursächlich für die Eigentumsverletzung der Klägerin war.

Legt die Klägerin nun dar, daß die Beklagte eine schuldhafte Pflichtverletzung begangen hat und der Fehler des Produkts darauf beruht, bestreitet die Beklagte dies aber, so zeichnet sich die Frage ab, wer die Pflichtverletzung und das Verschulden zu beweisen hat. Die Klägerin hat bei beiden Tatbestandsmerkmalen nach der Entscheidungsregel die Beweislast, wenn gilt:

$$W(Y/X) \times W(X) \times \text{Klägerkosten} < W(Y/-X) \times W(-X) \times \text{Beklagtenkosten}$$

In dem oben genannten Beispielsfall war der Beweis des Merkmals des Verschuldens relevant, so daß hier nur die Beweislast hinsichtlich des Verschuldens untersucht werden soll. Betrachtet man die Beweisführungskosten beider Parteien, so ist zu konstatieren, daß die Beklagte geringere Kosten als die Klägerin hat. Als Begründung für dieses Ergebnis kann auf die Argumentation der Rechtsprechung und ihrer ökonomischen Interpretation verwiesen werden.[611] Man wird daher die Beklagtenkosten viel höher ansetzen müssen als die Klägerkosten. Hinsichtlich der Wahrscheinlichkeit (X) wurde bei in einer abstrakten Betrachtung festgestellt, daß dieser Wert bei Haftungsansprüchen gering ist, da sich die Rechtssubjekte in der Regel normgemäß verhalten.[612] Dies ist bei einem Produzenten nicht anders. Diese Wertungen müssen in der mathematischen Ungleichung berücksichtigt werden. Die Wahrscheinlichkeit (X) soll mit 0,2 angesetzt werden. Hinsichtlich der Kosten ist davon auszugehen, daß der Hersteller 20 mal billiger die Beweismittel beschaffen könnte. Dann lautet die Ungleichung wie folgt.

$$W(Y/X) \times 0{,}2 \times 1 < W(Y/-X) \times 0{,}8 \times 0{,}05$$
$$W(Y/X) \times 0{,}2 < W(Y/-X) \times 0{,}04$$
$$W(Y/X) < 0{,}2 \times W(Y/-X)$$

Damit hat der Kläger nur die Beweislast, wenn die Wahrscheinlichkeit (Y/–X) um ein fünffaches größer ist als die Wahrscheinlichkeit (Y/X).[613] Das bedeutet, daß die Vorinformation Y fünfmal eher auf eine neutrale Ursache hindeuten muß als auf ein schuldhaftes Verhalten des Herstellers. Dies wird aber nur selten der Fall sein. Damit ist aufgrund der höheren Beklag-

[611] Siehe oben E IV 1
[612] Siehe oben E III 2
[613] Vgl. oben E II 1 a)

tenkosten der Kostenerwartungswert der Beklagten größer als der der Klägerin, so daß die Beklagte beweisen muß, keine Pflichtverletzung begangen zu haben.

Es ist jedoch zu berücksichtigen, daß der Kläger desto eher beweisbelastet sein wird, je geringer bei gleichbleibender Wahrscheinlichkeit (X) das Kostenverhältnis zuungunsten des Herstellers ausfällt. Wird angenommen, daß der Hersteller nur die zehnfachen Beweiskosten dessen, was die Klägerin aufzuwenden hätte, zu bewältigen hat, so ist der Klägerin die Beweislast zuzuweisen, wenn die Wahrscheinlichkeit (Y/–X) gerade 2,5fach größer ist als die Wahrscheinlichkeit (Y/X).[614] Bei einem Kostenverhältnis von 1 zu 4 zu Lasten des Herstellers hat die Wahrscheinlichkeit (Y/–X) gar nicht mehr größer zu sein als ihr Pendant, um der Klägerin die Beweislast zuzuweisen.[615] Das bedeutet, je geringer der Kostenvorsprung des Herstellers, desto eher bleibt die Beweislast bei der Klägerin.

Fraglich ist, ob die verschiedenen Kostenverhältnisse auch mit unterschiedlichen Typen von Herstellern korrelieren. In dem oben genannten Fall stützte die Rechtsprechung die Beweislastumkehr gerade darauf, daß die „Größe des Betriebes, seine komplizierte, verschachtelte, auf Arbeitsteilung beruhende Organisation, verwickelte, technische, chemische oder biologische Vorgänge und dergleichen es dem Geschädigten praktisch unmöglich machen, die Ursache des schadensstiftenden Fehlers aufzuklären".[616] Dies ließe den Schluß zu, daß eine Beweislastumkehr nur gegenüber Herstellern, die als industrielle Großbetriebe organisiert sind, zuzulassen ist. Da das Argument der Rechtsprechung ökonomisch gedeutet und dargelegt wurde, daß der Hersteller die erheblich geringeren Beweisführungskosten gegenüber dem Verbraucher hat, stellt sich die Frage, ob dieses Kostenargument, das für die Beweislastverteilung nach der Entscheidungsregel den Ausschlag gibt, ebenfalls nur für solche Typen von Herstellern herangezogen werden kann.

Die Rechtsprechung hat jedoch die Beweislastumkehr im Produkthaftungsrecht auch auf handwerklich ausgerichtete Kleinbetriebe angewendet.[617] Als

---

[614] Dabei wurde für W(X) = 0,2 und ein Kostenverhältnis von 1 zu 10 zugrundegelegt
W (Y/X) x 0,2 x 1 < W (Y/–X) x 0,8 x 0,1
W (Y/X) x 0,2 < W (Y/–X) x 0,08
W (Y/X) < 0,4 x W (Y/–X)

[615] Dabei wurde für W(X) = 0,2 und ein Kostenverhältnis von 1 zu 4 zugrundegelegt
W (Y/X) x 0,2 x 1 < W (Y/–X) x 0,8 x 0,25
W (Y/X) x 0,2 < W (Y/–X) x 0,2
W (Y/X) < W (Y/–X)

[616] BGHZ 51, 91 (105)

[617] BGHZ 116, 104 (109)

Begründung wird angeführt, daß es auch bei solchen Betrieben für den Geschädigten schwer ist, die Herstellungsvorgänge und die Organisationssphäre im Betrieb des Produzenten zu durchschauen.[618] Damit wird anerkannt, daß auch hier die Beweisnot des Geschädigten ausschlaggebend ist, um dem Hersteller die Beweislast aufzubürden.[619]

Folglich ist die ökonomische Interpretation dieses Arguments auch bei Kleinbetrieben, Handwerksbetrieben und landwirtschaftlichen Erzeugern anwendbar. Das ist auch folgerichtig, da die Größe des Betriebs und die Art der Herstellung keine brauchbaren Abgrenzungskriterien sind, um die Beweisführungskosten der Parteien zu bestimmen. So sagen diese Kriterien z.B. nichts über die technische Kompliziertheit des Produkts aus. Bei der Herstellung einfacher Produkte durch wenige Personen[620] kann zwar der Verbraucher leichter die Verhältnisse überschauen und die Ursache des Fehlers bestimmen. An der Beweisnähe des Herstellers ändert sich dadurch nichts. Der Herstellungsprozeß vollzieht sich immer noch in seinem Herrschaftsbereich, den er leichter überblicken und in dem er Fehlerquellen besser ermitteln kann.[621] Bei der Herstellung landwirtschaftlicher Erzeugnisse werden heute in erheblichen Umfang Chemikalien verwendet, so daß dem durch ein landwirtschaftliches Produkt Geschädigten die Beweislage genauso schwierig wie bei einem Industrieprodukt fällt.[622] Dies alles führt dazu, daß auch der Hersteller, der als Kleinbetrieb oder als landwirtschaftlicher Erzeuger organisiert ist, die geringeren Beweisführungskosten als der Verbraucher hat. Damit trägt er Beweislast für das Tatbestandsmerkmal des Verschuldens.

Natürlich ist es möglich, daß das Kostenverhältnis zwischen Hersteller und Verbraucher geringer sein kann, falls es sich bei dem Hersteller um einen handwerklichen Kleinbetrieb handelt. Die oben dargelegten Argumente zeigen jedoch, daß dies nicht pauschalierend angenommen werden kann. Vielmehr ist eine Differenzierung nach der Art des Produkts sowie Schwierigkeit des Herstellungsprozesses nötig. Ist dies für den Kläger einfach zu verstehen, kann er unter Umständen die Ursache des Fehlers aufklären. Seine Beweisführungskosten wären dann nicht erheblich höher als die des Herstellers und bei Anwendung der Entscheidungsregel könnte sich ergeben,

---

[618] BGHZ 116, 104 (109)

[619] *Baumgärtel/Wittmann*, Handbuch der Beweislast, § 823 Anh C III, Rn. 6; MünchKomm/*Mertens*, § 823, Rn. 310; *von Westphalen/Foerste*, Produkthaftungshandbuch, § 30 Rn. 61

[620] Vgl. BGHZ 116, 104 – Herstellung eines Puddings durch familienbetriebene Gastwirtschaft

[621] BGHZ 116, 104 (109f.); vgl. *Baumgärtel/Wittmann*, Handbuch der Beweislast, § 823 Anh C III, Rn. 6

[622] *Schmidt-Salzer*, BB 1979, S. 10

daß er das Verschulden des Herstellers zu beweisen hätte. In einer derartigen seltenen Konstellation könnte demnach die Beweislastverteilung von der der Rechtsprechung abweichen.

3) Ergebnis

Zusammenfassend folgt bei der Anwendung der Entscheidungsregel im Rahmen der Produkthaftungsfälle eine Zuweisung der Beweislast hinsichtlich des Tatbestandsmerkmals „Verschulden" an den beklagten Produzenten genauso, wie sie die Rechtsprechung in richterlicher Rechtsfortbildung unter Berücksichtigung des § 836 BGB vornimmt. Hinsichtlich des Merkmals der „Pflichtverletzung" ergibt sich die gleiche Beweislastverteilung. Die höheren Beklagtenkosten im Verhältnis zu denen des Klägers haben zur Folge, daß der Kostenerwartungswert der Beklagten geringer als der der Klägerin ist, um ihre Sorgfaltsgerechtigkeit zu beweisen. Das Ergebnis, das die Rechtsprechung gewinnt, führt daher auch einen effizienten Zustand herbei.

V. Anwendung der Entscheidungsregel bei strittigen Beweislastverteilungen

Nachdem die hier entwickelte Entscheidungsregel mit den gesetzlichen Beweislastregeln sowie der Grundregel der Normentheorie und der Rechtsprechung zum Produkthaftungsrecht verglichen wurde, soll nun ihre Tauglichkeit anhand von Beweislastverteilungen, die in Rechtsprechung und Literatur umstritten sind, überprüft werden. Dies würde die Brauchbarkeit der Entscheidungsregel zeigen und könnte zudem neue Argumente bereitstellen, wie die einzelnen strittigen Beweislastverteilungen zu entscheiden sind.

1. Beweis der aufschiebenden Bedingung gemäß § 158 Abs. 1 BGB

Im Rahmen einer aufschiebenden Bedingung ist es strittig, wer zu beweisen hat, daß der geschlossene Vertrag mit einer solchen vereinbart worden ist. Dabei kann folgender Fall zugrunde gelegt werden. Der Kläger macht Erfüllung aus einem Vertrag geltend, z.B. aus einem Kaufvertrag gemäß § 433 Abs. 1 BGB. Der Beklagte wendet ein, daß hinsichtlich des Kaufvertrages eine aufschiebende Bedingung abgeschlossen worden und diese Bedingung noch nicht eingetreten sei. Somit sei er nicht zum Erbringen der Leistung verpflichtet. In dieser Situation ist umstritten, welche Partei das Vorliegen bzw. Nichtvorliegen der aufschiebenden Bedingung zu beweisen hat.

a) Bisherige Lösungen

Die eine Ansicht weist dem Beklagten die Beweislast zu. Der Beklagte müsse seine Einwendung, der Kaufvertrag sei aufschiebend bedingt geschlossen, beweisen. Diese Ansicht wird als Einwendungstheorie bezeichnet. Die Behauptung des Beklagten sei eine rechtshindernde Einwendung und daher nach der Grundregel der Normentheorie von ihm zu beweisen, da er sich auf sie berufe.[623] Dabei soll für die Einordnung als rechtshindernde Einwendung das Regel-Ausnahme-Verhältnis sprechen.[624] Weiterhin wird dadurch gewährleistet, daß Behauptungs- und Beweislast gleichlaufen und der Kläger nicht zum Beweis einer negativen Tatsache aufgerufen ist, was für ihn mit erheblichen Schwierigkeiten verbunden sein kann.[625]

Nach der herrschenden Meinung, der sog. Leugnungstheorie, hat der Kläger die Beweislast. Er muß beweisen, daß der Kaufvertrag ohne aufschiebende Bedingung vorgenommen worden ist.[626] Als Begründung wird angeführt, daß die Bedingung integrierender Bestandteil des Vertrages sei, da ein Vertrag nur bedingt oder unbedingt geschlossen werden könne.[627] Der Anspruch aus dem Vertrag entsteht demnach nur, wenn die Bedingung nicht gesetzt oder die vereinbarte Bedingung eingetreten ist. Dies ist vom Kläger, der seinen Erfüllungsanspruch geltend macht, zu beweisen.[628] Dadurch werde dem Kläger die Durchsetzung seines vertraglichen Erfüllungsanspruches nicht unzumutbar erschwert, da der Beklagte durch die bloße Behauptung der aufschiebenden Bedingung dessen Durchsetzbarkeit nicht verhindern kann. Vielmehr muß er substantiierte Umstände dafür darlegen.[629]

b) Beweislastverteilung bei Anwendung der Entscheidungsregel

Wendet man die hier entwickelte Entscheidungsregel[630] auf diesen strittigen Fall an, so hat diejenige Partei das Vorliegen bzw. Nichtvorliegen einer auf-

---

[623] *Baumgärtel/Laumen*, Handbuch der Beweislast, § 158, Rn. 6; *Rosenberg*, Beweislast, S. 280 f.; im Ergebnis auch *Musielak*, Grundlagen der Beweislast, S. 342 Fn. 337; vgl. auch *Heinrich*, Beweislast bei Rechtsgeschäften, S. 160

[624] Vgl. *Rosenberg*, Beweislast, S. 310/124; dagegen *Musielak*, Grundlagen der Beweislast, S. 334; *Baumgärtel/Laumen*, Handbuch der Beweislast, § 158, Rn. 7

[625] *Soergel/Leptien*, Vor § 158, Rn. 40

[626] BGH NJW 1985, 497; vgl. *Palandt/Heinrichs*, Einf v § 158, Rn. 14; *Staudinger/Bork* (1996), Vorbem zu §§ 158 ff., Rn. 50, *Reinecke*, JZ 1977, S. 165

[627] *Musielak*, Grundlagen der Beweislast, S. 333; vgl. *Heinrich*, Beweislast bei Rechtsgeschäften, S. 159

[628] *Baumgärtel/Laumen*, Handbuch der Beweislast, § 158, Rn. 5

[629] *Baumgärtel/Laumen*, Handbuch der Beweislast, § 158, Rn. 7

[630] Siehe oben D III 2

schiebenden Bedingung zu beweisen, deren Kostenerwartungswert hinsichtlich der Beweisführung geringer ist. Der Kläger hat demnach die Beweislast, wenn die folgende Ungleichung gilt.

$$W(Y/X) \times W(X) \times \text{Klägerkosten} < W(Y/{-X}) \times W({-X}) \times \text{Beklagtenkosten}$$

Um die Beweislastverteilung bestimmen zu können, müssen die einzelnen Faktoren der Ungleichung untersucht werden. Dabei muß sich zuerst dem Kostenverhältnis gewidmet werden. Es ist zu überprüfen, welche Partei in dem vorliegenden Fall voraussichtlich die geringeren Kosten hat, die Behauptungen bezüglich des Tatbestandsmerkmals zu beweisen. Konkret muß gefragt werden, welche Partei kostengünstiger das Vorliegen bzw. Nichtvorliegen der aufschiebenden Bedingung beweisen kann. Wie oben dargelegt wurde[631], ist grundsätzlich davon auszugehen, daß für beide Parteien die Beweismittelkosten identisch sind.[632] Dies würde dann einem Kostenverhältnis von 1 zu 1 entsprechen. Fraglich ist nun, ob dies auch hier angenommen werden kann, oder von einem anderen Kostenverhältnis auszugehen ist. Hierzu ist zu berücksichtigen, daß grundsätzlich beide Parteien gleichermaßen Vertragsurkunden oder Kenntnisse über Zeugen, die bei Vertragsschluß anwesend waren, besitzen, so daß bei ihnen auch Kosten in gleicher Höhe anfallen.

Etwas anderes ergibt sich jedoch aus dem Argument, das der Beweis einer negativen Tatsache wie dem Nichtvorliegen der Bedingung mit größeren Schwierigkeiten verbunden ist.[633] Es bestehen praktische Schwierigkeiten beim Auffinden und Beweisen der positiven Sachumstände, die benötigt werden, um das Negative zu beweisen.[634] Wird dieses Argument, das die Einwendungstheorie heranzieht[635], ökonomisch gedeutet, so hat der Kläger, der in diesem Fall mit dem Negativbeweis belastet ist, eine höhere Kostenlast zu tragen. Vorher muß jedoch geklärt werden, ob das Argument der Einwendungstheorie und die anschließende ökonomische Interpretation stichhaltig ist. Hierbei ist zu berücksichtigen, daß die Beweisschwierigkeiten des mit dem Negativbeweis Belasteten steigen, je weniger eng das Nichtvorhandensein einer Tatsache räumlich oder zeitlich, personell oder sachlich begrenzt ist.[636] Wendet man diese Abgrenzung auf die Vereinbarung einer aufschiebenden Bedingung an, ist von einer personellen und sachlichen Be-

[631] Siehe oben E III 2 a)
[632] Vgl. *Hay/Spier*, 26 J. Legal Studies 1997, S. 424
[633] *Reinecke*, JZ 1977, S. 162 f.; *Reinecke*, Beweislastverteilung, S. 45 ff.; *Prütting*, Gegenwartsprobleme, S. 254
[634] *Reinecke*, Beweislastverteilung, S. 46
[635] Siehe oben E V 1 a)
[636] *Reinecke*, Beweislastverteilung, S. 46

grenzung auszugehen. Betroffen ist nämlich nur die Vereinbarung einer spezifischen Vertragsklausel zwischen zwei Personen. Jedoch liegt keine zeitliche Begrenzung vor, da eine solche Klausel auch nach Abschluß des Vertrages abgeschlossen werden kann. Der Kläger hat somit zu beweisen, daß vom Zeitpunkt des Abschlusses des Vertrages bis zur Geltendmachung des Erfüllungsanspruchs keine aufschiebende Bedingung vereinbart worden ist, während der Beklagte zu beweisen hat, das in dem besagten Zeitraum irgendwann eine solche Bedingung getroffen wurde. Dabei wird offensichtlich, daß der Kläger bei ungeminderten Beweisanforderungen diesen Beweis nicht führen kann.[637] Er hätte nämlich zu beweisen, daß hinsichtlich des gesamten Zeitraums in keiner Zeiteinheit eine aufschiebende Bedingung zustande gekommen ist. Dies wäre für ihn sehr schwierig und mit erheblichen Kosten verbunden.[638] Auf der anderen Seite ist es dem Beklagten möglich, zu beweisen, daß während des Zeitraums an einem bestimmten Zeitpunkt eine Vereinbarung über eine aufschiebende Bedingung getroffen wurde. Aufgrund dieser Betrachtung ist das Argument der Beweisschwierigkeit bei Negativtatsachen und ihre ökonomische Interpretation auch hinsichtlich des Beweises einer aufschiebenden Bedingung anzuwenden. Somit kann vorsichtig von einem Kostenverhältnis von 1 zu 2 zu Lasten des Beklagten ausgegangen werden.

Ferner ist auf die Wahrscheinlichkeit (X) einzugehen. Sie gibt in abstrakter Form an, wie wahrscheinlich es ist, daß ein Kaufvertrag ohne einer aufschiebenden Bedingung abgeschlossen wird. Hier wird man, wenn man sich die Vielzahl der abgeschlossenen Kaufverträge vorstellt, zulässig davon ausgehen können, daß die Vereinbarung einer aufschiebenden Bedingung wenig wahrscheinlich ist. Die meisten Kaufverträge sind nicht vom Eintritt eines zukünftigen ungewissen Ereignisses abhängig, da sich die Parteien solchen Unwägbarkeiten nicht aussetzen, sondern auf ein Einfordern der Leistung vertrauen wollen. Damit ist die Wahrscheinlichkeit (X) größer als ihr Gegenpart, die Wahrscheinlichkeit (–X). Diese Feststellung stimmt mit dem Argument der Einwendungstheorie überein, die Vereinbarung einer aufschiebenden Bedingung sei die Ausnahme, ein Vertrag ohne Bedingung die Regel.[639] Für behandelten Fall kann somit von einer Wahrscheinlichkeit (X) von 0,9 ausgegangen werden.

Werden das Kostenverhältnis und die abstrakten Wahrscheinlichkeiten in die Gleichung eingesetzt, ergibt sich folgendes.

---

[637] Vgl. *Reinecke*, Beweislastverteilung, S. 46

[638] Anders *Reinecke*, JZ 1977, S. 163, der dabei jedoch übersieht, daß eine solche Vereinbarung auch nach Abschluß des Vertrages geschlossen werden kann, so daß nicht von einem begrenzten historischen Geschehen ausgegangen werden kann.

[639] Siehe oben E V 1 a)

W (Y/X) x 0,9 x 1	<	W (Y/–X) x 0,1 x 0,5
W (Y/X) x 0,9	<	W (Y/–X) x 0,05
W (Y/X)	<	0,055 x W (Y/–X)

Somit hat der Kläger die Beweislast erst, wenn die Wahrscheinlichkeit (Y/–X) mehr als das 18fache der Wahrscheinlichkeit (Y/X) beträgt. Vergleicht man das Verhältnis dieser beiden bedingten Wahrscheinlichkeiten[640], kann dies jedoch nicht angenommen werden, da es bei der strittigen Frage hinsichtlich einer aufschiebenden Bedingung nicht möglich ist, daß eine neutrale Ursache, d.h. die Bedingung beruhe auf anderen als von den Parteien beeinflußbaren Umständen, mehr als 18fach eher vorliegt.

Zusammenfassend kann damit konstatiert werden, daß bei Anwendung der Entscheidungsregel dem Beklagten die Beweislast zuzuweisen ist, das Vorliegen einer aufschiebenden Bedingung zu beweisen.

c) Ergebnis

Die Anwendung der Entscheidungsregel auf das Problem, welche Partei eine aufschiebende Bedingung zu beweisen hat, hat gezeigt, daß sie zum gleichen Ergebnis wie die Einwendungstheorie, eine Mindermeinung in der Literatur, kommt. Beide weisen dem Beklagten die Beweislast zu. Dabei zeigt sich eine Ähnlichkeit in der Argumentation. Während die Einwendungstheorie dieses Tatbestandsmerkmal als rechtshindernd einstuft, da eine aufschiebende Bedingung die Ausnahme sei, wird bei der Entscheidungsregel die Feststellung des Regel-Ausnahme-Verhältnisses bei der Bestimmung der abstrakten Wahrscheinlichkeit (X) benutzt. Ferner beziehen beide Lösungen die Beweisschwierigkeiten, die beim Negativbeweis bestehen, mit ein. Die Entscheidungsregel folgert daraus, daß das Verhältnis der voraussichtlichen Beweisführungskosten zu Lasten des Beklagten festgelegt werden muß.

2. Beweis eines Vertretergeschäfts bei § 164 Abs. 1 BGB

Wird eine Partei aus einem Vertrag in Anspruch genommen, so kann sie behaupten, daß sie das Rechtsgeschäft nicht im eigenen Namen, sondern in fremden Namen vorgenommen hat. Im Prozeß wird der Kläger demnach darlegen, daß er das Rechtsgeschäft mit dem Beklagten als Partei abgeschlossen habe und deshalb von ihr die vereinbarte Leistung einfordere. Der Beklagte wird dagegen einwenden, daß eine andere Person Vertragspartei sei. Dabei ist umstritten, welche Partei zu beweisen hat, ob der in Anspruch

[640] Siehe oben E II 1 a)

genommene Beklagte im eigenen Namen oder im fremden Namen mit Wirkung für oder gegen einen Dritten gehandelt hat.

a) Bisherige Lösungen

Gemäß der Leugnungstheorie hat der Kläger die Beweislast, zu beweisen, daß der Vertrag mit dem Beklagten zustande gekommen ist.[641] Nach dieser Ansicht gehört das Handeln im eigenen Namen zum klagebegründenden Tatbestand, so daß es letztlich um die Frage des wirksamen Zustandekommens eines Vertrages zwischen den Parteien geht.[642] Zwischen dem Handeln im eigenen und fremden Namen bestehe auch kein Regel-Ausnahme-Verhältnis.[643]

Die herrschende Ansicht folgt allerdings der Einwendungstheorie. Danach hat der Beklagte zu beweisen, daß er in fremden Namen gehandelt habe, somit ein Vertretergeschäft vorliege.[644] Als Begründung hierfür wird auf § 164 Abs. 2 BGB verwiesen. Danach folgt, das derjenige, der in fremden Namen handele, dies erkennbar zum Ausdruck bringen muß, da ansonsten das Gesetz ihm die abgegebene Willenserklärung zurechne.[645] Daraus folgt weiter, daß das Gesetz das Handeln im eigenen Namen als Regelfall ansieht.[646] Weiterhin werden Zumutbarkeitserwägungen angeführt. Bei Anwendung der Leugnungstheorie hätte der Kläger das Risiko eines doppelten Prozeßverlustes, wenn er zunächst den eigentlichen Vertragspartner und danach den vertretenen Dritten verklagt. Beide könnten sich jeweils mit der Behauptung, es sei im Namen des anderen gehandelt worden, der Leistung entziehen.[647]

Etwas anderes gilt aber, wenn Umstände feststehen, bei deren Vorliegen ein sog. unternehmensbezogenes Geschäft angenommen werden darf. Dann muß derjenige, der ein Eigengeschäft behauptet, beweisen, daß er für sich handeln wollte.[648]

---

[641] *Musielak*, Grundlagen der Beweislast, S. 351 f. m.w.N. in Fn. 379; *Heinrich*, Beweislast bei Rechtsgeschäften, S. 254

[642] *Baumgärtel/Laumen*, Handbuch der Beweislast, § 164, Rn. 4

[643] *Musielak*, Grundlagen der Beweislast, S. 351

[644] BGH NJW 1986, 1675; vgl. *Palandt/Heinrichs*, § 164, Rn. 18; MünchKomm/ *Schramm*, § 164, Rn. 117; *Rosenberg*, Beweislast, S. 315 ff.; *Reinecke*, JZ 1977, S. 164

[645] *Baumgärtel/Laumen*, Handbuch der Beweislast, § 164, Rn. 5

[646] BGH NJW 1986, 1675; *Rosenberg*, Beweislast, S. 316; *Baumgärtel/Laumen*, Handbuch der Beweislast, § 164, Rn. 5

[647] *Reinecke*, JZ 1977, S. 164; dagegen *Baumgärtel/Laumen*, Handbuch der Beweislast, § 164, Rn. 7

[648] BGH NJW 1983, 1844; BGH NJW 1986, 1675; vgl. *Soergel/Leptien*, § 164, Rn. 39

b) Beweislastverteilung bei Anwendung der Entscheidungsregel

Nach der hier entwickelten Entscheidungsregel[649] hat der Kläger zu beweisen, daß er mit dem Beklagten den Vertrag geschlossen hat, wenn wiederum folgende Ungleichung gilt.

$$W(Y/X) \times W(X) \times \text{Klägerkosten} < W(Y/{-X}) \times W({-X}) \times \text{Beklagtenkosten}$$

Der Kläger hat die Beweislast, wenn sein Kostenerwartungswert geringer als der des Beklagten ist. Um dies festzustellen, müssen die einzelnen Faktoren der Ungleichung analysiert werden.

Als erstes ist sich den voraussichtlichen Kosten der Parteien zuzuwenden. Dabei ist – wie oben schon dargestellt – von gleichen Kosten auszugehen und anschließend zu fragen, ob die besonderen Umstände, die aus dem Vorliegen bzw. Nichtvorliegen eines Vertretergeschäftes auf ein anderes Kostenverhältnis hinweisen. Der Beklagte, der sich darauf beruft, im fremden Namen gehandelt zu haben, kann dies leicht beweisen. Er kann evtl. eine Vollmachtsurkunde vorlegen, aus der sich ergibt, daß er das Geschäft für einen Dritten abschließen wollte, oder Zeugen benennen, die seine Aussagen stützen. Er macht ein Vertretergeschäft geltend und ist auch näher an den Umständen, die ein solches Geschäft begründen, da das Verhältnis zum Dritten seiner Einflußsphäre entspringt. Da er „näher" an den Umständen ist, kann er kostengünstiger den Beweis für seine Tatsachenbehauptungen führen. Der Kläger dagegen muß beweisen, daß er den Vertrag gerade mit dem Beklagten geschlossen hat. Handelt der Beklagte aber für einen Dritten, so muß er dies nicht ausdrücklich kundtun. Vielmehr kann sich dies gemäß § 164 Abs. 1 Satz 2 BGB auch aus den Umständen des Geschäfts ergeben. Diese Umstände hat dann der Kläger aufzuklären, wenn er beweisen will, daß der Beklagte das Geschäft für sich gelten lassen wollte. Hier ist zu konstatieren, daß der Kläger „weiter weg" von diesen Umständen als der Beklagte ist, da sich diese außerhalb seines Einflußbereichs befinden. Wird diese Argumentation ökonomisch gedeutet, dann hat der Beklagte die geringeren Kosten als der Kläger, um zu beweisen, daß er das Geschäft für oder gegen einen Dritten gelten lassen wollte. Daher ist nicht von gleich hohen Beweisführungskosten der Parteien und statt dessen zulässig von einem Kostenverhältnis von 1 zu 4 zu Lasten des Beklagten auszugehen.

Ferner ist die abstrakte Wahrscheinlichkeit (X) zu bestimmen. Diese beschreibt, wie wahrscheinlich es ist, daß ein Vertragspartner – wie vom Kläger behauptet – das Geschäft im eigenen Namen abgeschlossen hat. Be-

[649] Siehe oben D III 2

trachtet man die Häufigkeit von Verträgen, die Personen für sich selbst abschließen wollen, im Vergleich zu Verträgen, bei denen eine Partei im fremden Namen handelt, so ist davon auszugehen, daß Eigengeschäfte viel häufiger als Vertretergeschäfte vorkommen. Zwar werden aufgrund der Arbeitsteilung heute vielfach Vertreter eingeschaltet, jedoch werden Verträge vor allem persönlich vorgenommen. Bei Bestimmung der Wahrscheinlichkeit (X) ist mit der herrschenden Meinung davon auszugehen, daß das Geschäft im eigenen Namen den Regelfall darstellt. Aus diesem Grund kann die Wahrscheinlichkeit (X) zulässig mit 0,8 angegeben werden.

Werden diese Werte sowie das Kostenverhältnis in die Ungleichung eingegeben, so ergibt sich für die Feststellung der Beweislast:

$$W(Y/X) \times 0{,}8 \times 1 < W(Y/{-X}) \times 0{,}2 \times 0{,}25$$
$$W(Y/X) \times 0{,}8 < W(Y/{-X}) \times 0{,}05$$
$$W(Y/X) < 0{,}0625 \times W(Y/{-X})$$

Damit ist dem Kläger die Beweislast zuzuweisen, falls die Wahrscheinlichkeit (Y/–X) mehr als das 16fache der Wahrscheinlichkeit (Y/X) beträgt. Ein Vergleich der bedingten Wahrscheinlichkeiten in dieser abstrakten Konstellation ergibt[650], daß dies im Regelfall nicht angenommen werden kann. Es müßten schon viele Umstände aufgrund der Vorinformation Y darauf hindeuten, daß kein Eigengeschäft des Beklagten vorliegt. Genauer müßten die dem Gericht zur Verfügung stehende Vorinformation Y 16fach eher auf ein Eigengeschäft als auf ein Vertretergeschäft hinweisen. Dies kann der Beklagte durch seine Behauptungen im Regelfall aber nicht leisten, so daß er zu beweisen hat, im fremden Namen gehandelt zu haben.

Ein solcher Fall, bei dem die Umstände erheblich auf ein Vertretergeschäft hindeuten, besteht jedoch beim unternehmensbezogenen Geschäft.[651] In diesem Fall ergeben sich aufgrund der Vorinformation Y Umstände, die auf einen deutlichen Bezug des Rechtsgeschäftes zum Unternehmen hinweisen. Voraussetzung ist, daß das Unternehmen für den Geschäftspartner erkennbar nach außen hervor tritt.[652] Als Umstände, die dann auf ein Vertretergeschäft hindeuten, gelten der Ort und die Vornahme des Rechtsgeschäftes sowie die Erkenntnis, daß die vereinbarte Leistung in den Geschäftsbereichs des Unternehmens fällt oder sogar für dieses bestimmt ist.[653] Dies ist z.B. beim Verkauf von Waren in einem Kaufhaus, bei dem der Verkäufer erkennbar nicht im eigenen Namen handeln will, oder bei einem Reparaturauftrag ei-

---

[650] Siehe oben E II 1 a)
[651] Vgl. dazu *Palandt/Heinrichs*, § 164, Rn. 2; *Jauernig/Jauernig*, § 164, Rn. 3
[652] MünchKomm/*Schramm*, § 164, Rn. 23; *Soergel/Leptien*, § 164, Rn. 14
[653] BGH NJW 1995, 43 (44) m.w.N.; vgl. *Soergel/Leptien*, § 164, Rn. 14

nes Firmenwagens, der offensichtlich dem Unternehmen zuzurechnen ist, der Fall. Solche Umstände weisen erheblich auf ein Vertretergeschäft hin. Daraus folgt dann, daß die Wahrscheinlichkeit (Y/–X) sehr groß ist. Diese Wahrscheinlichkeit zeigt an, wie wahrscheinlich es ist, daß aufgrund der Vorinformation Y – hier den konkreten Umständen des Rechtsgeschäftes – auf ein Vertretergeschäft geschlossen werden kann. Gleichzeitig ist es bei solchen Umständen nicht anzunehmen, daß ein Eigengeschäft gegeben ist. Die Wahrscheinlichkeit (Y/X) ist sehr gering. Daraus folgt, daß der Kläger die Beweislast hat, im Rahmen eines unternehmensbezogenen Geschäfts ein Eigengeschäft des Beklagten zu beweisen.

c) Ergebnis

Die Beweislastverteilung, die sich aufgrund der Entscheidungsregel ergibt, ist die gleiche wie aufgrund der herrschenden Einwendungstheorie. In beiden Fällen hat der Beklagte zu beweisen, daß er das Geschäft im fremden Namen abgeschlossen hat. Beide Lösungen beziehen dabei das Argument mit ein, daß das Geschäft im eigenen Namen der Regelfall, das im fremden Namen die Ausnahme ist. Im Rahmen der Entscheidungsregel wird ferner berücksichtigt, daß der Beklagte die geringeren Kosten hat, das Vertretergeschäft zu beweisen, während die Einwendungstheorie zudem auf die *ratio legis* des § 164 Abs. 2 BGB verweist.

Beim unternehmensbezogenen Geschäft kommen beide Ansätze zum gleichen Ergebnis und weisen dem Kläger die Beweislast zu, daß ein Eigengeschäft vorliegt.

3. Beweis der Fälligkeit im Rahmen des § 271 Abs. 1 BGB

Der Streit um die Beweislastverteilung im Rahmen des § 271 Abs. 1 BGB liegt folgender Fall zugrunde. Der Kläger und Gläubiger einer Leistung fordert die Erfüllung derselben aus einem Rechtsgeschäft. Der beklagte Schuldner macht geltend, die Leistung sei gestundet oder es sei ein Abzahlungsgeschäft vereinbart. Dabei ist strittig, wer im Prozeß die Fälligkeit zu beweisen hat.

a) Bisherige Lösungen

Nach der einen Ansicht hat der Gläubiger als Kläger die Beweislast, daß keine von § 271 Abs. 1 BGB abweichende Vereinbarung geschlossen worden ist.[654] Begründet wird dies damit, daß das Bestreiten der Fälligkeit ein Leugnen des Klagegrundes sei. Daraus folge, daß der Gläubiger und Kläger zu beweisen hat, daß keine von § 271 Abs. 1 BGB abweichende, die Fälligkeit hinausschiebende Vereinbarung getroffen worden sei.[655]

Die andere Ansicht, welche die herrschende Meinung im Schrifttum bildet, weist jedoch dem beklagten Schuldner die Beweislast zu.[656] Er hat sich auf die die Fälligkeit hindernde Nebenabrede zu berufen und muß diese daher auch beweisen. Für den Kläger ist nämlich das Erbringen eines Negativbeweises häufig mit erheblichen Schwierigkeiten verbunden.[657] Weiterhin ist zu berücksichtigen, daß die sofortige Fälligkeit den Regelfall darstellt.[658] Schließlich würde anderenfalls der zahlungsunfähige Schuldner begünstigt werden, da er die Beweisschwierigkeiten des Gläubigers ausnutzen und sich der Erfüllung seiner Verbindlichkeit entziehen könnte.[659]

b) Beweislastverteilung bei Anwendung der Entscheidungsregel

Wendet man die hier vertretene Entscheidungsregel[660] auf diesen strittigen Fall an, so hat der Kläger zu beweisen, daß keine von § 271 Abs. 1 BGB abweichende Vereinbarung getroffen wurde, wenn folgende Ungleichung gilt.

$$W(Y/X) \times W(X) \times \text{Klägerkosten} < W(Y/{-X}) \times W(-X) \times \text{Beklagtenkosten}$$

Um die Beweislastverteilung zu bestimmen, müssen die Kosten der Parteien sowie die abstrakte Wahrscheinlichkeit (X) bestimmt werden. Bei Bestimmung der Beweisführungskosten ist in einem ersten Schritt davon auszugehen, daß diese bei beiden Parteien gleich hoch sind.[661] Danach ist zu überprüfen, ob sich aus den besonderen Umständen, in Vertragsverhandlungen Regelungen über die Fälligkeit zu treffen, ein anderes Kostenverhältnis rechtfertigt. Abweichende Regelungen hinsichtlich der Fälligkeit werden von den beiden Parteien des Rechtsgeschäfts vereinbart. Dabei kann eine

---

[654] RGZ 68, 305 (306); BGH NJW 1975, 206, *Baumgärtel/Strieder*, Handbuch der Beweislast, § 271, Rn. 2

[655] *Soergel/Wolf*, § 271, Rn. 28; *Reinecke*, JZ 1977, S. 165

[656] OLG München NJW-RR 1992, 818 (819), *Palandt/Heinrichs*, § 271, Rn. 2

[657] *Baumgärtel/Strieder*, Handbuch der Beweislast, § 271, Rn. 2; vgl. *Reinecke*, Beweislastverteilung, S. 45 ff.

[658] LAG Baden Württemberg DB 1970, 886; vgl. *Reinecke*, JZ 1977, S. 160 m.w.N.

[659] *Palandt/Heinrichs*, § 271, Rn. 2; *Soergel/Wolf*, § 271, Rn. 28

[660] Siehe oben D III 2

[661] Siehe oben E III 2 a)

solche Regelung entweder mit in den Vertrag aufgenommen oder im nachhinein vereinbart werden. Generell haben die Parteien gleichermaßen Zugang zu Beweismitteln, die eine solche Regelung beweisen könnten. Ist das Rechtsgeschäft schriftlich vereinbart worden, haben beide eine Urkunde. Ist das Rechtsgeschäft unter Anwesenheit von Zeugen abgeschlossen worden, so können beide Parteien diese gleichermaßen ausfindig machen und benennen.

Wie oben bereits ausgeführt[662], ist jedoch das Argument zu beachten, daß ein Negativbeweis, wie er vom Kläger zu erbringen wäre, schwieriger als der positive Beweis zu erbringen ist. Bei § 271 Abs. 1 BGB geht es ebenfalls um eine vertragliche Bestimmung, die auch später von den Parteien noch vereinbart werden kann. Folglich bestehen auch hier Beweisschwierigkeiten des Klägers aufgrund der zeitlichen Unbegrenztheit hinsichtlich des Nichtvorhandenseins der Tatsache. Der Kläger muß beweisen, daß vom Abschluß des Vertrages bis zur Geltendmachung des Anspruchs keine von § 271 Abs. 1 BGB abweichende Vereinbarung getroffen wurde. Dadurch muß er eine Vielzahl von Sachumständen vortragen und beweisen.[663] Dies ist für den Kläger mit erheblichen Kosten verbunden, während der Beklagte im besagtem Zeitraum nur einmal die Vereinbarung einer von § 271 Abs. 1 BGB abweichenden Bestimmung beweisen müßte.[664] Dazu müssen vom Beklagten erheblich weniger Sachumstände vorgetragen und bewiesen werden, so daß er die geringeren Beweisführungskosten als der Kläger hat. Daher kann von einem Kostenverhältnis von 1 zu 2 zu Lasten des Beklagten ausgegangen werden.

Die Wahrscheinlichkeit (X) gibt an, wie wahrscheinlich es ist, daß die Parteien – wie vom Kläger behauptet – keine von § 271 Abs. 1 BGB abweichende Vereinbarung getroffen haben. Dabei ist zu fragen, ob Rechtsgeschäfte eher sofort fällig gestellt sind oder ob sich darin regelmäßig Vereinbarungen finden, die die Fälligkeit hinausschieben. In der Mehrzahl der Rechtsgeschäfte findet sich keine Vereinbarung über die Fälligkeit, so daß die Leistungen daraus gemäß § 271 Abs. 1 BGB sofort fällig sind. Dies ist auch häufig gewollt. Die Vertragsparteien wollen die Leistung aus dem Rechtsgeschäft sofort in Anspruch nehmen, nur in seltenen Fällen ist dies für sie nicht entscheidend. Aus diesem Grund kann davon ausgegangen werden, daß Rechtsgeschäfte generell ohne eine von § 271 Abs. 1 BGB abweichende Vereinbarung abgeschlossen werden. Die Wahrscheinlichkeit (X) ist daher sehr groß und kann zulässig mit 0,9 angegeben werden.

---

662 Siehe oben E V 1 b)

663 Vgl. *Reinecke*, Beweislastverteilung, S. 46

664 AA *Reinecke*, JZ 1977, S. 163; siehe oben Fn. 638

Werden diese Erkenntnisse in der Entscheidungsregel verarbeitet, so folgt als Ergebnis:

$$W(Y/X) \times 0{,}9 \times 1 < W(Y/{-X}) \times 0{,}1 \times 0{,}5$$
$$W(Y/X) \times 0{,}9 < W(Y/{-X}) \times 0{,}05$$
$$W(Y/X) < 0{,}055 \times W(Y/{-X})$$

Somit hat der Kläger die Beweislast erst, wenn die Wahrscheinlichkeit (Y/–X) um mehr als das 18fache größer als die Wahrscheinlichkeit (Y/X) ist. Bei einem Vergleich der bedingten Wahrscheinlichkeiten ergibt sich[665], daß dies unwahrscheinlich ist. Aufgrund der Behauptungen der Parteien kann die Vorinformation Y nicht in diesem Maße für eine von § 271 Abs. 1 BGB abweichende Vereinbarung sprechen. Aus diesem Grund hat bei Anwendung der Entscheidungsregel der Beklagte zu beweisen, daß eine von § 271 Abs. 1 BGB abweichende Vereinbarung getroffen wurde.

c) Ergebnis

Die Entscheidungsregel kommt zum gleichen Ergebnis wie die herrschende Meinung im Schrifttum. Der Beklagte hat zu beweisen, daß die Leistung gestundet wurde. Beide Ansichten begründen diese Beweislastverteilung vor allem in Hinblick auf die Häufigkeit solcher Vereinbarungen. Ihrer Argumentation nach ist das Rechtsgeschäft, das die Leistung sofort fällig stellt, häufiger als das, bei dem die Leistung gestundet wurde. Erstes stellt den Regelfall, zweites die Ausnahme dar. Darauf weist auch die Vorschrift des § 271 Abs. 1 BGB hin. Weiterhin werden die Beweisschwierigkeiten beim Negativbeweis herangezogen. Die Entscheidungsregel folgert daraus, das der Beklagte höhere Beweisführungskosten als der Kläger hat

4. Beweislastverteilung bei Verletzung einer Unterlassungspflicht

In einem Vertrag können die Parteien vereinbaren, daß eine Vertragspartei ein bestimmtes Verhalten unterläßt. Die Erfüllung des Vertrages gemäß § 362 Abs. 1 BGB liegt dann in dem Unterlassen einer bestimmten Handlung. Der Schuldner hat sich verpflichtet, ein bestimmtes Tun zu unterlassen. Verstoßt er dagegen, kann der Gläubiger Schadensersatz wegen Nichterfüllung der Vertragspflicht verlangen. Verklagt er den Schuldner diesbezüglich, so muß der Kläger auch geltend machen, daß der beklagte Schuldner gegen eine ihm obliegende Unterlassungspflicht verstoßen habe, also den Vertrag nicht erfüllt hat. Der Beklagte wird dies bestreiten. Gemäß der

[665] Siehe oben E II 1 a)

herrschenden Meinung ist generell der Schuldner für die Erfüllung beweispflichtig.[666] Steht jedoch die Verletzung einer Unterlassungspflicht im Raum, ist problematisch, welche Partei im Prozeß diese zu beweisen hat.

a) Bisherige Meinungen

Die ganz herrschende Meinung weist in einem solchen Fall dem Kläger die Beweislast zu.[667] Der Kläger hat danach zu beweisen, inwiefern der Beklagte gegen seine Unterlassungspflicht verstoßen hat. Begründet wird diese Beweislastzuweisung mit dem Hinweis auf die §§ 345, 358 BGB, die hinsichtlich der Verletzung von Unterlassungspflichten analog anzuwenden sind.[668] Weiterhin wird als Begründung angegeben, daß der Beklagte ansonsten mit einen für ihn unzumutbaren schwierigen Negativbeweis belastet wäre.[669] Die Erfüllung der Unterlassungspflicht ist ein schwer zu beweisender negativer Sachverhalt, während die Zuwiderhandlung gegen die Unterlassungspflicht einen Vorgang darstellt, der im tatsächlichen Geschehen in Erscheinung tritt und für den Gläubiger leichter zu beweisen ist, da er dafür Beweise sammeln kann.[670] Schließlich soll den Gläubiger die Beweislast treffen, da eine Verletzung gegen die Unterlassungspflicht der weniger wahrscheinliche Vorgang ist.[671]

Heinrich ist dagegen anderer Ansicht.[672] Nach ihm hat der Beklagte die Beweislast. Er muß beweisen, daß ihm kein Verstoß gegen die Unterlassungspflicht zugeordnet werden kann bzw. daß er das Unterlassungsgebot beachtet hat. Zum einen wendet er sich gegen das Argument der herrschenden Meinung, die §§ 345, 358 BGB seien analog anwendbar. Für ihn stellen diese Normen Ausnahmevorschriften dar, die eine sachliche Sonderkonstellation regeln, so daß ihnen damit kein allgemeines Prinzip zu entnehmen ist.[673] Auch lehnt er das „Unzumutbarkeitsargument" ab. Die Beachtung des Unterlassungsgebotes sei für den Schuldner nicht schwierig und damit nicht unzumutbar, da der Gläubiger das Befolgen der Unterlassungspflicht vorher

---

[666] *Baumgärtel/Strieder*, Handbuch der Beweislast, § 362, Rn. 1

[667] Vgl. *Baumgärtel/Strieder*, Handbuch der Beweislast, § 345, Rn. 2; MünchKomm/*Gottwald*, § 345, Rn. 1; *Heinrich*, Beweislast bei Rechtsgeschäften, S. 208 m.w.N.

[668] *Rosenberg*, Beweislast, S. 334/347; *Stoll*, Festschrift für Hippel, S. 536 in Fn. 77

[669] *Stoll*, Festschrift für Hippel, S. 536; *Baumgärtel/Strieder*, Handbuch der Beweislast, § 358, Rn. 3/§ 362, Rn. 8

[670] *Musielak*, Grundlagen der Beweislast, S. 368; vgl. auch *Baumgärtel/Strieder*, Handbuch der Beweislast, § 362, Rn. 8

[671] *Rogowski*, AcP 104 (1909), S. 337 f.; vgl. dazu *Musielak*, Grundlagen der Beweislast, S. 368, Fn. 96

[672] *Heinrich*, Beweislast bei Rechtsgeschäften, S. 208 ff.

[673] *Heinrich*, Beweislast bei Rechtsgeschäften, S. 210

substantiiert bestreiten muß.[674] Dies führt zu einer Reduktion der unbestimmt vielen Möglichkeiten eines Unterlassungsverstoßes auf bestimmte Einzelfälle. Dann ist es für den Schuldner zumutbar, hinsichtlich dieses begrenzten Beweisthemas das Nichtvorhandensein der behaupteten Unterlassungsverstöße zu beweisen.[675]

b) Beweislastverteilung bei Anwendung der Entscheidungsregel

Wendet man auf dieses Beweislastproblem die hier vertretene Entscheidungsregel[676] an, so ist derjenigen Partei die Beweislast zuzuweisen, deren Kostenerwartungswert niedriger ist. Der Kläger hat den Verstoß gegen die Unterlassungspflicht zu beweisen, wenn die folgende Ungleichung gilt.

$$W(Y/X) \times W(X) \times \text{Klägerkosten} < W(Y/{-X}) \times W({-X}) \times \text{Beklagtenkosten}$$

Es ist sich erneut den bestimmenden Faktoren der Entscheidungsregel, den voraussichtlichen Kosten der Parteien sowie den abstrakten Wahrscheinlichkeiten, zu widmen.

Hinsichtlich der Kosten der Parteien ist zuerst von einem Kostenverhältnis von 1 zu 1 auszugehen[677], da hinsichtlich der Vereinbarung der Unterlassungspflicht beide Parteien gleichartigen Zugang zu Beweismittteln wie Vertragsurkunden oder anwesenden Zeugen haben.[678] Jedoch ergibt sich aus der Besonderheit, daß es um den Verstoß gegen eine Unterlassungspflicht geht, ein anderes Kostenverhältnis. Denn hätte der Schuldner die Beweislast, müßte er beweisen, daß er vom Zeitpunkt des Vertragsschlusses bis zur Klageerhebung nicht gegen die Unterlassungspflicht verstoßen hat. Er ist mit dem Beweis einer negativen Tatsache belastet. Aufgrund dieser zeitlichen Unbegrenztheit der Tatsache[679] ist es für ihn schwierig, dies zu beweisen.[680] Wird dieses Argument, wie in den obigen Fällen[681], ökonomisch interpretiert, bedeutet dies, daß der Schuldner die höheren Beweisführungskosten als der Gläubiger zu tragen hat. Der Gläubiger muß nämlich nur einmal den tatsächlichen Vorgang der Unterlassungspflichtverletzung beweisen und kann hierfür auch leichter geeignete Beweise sammeln. Dies führt bei ihm

---

674 Vgl. auch *Baumgärtel*, Beweislastpraxis, Rn. 347
675 *Heinrich*, Beweislast bei Rechtsgeschäften, S. 210 f.
676 Siehe oben D III 2
677 Siehe oben E III 2 a)
678 Vgl. *Hay/Spier*, 26 J. Legal Studies 1997, S. 424; siehe oben E V 1 b)
679 Vgl. *Reinecke*, Beweislastverteilung, S. 46
680 Vgl. *Musielak*, Grundlagen der Beweislast, S. 368
681 Siehe oben E V 1 b) und E V 3 b)

zu geringeren Beweisführungskosten als beim beklagten Schuldner, der für den gesamten besagten Zeitraum seine Beachtung des Unterlassungsgebotes zu beweisen hätte. Aus ökonomischer Sicht sticht daher das Argument *Heinrichs* nicht. Zwar hat der Gläubiger das Beweisthema durch substantiierte Behauptungen einzugrenzen, doch ist dann der Schuldner mit dem Beweis belastet, hinsichtlich mehrerer möglicher Verstöße zu beweisen, daß er sich an das Unterlassungsgebot gehalten hat. Der Gläubiger hat daher immer nur einen tatsächlichen Vorgang, den Verstoß gegen die Unterlassungspflicht, zu beweisen, während der Schuldner sich hinsichtlich mehrerer möglicher Verstöße entlasten muß. Daraus wird ersichtlich, daß der Kläger im Vergleich zum Beklagten geringere Aufwendungen hinsichtlich des Beweises zu tragen hat. Daher ist für ihn die Beweisführung auch kostengünstiger. Außerdem kann es dem Gläubiger gelingen, durch substantiierte Behauptungen eine Vielzahl von Fällen eines möglichen Unterlassungsverstoßes darzulegen, die anschließend alle der Schuldner zu widerlegen hätte. Die Analyse des Kostenverhältnisses kommt daher zu dem Ergebnis, daß der Gläubiger und Kläger die geringeren Beweisführungskosten als der beklagte Schuldner hat. Es kann zulässig von einem Kostenverhältnis von 1 zu 5 zu Lasten des Klägers ausgegangen werden.

Bei Festlegung der abstrakten Wahrscheinlichkeit (X) muß von einem geringen Wahrscheinlichkeitswert ausgegangen werden. Die Wahrscheinlichkeit (X) beschreibt, wie wahrscheinlich die Tatsache „Verstoß gegen eine vertragliche Unterlassungspflicht" ist. Diese Tatsache stellt ein Fehlverhalten und einen Vertragsbruch dar. Wie oben ausgeführt wurde[682], ist bei solchen Tatsachen eine geringe Wahrscheinlichkeit (X) festzusetzen, da die Haftungsandrohung bei Fehlverhalten präventiv wirkt. Auch in der Literatur wird von einer geringeren Wahrscheinlichkeit eines Verstoßes ausgegangen, da die Unterlassung ein passives Verhalten darstellt und somit regelmäßig erfüllt wird. Der Verstoß als aktiver Vorgang ist hier als Ausnahme anzusehen und damit weniger wahrscheinlich.[683] Aus diesen Gründen kann der Wert der Wahrscheinlichkeit (X) mit 0,2 angegeben werden.

Setzt man dieses Werte in die Entscheidungsregel ein, ergibt sich folgendes Ergebnis.

$$W(Y/X) \times 0{,}2 \times 0{,}2 < W(Y/{-X}) \times 0{,}8 \times 1$$
$$W(Y/X) \times 0{,}04 < W(Y/{-X}) \times 0{,}8$$
$$W(Y/X) < 20 \times W(Y/{-X})$$

[682] Siehe oben E III 2 b)
[683] Vgl. *Rogowski*, AcP 104 (1909), S. 337

Hier zeigt sich, daß dem Kläger die Beweislast zuzuweisen ist, da sein Kostenerwartungswert um ein 20faches geringer als der des Beklagten ist, wenn sich aus der Vorinformation Y nichts anderes ergibt. Dies bedeutet zugleich, daß dem Kläger so lange die Beweislast zugewiesen wird, bis die Vorinformation Y mehr als 20fach eher auf einen Verstoß einer Unterlassungspflicht als auf die Beachtung des Unterlassungsgebotes hindeutet. In diesem Fall wäre die Wahrscheinlichkeit (Y/X) 20fach größer als die Wahrscheinlichkeit (Y/–X), so daß der Beklagte aufgrund des höheren Kostenerwartungswertes die Beweislast zugewiesen bekommen würde. Bei einem Vergleich der bedingten Wahrscheinlichkeiten[684] ergibt sich aber, daß dies nicht anzunehmen ist, so daß dem Kläger die Beweislast aufzuerlegen ist, den Verstoß gegen die Unterlassungspflicht zu beweisen.

c) Ergebnis

Die Anwendung der Entscheidungsregel auf das Beweislastproblem, welche Partei den Verstoß gegen eine Unterlassungspflicht zu beweisen hat, zeigte, daß die Entscheidungsregel zum gleichen Ergebnis wie die herrschende Meinung kommt, indem sie dem Kläger und Gläubiger dafür die Beweislast auferlegt. Dies folgt daraus, daß seine Beweisführungskosten geringer als die des Beklagten sind und die Wahrscheinlichkeit eines Verstoßes gering ist. Die Beweislastverteilung der herrschenden Meinung genügt damit dem Effizienzkriterium. Gleichzeitig wurde deutlich, daß die Beweislastverteilung, wie *Heinrich* sie vorschlägt, nicht effizient ist. Selbst bei erhöhten Darlegungslasten des Klägers ist es für ihn kostengünstiger, den Verstoß gegen die Unterlassungspflicht zu beweisen, als daß der Beklagte die Beachtung des Unterlassungsgebotes beweisen müßte.

5. Zusammenfassung

Die Behandlung der strittigen Beweislastverteilungen bei den §§ 158 Abs. 1, 164 Abs. 1, 271 Abs. 1 BGB hat gezeigt, daß die verschiedenen Ansichten und Theorien die Beweislast durch die Grundregel der Normentheorie bestimmen. Die unterschiedliche Verteilung der Beweislast hinsichtlich der genannten Tatbestandsmerkmale resultiert aus der abweichenden Einteilung dieser Merkmale in anspruchsbegründende bzw. anspruchshindernde Tatsachen. Bei der Beweislastverteilung im Rahmen des Verstoßes gegen eine Unterlassungspflicht wendet die herrschende Meinung einen Analogieschluß an und führt Zumutbarkeitserwägungen an.

---

[684] Vgl. oben E II 1 a)

Die auf diese strittigen Beweislastfälle angewendete Entscheidungsregel geht einen anderen Weg. Sie weist derjenigen Partei im Prozeß die Beweislast zu, deren Kostenerwartungswert, das Tatbestandsmerkmal zu beweisen, geringer ist. Sie folgert die Beweislastverteilung unter Berücksichtigung der Beweisführungskosten der Parteien sowie der abstrakten Wahrscheinlichkeiten, daß die behauptete Tatsache gegeben ist. Im Rahmen der hier strittigen Fälle wurden zur Bestimmung der Beweisführungskosten insbesondere das ökonomisch interpretierte Argument herangezogen, daß der Beweis einer negativen Tatsache mit höheren Kosten verbunden ist als der Beweis einer positiven. Bei Bestimmung der abstrakten Wahrscheinlichkeit wurde definitionsgemäß[685] eruiert, welche der beiden in Betracht kommenden Behauptungen häufiger vorkommt. Dabei ergibt sich bei den §§ 158 Abs. 1, 271 Abs. 1 BGB eine Ähnlichkeit mit dem von der Rechtsprechung und Literatur verwendeten Argument des Regel-Ausnahme-Verhältnisses.

Im Ergebnis kommt die hier vertretene Entscheidungsregel[686] im Vergleich zur herrschenden Meinung bei § 158 Abs. 1 BGB zu einer unterschiedlichen Beweislastzuweisung, während sie bei den §§ 164 Abs. 1, 271 Abs. 1 BGB sowie, wenn es um einen Unterlassungspflichtverstoß geht, mit ihr übereinstimmt.

Daraus folgt, daß die herrschende Meinung in ihrer Beweislastverteilung im Rahmen der §§ 164 Abs. 1, 271 Abs. 1 BGB und bei der Beweislast hinsichtlich Unterlassungspflichtverletzungen auch dem in der Zivilprozeßordnung immanenten Effizienzprinzip genügt. Die Beweislastverteilung ist in diesen Fällen effizient, da dadurch Beweisführungskosten minimiert werden. Dagegen folgt die herrschende Leugnungstheorie bei § 158 Abs. 1 BGB nicht dem Effizienzprinzip. Nach ihr hat der Kläger, dessen Kostenerwartungswert größer als der des Beklagten ist, die Beweislast hinsichtlich einer aufschiebenden Bedingung. Die herrschende Meinung ist aus diesem Grund abzulehnen, aber auch weil sie inkonsequent in Hinblick auf die vergleichbaren Fälle der Geschäftsgrundlage[687] sowie der Beweislastverteilungen bei den §§ 164 Abs. 1, 271 Abs. 1 BGB ist. Hier ist es nämlich nach herrschender Ansicht nicht genug, daß der Beklagte mit seinen Behauptungen lediglich den Klagegrund leugnet, um dem Kläger die Beweislast zuzuweisen.

---

[685] Siehe oben D III 1 a) cc)

[686] Siehe oben D III 2

[687] *Soergel/Leptien*, Vor § 158, Rn. 40

VI. Ergebnis

Was die Vereinbarkeit der Entscheidungsregel, die die Beweislast unter Berücksichtigung des Rechtsprinzips der Effizienz verteilt, mit dem geltenden Recht anbelangt, kann folgendes festgestellt werden. Die Entscheidungsregel ist jedenfalls mit dem Grundgesetz vereinbar, auch wenn von einer direkten Wirkung der Grundrechte ausgegangen wird.

Auch kommen die hier vertretene Entscheidungsregel[688] und die hier dargestellten Beweislastsonderregelungen sowie die gesetzlichen Vermutungen zu der gleichen Beweislastverteilung. Dies liegt daran, daß die gesetzlichen Regelungen auf denselben Wertungen beruhen, die auch die Entscheidungsregel berücksichtigt. So sind in die gesetzlichen Regelungen Kostenargumente mit eingeflossen, da derjenige mit geringeren Beweisführungskosten zum Beweis aufgerufen ist. Auch hat das Gesetz unbedingte oder objektive Wahrscheinlichkeiten beachtet und denjenigen mit dem Beweis belastet, der einen im Regelfall unwahrscheinlicheren Sachverhalt darlegt. Bei einigen Beweislastregelungen sind auch beide Argumente, die sich in der Entscheidungsregel finden, in der Norm verwirklicht.

Gleiches gilt für die Rechtsprechung in Produkthaftungsfällen. In diesen Fällen hat die Rechtsprechung den großen Unterschied in der Höhe der Beweisführungskosten als Begründung herangezogen. Da der Hersteller mit wesentlich geringeren Kosten den Beweis führen kann, ist ihm in einer Beweislastumkehr die Beweislast hinsichtlich der Tatbestandsmerkmale Rechtswidrigkeit und Verschulden zuzuweisen. Dabei ist es nicht entscheidend, ob der Hersteller als handwerklicher Kleinbetrieb oder landwirtschaftlicher Erzeuger organisiert ist. Die richterliche Entscheidungsregel, die ebenfalls die Beweisführungskosten der Parteien berücksichtigt, kommt jeweils zum gleichen Ergebnis.

Beim Vergleich der Beweislastverteilung bei Anwendung der Entscheidungsregel mit strittigen Beweislastverteilungen hat sich ergeben, daß die Beweislastverteilung bei den §§ 164 Abs. 1, 271 Abs. 1 BGB, jedoch nicht im Falle des § 158 Abs. 1 BGB mit der herrschenden Meinung übereinstimmt. Ferner wurde gezeigt, daß hinsichtlich Unterlassungspflichtverletzungen die herrschende Meinung eine effiziente Verteilung der Beweislast herbeiführt.

Die Gegenüberstellung der Entscheidungsregel mit der Grundregel der Normentheorie hat ergeben, daß sie grundsätzlich zur gleichen Beweislastverteilung gelangen mag. Dies ist jedoch nicht zwingend. Da beiden Rege-

---

[688] Siehe oben D III 2

lungen verschiedene Wertungen zugrunde liegen, ist es möglich, daß der hier entwickelte Ansatz zu einer anderen Beweislastverteilung gelangt. Insbesondere läßt sich die richterliche Entscheidungsregel nicht in das starre Korsett der Grundregel, die die Beweislast entsprechend der Art der Tatsache verteilt, zwängen. Vielmehr eröffnet dieser Ansatz, da er konkrete Wahrscheinlichkeiten berücksichtigt, eine differenzierte Verteilung der Beweislast je nach Lage des konkreten Rechtsstreits. Dies öffnet den Weg zu der nächsten Frage, ob und inwieweit die Beweislastverteilungen nach der Entscheidungsregel – auch im Vergleich zur Grundregel der Normentheorie – mit den Prinzipien des materiellen Rechts vereinbar ist. Dieser Frage soll im nächsten Abschnitt F nachgegangen werden.

F. Auswirkungen der Entscheidungsregel auf das Deliktsrecht

Im bisherigen Verlauf der Untersuchung wurde gezeigt, daß im deutschen Zivilprozeßrecht eine Beweislastverteilung unter Berücksichtigung des Effizienzkriteriums möglich ist und wie diese ausgestaltet werden kann. Im Anschluß daran wurde dieser neue Ansatz mit der bisherigen Gesetzes- und Rechtslage verglichen. Dabei wurde insbesondere deutlich, daß keine Übereinstimmung der richterlichen Entscheidungsregel mit der von der Rechtsprechung angewendeten Grundregel der Normentheorie besteht.[689] Es ist anerkannt, daß die Frage der Beweislast auch die Durchsetzbarkeit des materiellen Anspruchs beeinflußt.[690] Aus dieser Erkenntnis ergibt sich dann das Problem, ob und inwieweit die verschiedenen Ansätze zur Verteilung der Beweislast auf das materielle Recht einwirken und dabei das Verhalten der Rechtssubjekte beeinflussen. Die Überprüfung dieser Problemkreise ist wichtig, um die rechtstatsächlichen Auswirkungen verschiedener Beweislastverteilungen herauszufinden. Dieser Frage soll in diesem Abschnitt hinsichtlich des Deliktsrechts nachgegangen werden.

I. Problemstellung

Um die Auswirkungen des hier vertretenen Ansatzes auf das Verhalten der Parteien zu analysieren, ist das Rechtsgebiet des Deliktsrechts, genauer der deliktischen Schadensersatzhaftung nach § 823 Abs. 1 BGB, zu wählen.[691] Bei dem Beweis einzelner Tatbestandsmerkmale des Anspruchs nach § 823 Abs. 1 BGB kommen nämlich die ökonomische Entscheidungsregel und die Grundregel der Normentheorie zu unterschiedlichen Ergebnissen, so daß daran die Unterschiede besser dargestellt werden können.

1. Beweislastverteilung durch die Grundregel

Nach der herrschenden Grundregel der Normentheorie hat der Kläger, um einen Anspruch nach § 823 Abs. 1 BGB geltend zu machen, alle anspruchs-

---

[689] Siehe oben E III/V

[690] Siehe oben A

[691] Das allgemeine Schuldrecht kommt nicht in Betracht, da hinsichtlich Schadensersatzansprüche infolge Vertragsbruchs (Unmöglichkeit, pVV, cic) § 282 BGB die Beweislast bei Verschulden regelt. Die richterliche Entscheidungsregel kommt aber diesbezüglich zum gleichen Ergebnis; siehe oben E II 1 a). Weiterhin bietet sich das Recht der Sachmängelgewährleistung nicht an, denn darin spielen Schadensersatzansprüche eine nur untergeordnete Rolle.

begründenden Tatbestandsmerkmale zu beweisen. Er muß somit die Rechtsgutverletzung, die Kausalität der Handlung dafür, die Rechtswidrigkeit, soweit diese nicht indiziert ist, das Verschulden des Beklagten und seinen Schaden beweisen.[692] In dieser Untersuchung soll das Augenmerk auf die Tatbestandsmerkmale der Rechtswidrigkeit und des Verschuldens des Beklagten gelegt werden. Zum einen sind gerade diese Tatbestandsmerkmale vom Kläger schwer zu beweisen, denn im Vergleich zu den anderen Merkmalen, wie zum Beispiel der Rechtsgutverletzung und des Schadens, ist deren Vorliegen nicht offensichtlich, so daß er dazu aufgerufen ist, weitere Nachforschungen anzustellen. Insbesondere hinsichtlich des Verschuldens, eines inneren Vorgangs des Handelnden, hat die beweisbelastete Partei erhöhte Darlegungslasten. Zum anderen sind diese Tatbestandsmerkmale interessant, denn diesbezüglich sah sich die Rechtsprechung im Rahmen der Produkthaftung zu einer Beweislastumkehr veranlaßt.[693]

2. Beweislastverteilung durch die Entscheidungsregel

Die oben dargestellte Entscheidungsregel[694] kommt hinsichtlich der genannten Tatbestandsmerkmale zu einem differenzierten Ergebnis. Nach ihr hat der Kläger die Beweislast für die Rechtswidrigkeit und das Verschulden, wenn sein Kostenerwartungswert hinsichtlich des Beweises der jeweiligen Tatsache geringer ist als der des Beklagten. Mathematisch ausgedrückt muß die folgende Ungleichung gelten.

$$W(Y/X) \times W(X) \times \text{Klägerkosten} < W(Y/{-X}) \times W(-X) \times \text{Beklagtenkosten}$$

Wurde im vorherigen Abschnitt E dargestellt, daß diese Entscheidungsregel häufig zur gleichen Beweislastverteilung wie die Grundregel gelangt, so wurde auch darauf hingewiesen, daß beide Ansätze auf verschiedenen Wertungskriterien beruhen und deshalb auch zu voneinander abweichenden Resultaten kommen können.[695] Aus diesem Grund muß im folgenden näher darauf eingegangen werden, wie sich die Beweislastverteilung hinsichtlich der genannten Tatbestandsmerkmale nach der ökonomischen Entscheidungsregel gestaltet.

---

[692] *Jauernig/Teichmann*, § 823, Rn. 63; MünchKomm/*Mertens*, Vor §§ 823 – 853, Rn. 1; *Erman/Schiemann*, Vor § 823, Rn. 32

[693] Siehe oben E IV 1, insb. Fn. 549/550; grundlegend BGHZ 51, 91 ff. (104 ff.); BGH NJW 1977, 2300 (2302); BGH NJW 1977, 379 (380); BGH NJW 1981, 1603 (1605)

[694] Siehe oben D III 2

[695] Siehe oben E III 2

Dabei wurde schon angedeutet, daß es grundsätzlich dem Kläger obliegt, die Rechtswidrigkeit und das Verschulden des Beklagten zu beweisen. Das folgt einmal daraus, daß die Klägerkosten und die Beklagtenkosten hinsichtlich der Beweisführung häufig identisch sind. Schließlich muß davon ausgegangen werden, daß die Wahrscheinlichkeit (X) regelmäßig geringer ist als die Wahrscheinlichkeit (–X). Grundsätzlich hat der Beklagte rechtsgemäß und ohne Verschulden gehandelt, da alleine die Androhung der Haftung präventiv wirkt.[696]

Es kann sich aber sehr leicht eine andere Verteilung der Beweislast ergeben. Zum einen wird der beklagte Schädiger die Beweislast tragen, wenn er erheblich geringere Kosten hat, Beweis dafür zu erbringen, daß sein Verhalten nicht rechtswidrig oder schuldhaft war. Zum anderen obliegt ihm der Beweis, wenn die konkreten Wahrscheinlichkeiten so eindeutig für das Begehren des geschädigten Kläger sprechen, d.h. die Wahrscheinlichkeit (Y/–X) sehr klein ist und die Wahrscheinlichkeit (Y/X) jedenfalls größer als die Wahrscheinlichkeit W (Y/–X) ist. Ist die Wahrscheinlichkeit (Y/–X) nämlich sehr gering, so ist damit anzeigt, daß die gegebene Vorinformation Y keine mögliche „neutrale" Ursache hat.[697] Vielmehr muß aus der Vorinformation Y gefolgert werden, daß diese gerade zur Tatsache X geführt hat.[698] Die Folge daraus ist, daß der Schädiger und Beklagte zum Entlastungsbeweis, genauso wie in den Produkthaftungsfällen, aufgerufen ist. Er muß beweisen, daß er nicht rechtswidrig und nicht schuldhaft gehandelt hat.

Will man im Einzelfall den Entlastungsbeweis zulassen, so kann als Begründung nicht die Argumentation der Produkthaftung vergleichend herangezogen werden. In der allgemeinen Deliktshaftung ist nämlich nicht immer davon auszugehen, daß der Schädiger erheblich besseren Zugang zu den Beweismitteln hat und demgegenüber der Geschädigte sich in einer Beweisnot befindet.[699] Vielmehr entstammen diese Argumente den Besonderheiten des Herstellungsprozesses des fehlerhaften Produkts.[700] Die Gründe für die generell mögliche Beweislastumkehr durch die Entscheidungsregel müssen daher anders gerechtfertigt werden, denn damit ist auf den ersten Blick auch eine Aufweichung des allgemein geltenden Schuldprinzips verbunden.

Eine Begründung kann bei der Untersuchung gefunden werden, inwieweit die richterliche Entscheidungsregel mit den materiellen Prinzipien des Deliktsrecht vereinbar ist. Eine generell mögliche Beweislatumkehr wäre näm-

---

[696] Siehe oben E III 2 b)

[697] Vgl. *Hay/Spier*, 26 J. Legal Studies 1997, S. 424

[698] Siehe zur Erklärung der Wahrscheinlichkeiten oben D III 1 a) cc)

[699] zum Vergleich siehe oben E IV

[700] Vgl. grundlegend BGHZ 51, 91 (104 – 106)

lich zu rechtfertigen, wenn sie diesen Prinzipien dienlich ist. Aus diesem Grund soll im folgenden das Augenmerk auf die Funktionen des Deliktsrecht gerichtet werden. Es ist zu überprüfen, ob die richterliche Entscheidungsregel den Zwecken des Deliktsrechts gerecht wird bzw. ihnen stärker zur Geltung verhilft als die Grundregel der Normentheorie, oder ob sie aber diesen Zwecken diametral entgegensteht.

II. Übereinstimmung der Entscheidungsregel mit den Funktionen des Deliktsrechts

Die Beweislast hat Einfluß auf die Durchsetzbarkeit eines deliktsrechtlichen Anspruchs. Würde eine Regelung zur Beweislast dessen Durchsetzbarkeit faktisch unmöglich machen, wäre auch nicht mehr gewährleistet, daß das Deliktsrecht den ihm zugedachten Funktionen erfüllt. Das Recht der Beweislastverteilung als Verfahrensrecht muß dem materiellen Recht zur Geltung verhelfen. Anderenfalls ist es trotz ihrer potentiellen Handhabbarkeit unbrauchbar. Vor diesem Hintergrund muß auch die hier vertretene Entscheidungsregel[701] bewertet werden. Hierzu sollen die Tatbestandsmerkmale der Rechtswidrigkeit und des Verschuldens im Rahmen des Anspruchs gemäß § 823 Abs. 1 BGB herangezogen werden, da die Entscheidungsregel gerade hier im Vergleich zur Grundregel der Normentheorie zu einem unterschiedlichen Ergebnis hinsichtlich der Beweislastverteilung kommen kann.[702] Dabei kann dann geklärt werden, inwieweit die richterliche Entscheidungsregel mit den Funktionen des Deliktsrechts zu vereinbaren ist. Beide Tatbestandsmerkmale sind wichtige Bestandteile des zu beweisenden deliktischen Anspruchs. Ist der Kläger jedoch durch beweisrechtliche Mittel gehindert, den Anspruch zu begründen, ist auch nicht mehr die Erreichung der Funktionen des Deliktsrechts gewährleistet.

Bei dieser Überprüfung der Entscheidungsregel ist vergleichend die Rechtsprechung zur Verteilung der Beweislast bei deliktischen Ansprüchen heranzuziehen, denn diese orientiert sich ebenfalls daran, den Zwecken des Deliktsrechts gerecht zu werden. Mißt man die Entscheidungsregel an den Funktionen des Deliktsrechts, so kann daran ersehen werden, ob sie dem materiellen Recht Geltung verschafft. Zugleich würde damit eine Antwort auf ihre rechtspolitische Brauchbarkeit gegeben und die Frage beantwortet werden, inwieweit die Entscheidungsregel gegenüber der bisherigen Rechtsprechung vorzugswürdig ist.

---

[701] Siehe oben D III 2

[702] Siehe oben F I 2

1. Funktionen des Deliktsrechts

Das Deliktsrecht hat primär die Funktion, dem Geschädigten Ausgleich für den Eingriff in seine Rechtsgüter zu verschaffen.[703] Dabei ist unverkennbar, daß eine solche auf Kompensation des Schadens bezogenen Zahlungsanordnung zugleich bestimmte Verhaltensanreize auslöst. Die Kompensation bedingt daher präventive Wirkungen.[704] Damit sind die Sekundärfunktionen des Deliktsrechts angedeutet. Als solche gelten die Präventions- und Kostenanlastungsfunktion[705] wie auch die soziale Steuerungsfunktion.[706]

2. Ausgleichsfunktion

a) Inhalt

Die Ausgleichsfunktion beinhaltet neben dem Gebot, dem Geschädigten für seine erlittenen Nachteile zu entschädigen, auch das Moment der prozessualen Rechtsdurchsetzung.[707] Der Geschädigte hat erst dann faktisch seinen erlittenen Schaden kompensiert, wenn er seinen Anspruch erfolgreich durchgesetzt hat. Daher fällt dem Geschädigten grundsätzlich das Durchsetzungsrisiko an, denn die Normentheorie bürdet ihm auf, alle anspruchsbegründenden Tatbestandsmerkmale, darunter auch die Rechtswidrigkeit und das Verschulden, zu beweisen.

b) Durchsetzung durch die Rechtsprechung

Die Rechtsprechung hat unter Anwendung der Grundregel aber bald erkannt, daß diese einseitige Belastung des Geschädigten der materiellrechtlichen Ausgleichsfunktion des Deliktsrechts nicht gerecht wird. Angesichts der sich dem Kläger entgegenstellenden Beweisschwierigkeiten wer-

---

[703] MünchKomm/*Mertens*, Vor §§ 823 – 853, Rn. 41; *Staudinger/Hager* (1999), Vorbem zu §§ 823 ff., Rn. 9; *Larenz/Canaris*, Schuldrecht BT, § 75 I 2 i); *Deutsch*, Allgemeines Haftungsrecht, Rn. 17

[704] *Staudinger/Hager* (1999), Vorbem zu §§ 823 ff., Rn. 10; *Deutsch*, Allgemeines Haftungsrecht, Rn. 18; MünchKomm/*Mertens*, Vor §§ 823 – 853, Rn. 41; *Larenz/Canaris*, Schuldrecht BT, § 75 I 2 i), der jedoch der Präventionsfunktion geringeres Gewicht beimißt

[705] Vgl. *Esser/Weyers*, Schuldrecht BT, § 53 4 b); MünchKomm/*Mertens*, Vor §§ 823 – 853, Rn. 44; *Soergel/Mertens*, vor § 249, Rn. 26

[706] Vgl. MünchKomm/*Mertens*, Vor §§ 823 – 853, Rn. 46; *Kötz/Wagner*, Deliktsrecht, Rn. 40; *Staudinger/Hager* (1999), Vorbem zu §§ 823 ff., Rn. 13

[707] MünchKomm/*Mertens*, Vor §§ 823 – 853, Rn. 43; *Staudinger/Hager* (1999), Vorbem zu §§ 823 ff., Rn. 9

den nämlich die diesem Zweck entsprechenden tatsächlichen sozialen Auswirkungen verhindert. Sie ist durch extensive Auslegung des § 287 ZPO[708], durch Beweislastumkehrungen[709] und vor allem durch die Zulassung des auf Erfahrungssätze gestützten Anscheinsbeweises zu einer differenzierten Verteilung des Durchsetzungsrisikos gelangt.[710]

Für die Tatbestandsmerkmale der Rechtswidrigkeit und des Verschuldens ergibt sich dadurch folgendes: Der Geschädigte hat grundsätzlich beide Merkmale zu beweisen, da es keine allgemeine Regel gibt, daß denjenigen das Risiko des nicht voll aufklärbaren Sachverhalts zur Last fällt, der es durch sein pflichtwidriges Verhalten geschaffen habe.[711] Bei unmittelbaren Eingriffen – entsprechend der Lehre vom Erfolgsunrecht – indiziert die Rechtsgutverletzung die Rechtswidrigkeit.[712] Der Geschädigte hat nur den objektiven Tatbestand des § 823 Abs. 1 BGB zu beweisen. Hinsichtlich der Rechtswidrigkeit ist er von der Beweislast befreit, jedoch bleibt es dem Schädiger vorbehalten, Rechtfertigungsgründe darzulegen und zu beweisen.[713] Bei Schädigungen durch Unterlassen, mittelbaren Schädigungen und wenn es um die Verletzung von Rahmenrechten und von Verkehrs- bzw. Verkehrsicherungspflichten geht, muß der Geschädigte aber auch die Rechtswidrigkeit des Verhaltens beweisen.[714] Der Geschädigte muß dann neben der objektiven Tatbestandsmäßigkeit des Verhaltens zudem dessen Rechtswidrigkeit beweisen. Im Rahmen des Anspruchs nach § 823 Abs. 1 BGB hat der Verletzte stets das Verschulden des Schädigers zu beweisen.[715] Diese Beweislastverteilung entspricht der Lösung durch die Grundregel der Normentheorie, denn beide Tatbestandsmerkmale sind als anspruchsbegründend einzustufen und müssen daher vom Anspruchssteller bewiesen werden.

Um dann dem Geschädigten die Beweisführung hinsichtlich der zwei genannten Tatbestandsmerkmale zu erleichtern, praktiziert die Rechtsprechung

---

[708] Im Rahmen der Schadensbemessung; vgl. *Palandt/Heinrichs*, Vorbem § 249, Rn. 172; MünchKomm/*Oetker*, § 249, Rn. 415

[709] Im Produkthaftungsrecht – vgl. *Palandt/Thomas*, § 823, Rn. 219 f. – und Arzthaftungsrecht – vgl. *Palandt/Thomas*, § 823, Rn. 169 ff.

[710] MünchKomm/*Mertens*, Vor §§ 823 – 853, Rn. 7

[711] BGH NJW 1984, 432 (433)

[712] *Larenz/Canaris*, Schuldrecht BT, § 75 II 2c); *Staudinger/Hager* (1999), § 823, Rn. A 3; *Jauernig/Teichmann*, § 823, Rn. 48

[713] MünchKomm/*Oetker*, § 249, Rn. 414

[714] *Staudinger/Hager* (1999), § 823, Rn. A3/H16; *Larenz/Canaris*, Schuldrecht BT, § 75 II 3 c)

[715] *Erman/Schliemann*, Vor § 823, Rn. 32; *Jauernig/Teichmann*, § 823, Rn. 63; *Staudinger/Hager* (1999), § 823, Rn. H 22

im Rahmen der Grundregel den sogenannten Anscheinsbeweis.[716] Nach herrschender Ansicht ist der Anscheinsbeweis, da er zur vollen richterlichen Überzeugung führt, ein Institut der Beweiswürdigung und nicht der Beweislast.[717] Der Anscheinsbeweis kehre die Beweislast nicht um, da mangels eines *non-liquets* eine Beweislastentscheidung nicht nötig ist.[718] Jedoch erkennt auch die herrschende Meinung an, daß sich im Rahmen des Anscheinsbeweises die konkrete Beweisführungslast[719] im Prozeß ändert.[720] Legt nämlich der Richter einen typischen Sachverhalt zugrunde und ist er durch den Anscheinsbeweis vom Vorliegen einer bestimmten Tatsache überzeugt, so obliegt es dem Schädiger, zu beweisen, daß im konkreten Fall von einem solchen typischen Sachverhalt nicht auszugehen ist. Er muß damit die Überzeugung des Richters durch einfachen Gegenbeweis wieder erschüttern.[721] Hinsichtlich dieses Gegenbeweises trifft ihn die Beweislast.

Hinsichtlich der Rechtswidrigkeit wird der Anscheinsbeweis aber nur bei einem Verstoß gegen Verkehrs- bzw. Verkehrssicherungspflichten bedeutsam. Der Geschädigte hat jedoch die Verletzung einer derartigen Pflicht zu beweisen und kann nur bei Feststehen des Verstoßes einen Anscheinsbeweis für die Kausalität zwischen Pflichtverletzung und eingetretener Rechtsgutverletzung für sich in Anspruch nehmen.[722] Beim Beweis des Verschuldens des Schädigers ist der Anscheinsbeweis in der Hinsicht anwendbar, daß von einer feststehenden Pflichtverletzung auf das Verschulden geschlossen werden kann.[723] Der Anscheinsbeweis kommt dabei im Prozeß dem geschädigten Kläger dergestalt zu Hilfe, daß er sich auf einen verifizierbaren Erfah-

---

716 *Palandt/Heinrichs*, Vorbem § 249, Rn. 163; MünchKomm/*Oetker*, § 249, Rn. 421; zum Anscheinsbeweis vgl. *Romme´*, Der Anscheinsbeweis im Gefüge von Beweiswürdigung, Beweismaß und Beweislast

717 *Stein/Jonas/Leipold*, § 286, Rn. 99; MünchKomm-ZPO/*Prütting*, § 286, Rn. 48; *Musielak*, Grundlagen der Beweislast, S. 130; vgl. *Huber*, Das Beweismaß im Zivilprozeß, S. 127; aA *Wassermeyer*, Prima facie Beweis, S. 3/14 ff.; *Diederichsen*, ZZP 81 (1968), S. 64/69

718 *Rosenberg/Schwab/Gottwald*, Zivilprozeßrecht, § 115 III 3; MünchKomm/*Oetker*, § 249, Rn. 425; *Palandt/Heinrichs*, Vorbem § 249, Rn. 164

719 Zur Abgrenzung der verschiedenen Beweislastbegriffe siehe oben A und vgl. *Prütting*, Gegenwartsprobleme, S. 6 ff.

720 *Romme´*, Anscheinsbeweis, S. 153; *Baumgärtel*, Beweislastpraxis, Rn. 25; *Musielak*, Grundlagen der Beweislast, S. 98, der nur von „Beweisführungslast" spricht; gemeint sein kann aber nur die konkrete Beweisführungslast i.S.d. Terminlogie bei *Prütting*, Gegenwartsprobleme, S. 7 f./9

721 MünchKomm-ZPO/*Prütting*, § 286, Rn. 65; *Rosenberg/Schwab/Gottwald*, Zivilprozeßrecht, § 115 III 4; *Musielak*, Grundlagen der Beweislast, S. 98

722 *Staudinger/Hager* (1999), § 823, Rn. E 72; *Baumbach-Lauterbach/Hartmann*, Anh § 286, Rn. 22; BGH NJW 1994, 945 (946)

723 BGH NJW 1986, 2757 (2758); *Musielak/Foerste*, ZPO, § 286, Rn. 26; MünchKomm/*Oetker*, § 249, Rn. 421, *Palandt/Heinrichs*, Vorbem § 249, Rn. 167; *Baumgärtel*, Beweislastpraxis, Rn. 253

rungssatz berufen kann, von dem aus auf die zu beweisende Tatsache geschlossen werden kann.[724] Voraussetzung ist jedoch, daß der auf einem typischen Sachverhalt beruhende Erfahrungssatz gegeben ist. Dem Beklagten obliegt es dann, im Prozeß diesen Erfahrungssatz zu erschüttern. Wenn dies gelingt, ist der Kläger zum Vollbeweis der Tatsache aufgerufen.

Mit den hier dargestellten Methoden ist die Rechtsprechung zur der oben angesprochenen differenzierten Verteilung des Durchsetzungsrisikos gelangt und hat somit dem geschädigten Kläger die Rechtsdurchsetzung seines Anspruchs erleichtert. Sie wendet grundsätzlich die Normentheorie als Beweislastregel an. Um dem Geschädigten die Rechtsdurchsetzung zu ermöglichen, die bei der alleinigen Anwendung der Grundregel gefährdet wäre, bedient sie sich im Rahmen der Beweiswürdigung aber der Rechtsfigur des Anscheinsbeweises. Durch das Zusammenspiel dieser Rechtsinstitute auf der Beweislastebene und der Beweiswürdigungsebene trägt die Rechtsprechung der prozessualen Komponente der Ausgleichsfunktion Rechnung.

c) Zweckerreichung durch die Entscheidungsregel

Die Frage stellt sich nun, wie unter dem Regime der richterlichen Entscheidungsregel dieser prozessualen Komponente der Ausgleichsfunktion Rechnung getragen wird. Dabei ist zu konstatieren, daß grundsätzlich der Kläger als Geschädigter die Rechtswidrigkeit und das Verschulden des Schädigers zu beweisen hat, da sein Kostenerwartungswert geringer ist als der des Beklagten. Jedoch ist der Schädiger zum Entlastungsbeweis aufgerufen, falls insbesondere seine Beweisführungskosten geringer sind als die des klagenden Geschädigten oder aber die Wahrscheinlichkeit W (Y/–X) gering ist. Hierbei ist ersichtlich, daß die Zuweisung der Beweislast an den Beklagten das Durchsetzungsrisiko des Klägers erheblich vermindert. Diese Zuweisung bedeutet letztendlich, daß das Vorliegen eines *non-liquet* den Schädiger, der zugleich Beklagter ist, trifft. Um eine Beweislastentscheidung zu seinen Ungunsten zu vermeiden, muß er sein rechtsgemäßes und unverschuldetes Verhalten beweisen. Diese Regelung trägt der Ausgleichsfunktion in erheblichen Maße Rechnung.

Dabei ist eine Ähnlichkeit mit der Situation, wie die Rechtsprechung diese Beweisfragen handhabt, nicht zu leugnen.[725] Benutzt die Rechtsprechung das Institut des Anscheinsbeweises, um im Prozeß die konkrete Beweisfüh-

---

[724] *Palandt/Heinrichs*, Vorbem §249, Rn. 163; MünchKomm/*Oetker*, § 249, Rn. 424; *Erman/Kuckuk*, Vor § 249, Rn. 200 f.; *Staudinger/Schiemann* (1998), Vorbem zu §§ 249 ff., Rn. 99 f.

[725] Vgl. *Hay/Spier*, 26 J. Legal Studies 1997, S. 427

rungslast auf den Beklagten überzuwälzen, so erfolgt nach der hier vertretenen Entscheidungsregel eine Zuweisung der Beweislast an den Schädiger, wenn die Wahrscheinlichkeit W (Y/–X) gering und jedenfalls geringer als die Wahrscheinlichkeit W (Y/X) ist. Dann nämlich kann aufgrund der Vorinformation Y geschlossen werden, daß die Tatsache X gegeben ist. Dabei kann auf das oben dargestellte Beispiel 2 verwiesen werden.[726] Fand der Autounfall auf der Gegenfahrbahn statt, so weist diese Vorinformation Y darauf hin, daß der Schädiger schuldhaft gehandelt hat. Die Vorinformation Y ist somit ein starkes Indiz für das Vorliegen der Tatsache X, so daß die Wahrscheinlichkeit W (Y/X) hoch ist. Die Wahrscheinlichkeit W (Y/–X) dagegen ist gering, denn die Vorinformation Y enthält gerade nicht die Aussage, daß der Schädiger unverschuldet gehandelt hätte. Der Schädiger und Beklagte hat daher die Beweislast, sein Nichtverschulden zu beweisen.

Der Anscheinsbeweis setzt dagegen einen Erfahrungssatz voraus, der den Schluß auf die zu beweisende Tatsache X zuläßt, so daß der Beklagte mit dem Gegenbeweis belastet ist. Hinsichtlich des Beispiels mit dem Autounfall auf der Gegenfahrbahn konstruiert die Rechtsprechung den Erfahrungssatz, daß in einem solchen Fall darauf zu schließen ist, daß der sich auf der Gegenfahrbahn befindliche Autofahrer den Unfall schuldhaft herbeigeführt hat.[727] Dabei reicht grundsätzlich eine hohe Wahrscheinlichkeit hinsichtlich des Schlusses auf die Tatsache aus, ohne daß exakte Prozentzahlen bestimmt werden müßten.[728] Während der Beklagte jedoch im Rahmen des Anscheinsbeweises nur das Vorliegen eines typischen Sachverhalts durch einfachen Gegenbeweis erschüttern muß[729], trifft ihm nach der Entscheidungsregel die volle Beweislast, den Beweis des Gegenteils hinsichtlich seiner Entlastung zu führen.[730] Es ist aber in der Literatur anerkannt, daß die Anwendung des Anscheinsbeweises und die damit einhergehende Überwälzung des Beweisrisikos an den Beklagten in seiner Wirkung einer Beweislastumkehr gleichkommt.[731] Der Beklagte kann den Anscheinsbeweis nur durch einen echten Entlastungsbeweis entkräften[732], was für ihn außerordentlich schwierig sein dürfte, so daß regelmäßig die Beweiswürdigung hinsichtlich

---

[726] Siehe oben D I 2

[727] BGH VersR 1969, 636

[728] MünchKomm/*Oetker*, § 249, Rn. 424; *Walter*, ZZP 90 (1977), S. 281 f.

[729] *Palandt/Heinrichs*, Vorbem § 249, Rn. 164; MünchKomm-ZPO/*Prütting*, § 286, Rn. 65; *Rosenberg/Schwab/Gottwald*, Zivilprozeßrecht, § 115 III 4

[730] MünchKomm-ZPO/*Prütting*, § 286, Rn 65; *Rosenberg/Schwab/Gottwald*, Zivilprozeßrecht, § 115 III 4

[731] *Diederichsen*, VersR 1966, S. 211 ff.; *v. Bar*, Verkehrspflichten, S. 278/291; *Stoll*, AcP 176 (1976), S. 163; *Hofmann*, Beweislast in der Kausalfrage, S. 47; differenzierend *Romme´*, Anscheinsbeweis, S. 165

[732] *v. Bar*, Verkehrspflichten, S. 291 f. mit Hinweis auf BGH VersR 1961, 860 (861) und BGH VersR 1964, 296

des Tatbestandsmerkmals zu seinen Ungunsten ausgehen dürfte. Aus diesem Grund wurde schon gefordert, die Rechtsprechung möge die Fülle der Anscheinssätze offen auf Beweislastregeln reduzieren.[733]

d) Ergebnis

Die vorangegangene Darstellung zeigt, daß beide Ansätze zu einer ähnlichen Verteilung des Durchsetzungsrisikos gelangen. Sowohl die Anwendung des Anscheinsbeweises, der die konkrete Beweisführungslast beeinflußt, als auch die Entscheidungsregel, die eine Beweislastumkehr postuliert, tragen der Forderung nach flexibler Handhabung der Beweiserleichterungen Rechnung. Denn im allgemeinen ist anerkannt, daß bei Regeln mit deutlichem Gefahrbezug sowohl Gesichtspunkte einer gerechten Verteilung des Durchsetzungsrisikos als auch der Erfahrung für eine Zuweisung der Beweislast an den Norm- und Pflichtverletzer sprechen, wobei es im praktischen Ergebnis unerheblich ist, ob man eine Beweislastumkehr annimmt oder mit der Rechtsfigur des Anscheinsbeweises arbeitet.[734]

Das von der Rechtsprechung benutzte Institut des Anscheinsbeweises und die im Einzelfall resultierende Beweislastumkehr der Entscheidungsregel beruhen auf dem gleichen Ausgangspunkt, Beweisschwierigkeiten oder Beweisnöte zu überwinden, jedoch unterscheiden sie sich in ihrer Arbeitsweise.[735] Während die Anwendung des Anscheinsbeweises eine Entscheidung durch Behebung einer Unklarheit herbeiführen und somit eine *non-liquet* Entscheidung verhindern will[736], benützt die richterliche Entscheidungsregel bedingte Wahrscheinlichkeiten, um denjenigen die Beweislast aufzuerlegen, der den Beweis unter voraussichtlich geringeren Kosten erbringen kann. Dies dient ebenfalls der Vermeidung von *non-liquet* Entscheidungen. Trotz ihrer dogmatischen Verschiedenheit haben beide Rechtsinstitute auch eine ähnliche prozessuale Auswirkung, worauf in der Literatur zutreffend hingewiesen wurde.[737] Beide Ansätze bewerkstelligen eine Zuteilung des Beweisrisikos in den Fällen, in denen Sachverhaltselemente tatsächlich unaufgeklärt bleiben.[738] Dabei orientieren sich beide Institute an Lebenswahrscheinlichkeiten[739] und erleichtern so dem Kläger die Durchsetzung seines Anspruchs.

---

[733] *Diederichsen*, ZZP 81 (1968), S. 69
[734] MünchKomm/*Mertens*, Vor §§ 823 – 853, Rn. 11
[735] *Romme'*, Anscheinsbeweis, S. 155
[736] *Romme'*, Anscheinsbeweis, S. 155
[737] *v. Bar*, Verkehrspflichten, S. 278/291; *Diederichsen*, VersR 1966, S. 221
[738] Vgl. *Diederichsen*, VersR 1966, S. 221
[739] *Diederichsen*, VersR 1966, S. 221 für den Anscheinsbeweis und die gesetzlichen Beweislastverteilungen

Jedoch ist die Anwendung der Entscheidungsregel der Lösung durch die Rechtsprechung vorzuziehen, um der Ausgleichsfunktion gerecht zu werden. So ist die Risikoentlastung des Beweisbelasteten, die bei Anwendung des Anscheinsbeweises erreicht wird, nicht so gravierend wie bei der Beweislastumkehr durch die Entscheidungsregel.[740] Wie schon oben angedeutet[741], muß bei der Beweislastumkehr der Beklagte den Hauptbeweis erbringen, während beim Anscheinsbeweis der Beklagte nur zur Erschütterung des typischen Sachverhalts durch einfachen Gegenbeweis aufgerufen ist. Somit wirkt sich die Beweislastumkehr nach der Entscheidungsregel für den Geschädigten weitaus günstiger als bei Anwendung des Anscheinsbeweises aus. Neben der höheren Risikoentlastung des Beweisbelasteten vermeidet sie die Anwendung der auf Leerformeln wie der „Lebenserfahrung" oder des „typischen Geschehensablaufs" beruhenden Rechtsfigur des Anscheinsbeweises.[742]

Ferner nimmt die Entscheidungsregel die Bedenken der Literatur auf. Diese geht davon aus, daß die Erschütterung des typischen Sachverhalts nur durch einen echten Entlastungsbeweis geführt werden kann.[743] Das würde bedeuten, daß der Beklagte, wenn er den Anscheinsbeweis für sein Verschulden entkräften will, sein Nichtverschulden positiv beweisen muß. Dieselbe Last fällt ihm aber auch bei Anwendung der Entscheidungsregel zu, so daß daraus folgt, daß die beiden hier behandelten Rechtsinstitute identische beweisrechtliche Konsequenzen mit sich bringen.[744] Dann macht es aber keinen Sinn, diese in letzter Konsequenz bestehende Beweislastumkehr durch das obskure Institut des Anscheinsbeweises zu verdecken. Die Literatur fordert deshalb, die Erfahrungssätze dogmatisch richtig als Beweislastumkehrungen einzuordnen.[745] Die Entscheidungsregel kommt dieser Forderung nach und löst dieses Problem der Beweisbarkeit richtig auf der Ebene der Beweislast.

Somit ist zu konstatieren, daß zwar beide Ansätze, die Entscheidungsregel wie die Lösung durch die Rechtsprechung, der Ausgleichsfunktion des Deliktsrechts gerecht werden, jedoch die Anwendung der Entscheidungsregel die prozessuale Durchsetzung des materiell-rechtlichen Anspruchs durch den Kläger in vorzugswürdiger Weise ermöglicht.

Die von der hier vertretenen Entscheidungsregel erreichte erleichterte Durchsetzung im Wege der Beweislastumkehr hat im Bereich des Verschul-

---

740 Vgl. *Romme´*, Anscheinsbeweis, S. 166
741 Siehe oben F II 2 c)
742 *Baumbach-Lauterbach/Hartmann*, ZPO, Anh § 286, Rn. 15
743 *v. Bar*, Verkehrspflichten, S. 291 f.; *Diederichsen*, VersR 1966, S. 222
744 aA *Baumgärtel*, Beweislastpraxis, Rn. 245
745 *Diederichsen*, ZZP 81 (1968), S. 69

dens auch nicht die Aushöhlung des deliktsrechtlichen Schuldprinzips[746] zur Folge, da keine generelle Beweislastumkehr postuliert wird. Nur wenn die Vorinformation Y eindeutig für das Vorliegen der Tatsache X spricht, bei Gleichheit der übrigen Komponenten, folgt eine Beweislastumkehr zu Lasten des Beklagten. Als weiteres Argument dafür kann die Kongruenz zum Institut des Anscheinsbeweises angeführt werden. Die Anwendung desselben wurde bisher nicht mit dem Hinweis auf die Verletzung des Schuldprinzips kritisiert.

3. Präventionsfunktion und Kostenanlastungsfunktion

a) Präventionsfunktion

Wie schon angesprochen kommt dem Deliktsrecht auch eine Präventionsfunktion zu, vor allem im Bereich der organisierten und organisierbaren Verkehrssicherung[747], da vom Grundsatz der Verschuldenshaftung eine „erzieherische und abschreckende Wirkung“[748] ausgehe. Durch die Androhung der Haftung für Eingriffe in fremde Rechtsgüter und die daraus resultierende Verpflichtung zu möglicherweise hohen Schadensersatzzahlungen, jedenfalls durch das Risiko unbegrenzter Schadenstragung, entfaltet die Haftung aus Verschulden ihre Präventionswirkung.[749] Der Einzelne wird angehalten, sein Verhalten so einzurichten, daß er Schadensersatzansprüche nach Möglichkeit vermeidet[750], und sich somit norm- und sozialgerecht verhält. Voraussetzung hierfür ist jedoch, daß das System der deliktischen Haftung einschließlich der prozessualen Normen, somit auch die Regelungen hinsichtlich der Beweislastverteilung, zur Durchsetzung derselben für den Einzelnen verständlich ist und eindeutige Anweisungen gibt, um verhaltenssteuernd auf den Einzelnen einzuwirken.[751]

Die Grundregel der Normentheorie mit ihrem starren System der Beweislastverteilung trägt dabei grundsätzlich zur Vorhersehbarkeit der Haftung mit bei. Der Schädiger weiß, daß der Geschädigte die Rechtswidrigkeit und Schuldhaftigkeit seines Verhaltens beweisen muß. Diese Verteilung der Beweislast gibt keinen Anreiz, sich unfallverhütend zu verhalten, denn der Schädiger kann darauf hoffen, daß der Geschädigte nicht imstande ist,

---

[746] Vgl. *Baumgärtel/Laumen*, Handbuch der Beweislast. § 823, Rn 26
[747] MünchKomm/*Mertens*, Vor §§ 823 – 853, Rn. 44
[748] *Mertens*, Der Begriff des Vermögensschadens im Bürgerlichen Recht, S. 109; *Larenz*, Schuldrecht AT, S. 423
[749] *Deutsch*, Allgemeines Haftungsrecht, Rn. 18
[750] *Staudinger/Hager* (1999), Vorbem zu §§ 823 ff., Rn. 10; vgl. *Brüggemeier*, Prinzipien des Haftungsrechts, S. 3
[751] Vgl. *Löwe*, Der Gedanke der Prävention im deutschen Schadensersatzrecht, S. 24

Rechtswidrigkeit und Verschulden zu beweisen. Allenfalls das Rechtsinstitut des Anscheinsbeweises kann bewirken, daß der Schädiger sich entlasten muß, indem er das Nichtvorliegen des typischen Sachverhalts zu beweisen hat. Jedoch ist diese für den Schädiger nachteilige Situation im Prozeß nicht die Regel, da es vielfach an Erfahrungssätzen fehlen wird, die eine sichere Beurteilung gestatten.[752] Daher kann konstatiert werden, daß sich unter Geltung der Normentheorie keine Anreize ergeben, sich schadensverhütend zu verhalten.

Die richterliche Entscheidungsregel[753] dagegen hat eine differenzierte Verteilung der Beweislast, abhängig von den jeweiligen Kostenerwartungswerten, zur Folge. Fraglich ist, ob dies die Vorhersehbarkeit der Haftung beeinflußt. Wie schon erwähnt, wird bei Anwendung der Entscheidungsregel grundsätzlich der Geschädigte die Beweislast haben und es nur in Ausnahmefällen zu einer Zuweisung der Beweislast an den Schädiger kommen.[754] Somit kann auch die Entscheidungsregel nicht vorbeugend wirken. Insgesamt ist ebenfalls zuzugeben, daß es den Parteien nicht immer möglich sein wird, ihre Kosten exakt zu bestimmen und die nötigen Wahrscheinlichkeitswerte exakt anzugeben. Dazu fehlt es ihnen an Erfahrungswerten, die ein Richter im Laufe der Zeit erwerben kann. Allenfalls ist es ihnen möglich, Trends aus der Entscheidungsregel abzuleiten.[755] Der Schädiger, falls er Beweislastwirkungen in Betracht ziehen würde, könnte nur schwer ermitteln, wann ihm die Beweislast hinsichtlich der Rechtswidrigkeit oder des Verschuldens zufiele. Die flexiblere Beweislastverteilung der Entscheidungsregel hat daher zwingend einen Verlust an Vorhersehbarkeit zur Folge, so daß sich präventive Wirkungen zur Schadensverhütung nicht entfalten.

Im Rahmen der Ausführungen zur Ausgleichsfunktion hat sich schon ergeben, daß die Rechtsprechung, die die Normentheorie anwendet und die Rechtsfigur des Anscheinsbeweises gebraucht, und die Entscheidungsregel eine ähnliche prozessuale Auswirkung auf die Beweislast haben. Für die Ausführungen zur Präventionsfunktion bleibt festzuhalten, daß beide Ansätze nicht zur Schadensverhütung beitragen, da sie entweder dem Geschädigten die Beweislast auferlegen oder es für den potentiellen Schädiger nicht vorhersehbar ist, in welchen Fällen er die Beweislast zu tragen hätte. Aus diesem Grund kann der Entscheidungsregel ebenfalls nicht vorgeworfen werden, sie beeinträchtige im Vergleich zur herrschenden Grundregel der Normentheorie die Vorhersehbarkeit der Haftung und bedinge daher eine suboptimale Präventionswirkung. Aufgrund ihrer flexiblen Wirkungsweise

---

[752] Vgl. *Rosenberg/Schwab/Gottwald*, Zivilprozeßrecht, § 115 III 2 b)
[753] Siehe oben D III 2
[754] Siehe oben E III
[755] Siehe oben D VI 2 b)

erhöht sie aber auch nicht die Prävention von Schadensfällen und kann daher nicht als wirkungsvoller als die Grundregel eingestuft werden.

b) Kostenanlastungsfunktion

Außerdem fördert im Rahmen des Präventionsgedanken die Anlastung der Kosten beim Schädiger normgemäßes Verhalten. So ist vor allem im Bereich der organisierten und organisierbaren Verkehrssicherung die Präventionsfunktion tendenziell um so stärker, je mehr die Vermeidung deliktischer Haftung zu Kostenvorteilen führt.[756] So sind Schadensersatzansprüche gegen Unternehmen von diesen als Kosten der Produktion einzustufen. Solche Ansprüche wirken präventiv, denn das Unternehmen wird versuchen, diese zu vermeiden oder mit einem Aufwand zu senken, der geringer als die ersparten Kosten ist.[757] Die ökonomische Wirkung dieser Kostenanlastungsfunktion hängt allerdings erheblich von der Spürbarkeit der Kosten und den Marktverhältnissen ab.[758]

Auch die Zuweisung der Beweislast führt zur Anlastung von Kosten. Diejenige Partei, der die Beweislast zugewiesen wird, muß nämlich die Kosten der Beweisführung tragen. Dabei muß allerdings gesehen werden, daß die Kosten der Beweisführung im Vergleich zu dem auf dem Spiel stehenden Streitwert vergleichsweise gering sein können, mit anderen Worten diese Beweisführungskosten erweisen sich als nicht spürbar genug, um bei der Entscheidung der jeweiligen Partei berücksichtigt zu werden. Das kann dazu führen, daß angesichts geringer oder vergleichsweise geringer Kosten der Beweisführung diese keinen Präventionsdruck, sich normgerecht zu verhalten, auf die Parteien ausüben.[759] Ungeachtet dieser Feststellung soll im folgenden überprüft werden, inwieweit die Beweislastverteilung nach der Normentheorie und der richterlichen Entscheidungsregel der Kostenanlastungsfunktion des Deliktsrechts gerecht werden.

Bei der Normentheorie kann konstatiert werden, daß die strikte Zuweisung der Beweislast an den Geschädigten nicht zu einer präventiven Wirkung beim Schädiger führt, da er die Kosten der Beweisführung gerade nicht zu tragen hat. Jedoch können bei ihm im Rahmen des Anscheinsbeweises sol-

---

[756] MünchKomm/*Mertens*, Vor §§ 823 – 853, Rn. 44

[757] *Koller*, VersR 1980, S. 3; vgl. auch *Staudinger/Hager* (1999), Vorbem zu §§ 823 ff., Rn. 10

[758] MünchKomm/*Mertens*, Vor §§ 823 – 853, Rn. 44; *Esser/Weyers*, Schuldrecht BT, § 53 4 b); *Koller*, VersR 1980, S. 3

[759] Dies ergibt sich vor allem dadurch, da das deutsche Zivilprozeßrecht im Vergleich zum US-amerikanischen kein kostenintensives *„discovery"* Verfahren kennt; vgl. hierzu *Langbein*, 52 U. Chicago L. Rev. 1985, S. 831

che Beweisführungskosten anfallen, wenn er aufgerufen ist, den angenommenen typischen Lebenssachverhalt zu erschüttern. Allerdings dürften solche Beweisführungskosten dann für ihn günstiger sein, da er nur den Gegenbeweis und nicht den vollen Beweis des Gegenteils führen muß.[760] Außerdem ist der Schädiger nicht häufig zur Erschütterung des angenommenen Lebenssachverhalts angehalten. Zwar kommt der Anscheinsbeweis bei Nachweis des Verschuldens in Betracht, er ist jedoch nur im Rahmen der Arzthaftung und bei Verkehrsunfällen von großer praktischer Bedeutung.[761] In anderen Fällen wird es aber an zu widerlegenden Erfahrungssätzen fehlen, die eine sichere Beurteilung gestatten. Somit muß festgestellt werden, daß dem möglichen Schädiger grundsätzlich keine Kosten der Beweisführung angelastet werden, so daß sich daraus auch kein Präventionsdruck auf sein Verhalten ergibt.

Die in dieser Untersuchung entwickelte richterliche Entscheidungsregel[762] weist derjenigen Partei die Beweislast zu, deren Kostenerwartungswert geringer ist. Mit anderen Worten, die Partei, deren Beweisführungskosten voraussichtlich geringer sind, hat den Beweis zu führen. Dies muß aber nicht unbedingt der Schädiger sein, jedoch kann er in Einzelfällen zum Beweis aufgerufen sein. In welchen Fällen dem potentiellen Schädiger die Beweislast zugewiesen wird, ist jedoch nicht vorhersehbar, da die Entscheidungsregel sich an Kostenerwartungswerten orientiert. Diese sind jedoch von den tatsächlichen Kosten und bestimmten Wahrscheinlichkeitswerten abhängig. Aus diesem Grund erweist sich die Entscheidungsregel als zu flexibel, als daß sie vorbeugend auf das Verhalten einwirken könnte. Eine solche flexible Regelung ist, genauso wie die Normentheorie, nicht in der Lage, auf das Verhalten des potentiellen Schädigers Präventionsdruck durch eventuelle Kostenanlastung auszuüben.

4. Soziale Steuerungsfunktion

Dem Deliktsrecht wird eine über dem Einzelfall hinaus weisende gesellschaftliche sogenannte soziale Steuerungsfunktion zugewiesen.[763] Es grenzt individuelle Freiheitsspielräume und individuelle Schutzbereiche gegeneinander ab.[764] Damit steuert das Deliktsrecht nicht nur das Verhalten des potentiellen Schädigers, sondern auch dasjenige des möglichen Opfers.[765] Das

---

[760] MünchKomm-ZPO/*Prütting*, § 286, Rn. 65

[761] *Rosenberg/Schwab/Gottwald*, Zivilprozeßrecht, § 115 III 2 b)

[762] Siehe oben D III 2

[763] Vgl. *Brüggemeier*, Prinzipien des Haftungsrechts, S. 3

[764] *Esser/Weyers*, Schuldrecht BT, § 53 3; MünchKomm/*Mertens*, Vor §§ 823 – 853, Rn. 46

[765] *Staudinger/Hager* (1999), Vorbem zu §§ 823 ff., Rn. 13

Schuldprinzip steht dem nicht entgegen. Da der ihm zugrundeliegende Gedanke, daß man nur für verbotenes und subjektiv zurechenbares Handeln haftet, dem Prinzip der allgemeinen Handlungsfreiheit entspricht, hat es auch eine gesellschaftliche Funktion.[766] Deshalb verträgt das Schuldprinzip eine Entindividualisierung, vor allem im Hinblick auf die Notwendigkeit, soziale Rollen zu formulieren und deren Reichweite zu bestimmen, an die sich die Vertrauenserwartungen des Verkehrs knüpfen können.[767]

Im Rahmen der sozialen Steuerungsfunktion soll nicht nur bewirkt werden, daß sich der Einzelne in einer bestimmten gefahrbringenden Situation schadensvorbeugend verhält. Vielmehr ist als umfassenderes Ziel intendiert, das Verhalten der Bürger durch Setzen entsprechender Anreize ganz allgemein so zu steuern, daß Schadensereignisse verhütet werden, die zu verhindern wegen des damit verbundenen Gewinns an gesamtwirtschaftlicher Wohlfahrt sinnvoll ist. Dabei wird an die Aussagen der wohlfahrtsökonomischen Theorie angeknüpft. Der Gewinn an gesamtgesellschaftlicher Wohlfahrt ist stets in einer Abwägung der Nutzen gegen die Kosten zu ermitteln.[768] Es erfolgt also eine Optimierung von Aufwand in Relation zu den möglicherweise entstehenden Kosten.[769]. Sollen Rechtsnormen Anreize zur Erhöhung gesellschaftlicher Wohlfahrt geben, so müssen sie geeignet sein, das Verhalten des Bürgers so zu steuern, daß von ihnen Unfälle verhütet werden, um so die gesamtgesellschaftliche Wohlfahrt zu steuern.[770]

Daher ist zu überprüfen, ob die Regelungen der Beweislastverteilung überhaupt Anreize geben können, daß sich die Bürger schadensverhütend verhalten, um die gesamtgesellschaftliche Wohlfahrt zu erhöhen. Die Zuweisung der Beweislast an eine Partei in einem Schadensersatzprozeß verursacht bei ihr Kosten der Beweisführung. Derartige Kosten können als sog. „tertiäre Kosten“ im Sinne *Calabresis*, die erst bei Abwicklung des Schadens eintreten, eingestuft werden.[771]

Hierbei stellt sich die Frage, ob die nach Kostenerwartungswerten differenzierende Entscheidungsregel bei der Beweislastverteilung dieser sozialen Steuerungsfunktion gerecht wird. Dies ist dann der Fall, wenn es Anreize gibt, Unfälle zu verhüten, so daß ein Gewinn an gesamtgesellschaftlicher Wohlfahrt resultiert. Die Entscheidungsregel müßte daher Anreize geben,

---

[766] MünchKomm/*Mertens*, Vor §§ 823 – 853, Rn. 46

[767] MünchKomm/*Mertens*, Vor §§ 823 – 853, Rn. 46, der darauf hinweist, daß insbesondere die Festlegung von Verkehrspflichten die Kosten vieler Aktivitäten beeinflussen

[768] *Kötz*, Festschrift für Steindorff, S. 645; *Kötz/Wagner*, Deliktsrecht, Rn. 40

[769] *Kötz/Wagner*, Deliktsrecht, Rn. 40

[770] *Kötz*, Festschrift für Steindorff, S. 647 f.

[771] *Calabresi*, The Costs of Accidents, S. 28; vgl. auch *Schäfer/Ott*, Ökonomische Analyse des Zivilrechts, S. 128

schadensverhütende Aufwendungen zu betreiben, die geringer sind als die eventuellen aus einem Schadensfall resultierenden Kosten der Beweisführung.[772] Zum anderen müßte sie verhindern, daß es zu suboptimalen Sorgfaltsaufwendungen des Geschädigten und überobligationsmäßigen Vorsorgemaßnahmen des Schädigers im Bereich der unerlaubten Handlung kommt. Dabei ist wiederum anzumerken, daß die Kosten der Beweisführung tendenziell um einiges geringer als Vorsorgeaufwendungen zur Abwendung von Schäden sind. Aus diesem Grund erscheint es sehr fraglich, ob die Beweislastverteilung in einem späteren Schadensersatzprozeß einen Anreiz auslösen kann, der den potentiellen Schädiger jetzt zu Vorsorgemaßnahmen anhält.

So stelle man sich zum Beispiel eine Privatperson vor, die auf ihrem Grundstück ein Windrad betreibt. Die durch die Beweislastverteilung drohende Aufgabe, im Fall von möglichen gegen ihn gerichteten Schadensersatzklagen sein Nichtverschulden zu beweisen, wird den Betreiber nicht dazu anhalten, kostenaufwendige Wartungsarbeiten und Sicherungsmaßnahmen zu ergreifen. Die Beweisführungskosten stellen sich als zu gering dar. Vielmehr wird es der drohende Schaden, der bei anderen Personen eintreten kann, sein, derentwegen er die jeweiligen Maßnahmen durchführt. Die Motivation liegt somit in der Schadensvermeidung und nicht in der Einsparung von Beweisführungskosten. Erst recht wird der potentielle Schädiger überobligationsmäßige Aufwendungen unterlassen.

Auf der anderen Seite muß hinterfragt werden, ob potentiell Geschädigte durch die Beweislastverteilung angehalten werden, nur suboptimale Sorgfalt zur Schadensabwendung aufzuwenden. Dies wäre in Hinblick auf die gesamtgesellschaftliche Wohlfahrt ebenfalls nicht wünschenswert.[773] Hierzu ist zum einen anzumerken, daß die Entscheidungsregel im Bereich der Rechtswidrigkeit und des Verschuldens keine generelle Beweislastumkehr zu Lasten des Schädigers postuliert. Der Geschädigte kann also nicht grundsätzlich damit rechnen, daß diese für ihn günstigen Tatsachen vom potentiellen Schädiger zu beweisen sind. Zum anderen muß sich der Geschädigte im klaren darüber sein, daß dem Schädiger der Entlastungsbeweis gelingen kann, mit anderen Worten, daß er beweisen kann, er habe weder rechtswidrig noch schuldhaft gehandelt. Diesen beiden Gesichtspunkte im Rahmen der Beweisführung bewirken daher, daß sich Personen weder sorglos bewegen noch leichtsinnig in Gefahrensituation begeben. Vielmehr sorgen diese beweisrechtlichen Mittel neben dem materiellen Recht dafür, daß der potentiell Geschädigte im Rechtsverkehr adäquate Vorsorgemaßnahmen vor-

[772] Vgl. *Kötz*, Festschrift für Steindorff, S. 648
[773] Vgl. *Kötz/Wagner*, Deliktsrecht, Rn. 126

nimmt. Daher besteht keine Gefahr suboptimaler Sorgfaltsaufwendungen zur Schadensverhütung durch potentiell Geschädigte.

Insgesamt ist festzustellen, daß die Regeln der Beweislastverteilung einen zu geringen Einfluß auf das Verhalten der Parteien ausüben. Aus diesem Grund können diese Regeln im Rahmen der sozialen Steuerungsfunktion des Deliktsrechts nicht unterstützend einwirken.

III. Folgerungen

Die Überprüfung der richterlichen Entscheidungsregel anhand den Zwecken des Deliktsrechts hat hier ergeben, daß sie mit der Ausgleichsfunktion in Einklang steht. Die Entscheidungsregel verhindert nicht die Kompensation des Geschädigten. Ihre Anwendung im Prozeß wird im Ergebnis häufig zu derselben Zuweisung der Beweislast kommen wie die Rechtsprechung unter Zuhilfenahme der Rechtsfigur des Anscheinsbeweises. Daß beide Institute im Endeffekt zur gleichen Zuweisung der Beweislast an den Schädiger kommen, hält auch die Literatur für sachgerecht. Dafür sprechen bei Regeln mit Gefahrbezug sowohl Gesichtspunkte einer gerechten Verteilung des Durchsetzungsrisikos wie auch der Erfahrung.[774] Da der Anscheinsbeweis als Beweiserleichterung hingenommen wird, kann auch nicht der Entscheidungsregel der Vorwurf gemacht werden, sie begründe eine Abkehr vom Schuldprinzip und damit eine Umgestaltung der materiell-rechtlichen Haftungsverteilung durch beweisrechtliche Mittel.[775] Zum einen erfolgt keine generelle Beweislastumkehr zuungunsten des Schädigers um zum anderen verlangt das im deutschen Prozeßrecht geltende Prinzip des Vollbeweises nach flexiblen haftungsrechtlichen Beweiserleichterungen.[776] Die Entscheidungsregel kann damit im Rahmen deliktischer Ansprüche angewendet werden, zumal ein geschlossenes Beweislastregelsystem im Deliktsrecht gar nicht besteht.[777]

Bezüglich der Präventionsfunktion des Deliktsrechts hat die Entscheidungsregel keinen Einfluß. Sie fördert nicht vorbeugende Maßnahmen des potentiellen Schädigers. Genauso wie die Grundregel bewirkt sie jedoch keine suboptimalen Vorsorgeaufwendungen. Im Rahmen der Kostenanlastungsfunktion ist der Einfluß der Beweislastverteilungsregeln gering, da ihre Kosten nicht spürbar im Vergleich zu den erwartenden Schäden sind. Be-

---

[774] MünchKomm/*Mertens*, Vor §§ 823 – 853, Rn. 11

[775] Vgl. MünchKomm/*Mertens*, Vor §§ 823 – 853, Rn. 10

[776] *Stoll*, AcP 176 (1976), S. 179

[777] Vgl. MünchKomm/*Mertens*, Vor §§ 823 – 853, Rn. 10 mit Hinweis auf die verfassungsgerichtliche Nachprüfung der Haftungsverlagerung durch beweisrechtliche Mittel im Arzthaftungsprozeß

rücksichtigt man dennoch die Kosten der Beweisführung, so erkennt man, daß die Kostenanlastung der Beweisführungskosten keinen Präventionsdruck erzeugen. Schließlich ist hinsichtlich der sozialen Steuerungsfunktion anzumerken, daß die Regeln der Beweislastverteilung keinen Einfluß auf diese haben.

Daraus ist zu folgern, daß die Anwendung der hier vertretenen Entscheidungsregel[778] im Bereich des Deliktsrecht möglich ist. Sie verhilft dem materiellen Recht zur Geltung bzw. verhindert zumindest nicht die Rechtsdurchsetzung materieller Ansprüche. Auf die Sekundärfunktionen des Deliktsrecht hat sie keinen negativen Einfluß, so daß sich daraus auch nicht eine Unanwendbarkeit der Entscheidungsregel ergeben kann.

---

[778] Siehe oben D III 2

G. Auswirkungen der richterlichen Entscheidungsregel im Prozeß

Im vorigen Abschnitt F wurde untersucht, inwieweit die Anwendung der hier entwickelten Entscheidungsregel[779] das materiell-rechtliche Haftungssystem des Deliktsrechts beeinflußt, insbesondere inwieweit sie mit den Zwecken des Deliktsrecht vereinbar ist. Im folgenden soll das Augenmerk auf die prozessuale Situation gelegt werden. Es ist der Frage nachzugehen, wie eine derartige Beweislastverteilung in prozessualer Hinsicht Auswirkungen auf das Verhalten der Parteien hat. Dabei stellt sich zum einen das Problem, ob eine derartige Entscheidungsregel zur Beweislastverteilung das Klageverhalten der Parteien negativ beeinflußt und, mit anderen Worten, sogenannte *„frivolous suits"* oder *„strike suits"* fördert.[780] Schließlich ist zu untersuchen, ob durch diese Entscheidungsregel die Anzahl fehlerhafter Urteile steigt. Dies hätte zur Folge, daß die indirekten Kosten oder Fehlerkosten[781] steigen.

I. Einfluß auf das Klageverhalten der Parteien

1. Einleitung

Hinsichtlich des Klageverhaltens stellt sich die Frage, inwieweit die richterliche Entscheidungsregel sogenannte *„frivolous suits"* oder *„strike suits"* begünstigt, d.h. Klagen, bei denen der potentiell Geschädigte weiß daß ihm

---

[779] Siehe oben D III 2

[780] Dieses Problem wurde bisher in der deutschen Zivilrechtstheorie nicht eingehend behandelt. So behandelt *Zeiss*, Die arglistige Prozeßpartei, den Fall der Erhebung unbegründeter Klagen nicht. Nur *Hopt* geht kurz darauf ein, daß sich Schadensersatzansprüche aus einem Fehlurteil, also einem mitunter unbegründeten Klageantrag, ergeben können. Allenfalls *Bison*, Mißbrauch der Anfechtungsklage, widmet sich im Gesellschaftsrecht diesem Problem. Insgesamt geht es aber hauptsächlich nur um die materiellrechtliche Haftungsverantwortung bestimmten zivilprozessualen Verhaltens; vgl. *Prange*, Sanktionen bei Verletzung der prozessualen Wahrheitspflicht; *Hopt*, Schadensersatz aus unberechtigter Verfahrenseinleitung; *Blomeyer*, Schadensersatzanprüche. Anders ist dagegen die Situation in den USA. Dort beschäftigt sich die Forschung umfangreich mit dem Problem der *„frivolous suits"*; vgl. nur *Bone*, 145 U. Pennsylvania L. Rev. 1997; S. 519 ff.; *Rosenberg/Shavell*, 5 International Rev. Law & Economics 1985, S. 1 ff. Auch ergehen Gesetze, wie der Private Securities Litigation Reform Act, um gerade derartige Klagen zu vermeiden; vgl. zu diesem Gesetz *Stout*, 38 Arizona L. Rev. 1996, S. 711 ff.

[781] Zur Definition dieses Begriffs siehe oben D I 2

nach materiellem Recht kein Anspruch zusteht.[782] Solche „*frivolous suits*" sind daher Klagen, die der Kläger aus reiner Schikane erhebt, um einen ihm nicht zustehenden Vorteil zu erzielen. Aus diesem Grund soll der Begriff „*frivolous suit*" mit „schikanöser Klage" übersetzt werden.[783]

Die Entscheidungsregel könnte dem Kläger bei einer solchen schikanösen Klage in der Hinsicht behilflich sein, daß sie die Beweislast hinsichtlich bestimmter Tatbestandsmerkmale dem vermeintlichen Schädiger auferlegt. Da die richterliche Entscheidungsregel die Beweislast flexibel je nach Größe des Kostenerwartungswert verteilt, ist es für einen vermeintlichen Geschädigten leichter, diese Regelung zu seinen Gunsten zu manipulieren, als das dies bei einer starren Beweislastverteilung der Fall ist. Gelingt es ihm, daß die Beweislast dem vermeintlichen Schädiger auferlegt wird, so hat dieser dann die Schwierigkeit, den Beweis zu führen. Er kann dadurch den Prozeß verlieren, obwohl kein materiell-rechtlicher Anspruch bestand. Wenn der Kläger dies antizipieren kann, so verleitet dies, Klagen ohne materiellen Anspruch zu erheben.

2. Relevanz des Problems schikanöser Klagen

Das Problem, das schikanöse Klagen bereiten, ergibt sich aus der Definition. Der Kläger, dem kein materieller Anspruch zur Seite steht, erhebt Klage, um von dem Beklagten Vermögenswerte zu fordern. Dabei muß aber beachtet werden, daß der Kläger gar nicht beabsichtigt, diesen Vorteil auf dem Rechtswege zu erlangen. Vielmehr rechnet er damit, daß sich der Beklagte, indem er die drohende Niederlage im Prozeß erkennt, auf einen außergerichtlichen Vergleich einläßt.[784] Unter welchen Voraussetzungen ein Vergleich zustande kommt, kann so pauschal nicht beantwortet werden. Vielmehr hängt es davon ab, inwieweit die Parteien und gerade welche Partei, Kläger oder Beklagter, über das Vorliegen einer solchen schikanösen Klage informiert sind. Daraus ist dann abzuleiten, ob die Parteien in einen Vergleich eintreten, um die negativen Folgen eines drohenden Prozesses abzuwenden.[785] Daraus ergibt sich aber auch, daß der Kläger es darauf absieht, den Vorteil aus einen Vergleich mit den Beklagten zu ziehen. Das Gewinnen des Prozesses, den er mit der Klage angestrengt hat, berücksichtigt er weni-

---

782 Bezüglich der Definition vgl. *Bone*, 145 U. Pennsylvania L. Rev. 1997, S. 523/533; vgl. auch bezüglich des Gesellschaftsrechts *Bison*, Mißbrauch der Anfechtungsklage, S. 143

783 In Anlehnung an die Übersetzung von frivolous plea als schikanöser Einwand, vgl. *Dietl/Lorenz*, Wörterbuch für Recht, Wirtschaft und Politik

784 Vgl. *Bone*, 145 U. Pennsylvania L. Rev. 1997, S. 537 f.; *Rosenberg/Shavell*, 5 International Rev. Law & Economics 1985, S. 3

785 Vgl. *Bone*, 145 U. Pennsylvania L. Rev. 1997, S. 537 ff.

ger, da er dabei einem unabhängigen Entscheidungsträger, dem Gericht, ausgeliefert ist. Das Aufrechterhalten des Prozesses vor Gericht bis zu einem streitigen Urteil ist für den Kläger mit erheblichen Risiken verbunden.

Diese Risiken ergeben sich vor allem aus den Vorschriften der ZPO und des BGB. So dient gerade der § 138 Abs. 1 ZPO der Bekämpfung der Lüge in einem Prozeß.[786] Diese Vorschrift gebietet der Partei, Tatsachen vollständig und gemäß der Wahrheit vorzutragen. Der Umfang der Wahrheitspflicht besteht demnach darin, daß der Partei verboten ist, eine Tatsache zu Lasten des Gegners zu behaupten, von dessen Unwahrheit sie Kenntnis hat oder überzeugt ist.[787] Dagegen ist die Partei nicht verpflichtet, vor Aufstellen der Behauptung zumutbare Informationen über deren Richtigkeit einzuholen.[788] Diese Vorschrift ist auch auf schriftsätzliche Erklärungen anzuwenden.[789] Das bedeutet, daß der Kläger, z.B. in der Klageschrift, nicht bewußt falsche Tatsachen hinsichtlich des Bestehen seines Anspruchs darlegen darf, um von dem Beklagten einen Vermögensvorteil zu ergattern. Behauptet der Kläger dennoch unwahre Tatsachen, so ist die unmittelbare prozessuale Folge, daß das Gericht diese Behauptung nicht beachtet.[790] Weiterhin drohen dem Kläger Schadensersatzansprüche gemäß § 823 Abs. 2 BGB i.V.m. § 138 Abs. 1 ZPO hinsichtlich des Schadens, der durch das unrichtige Urteil entstanden ist, des sog. Urteilsschadens.[791] Weiterhin ist ein Verurteilung wegen Prozeßbetruges nach § 263 Abs. 1 StGB möglich.[792]

Schließlich ist es auch möglich, daß das Gericht das Vorbringen des Klägers abweist, da das Verhalten gegen Treu und Glauben[793] oder gegen das Schikaneverbot des § 226 BGB[794] verstößt. Der Grundsatz von Treu und Glau-

---

[786] *Zeiss*, Die arglistige Prozeßpartei, S. 46; *Rosenberg/Schwab/Gottwald*, Zivilprozeßrecht, § 65 VIII

[787] *Prange*, Sanktionen bei Verletzung der prozessualen Wahrheitspflicht, S. 26 f.; *Rosenberg/Schwab/Gottwald*, Zivilprozeßrecht, § 65 VIII 4

[788] *Blomeyer*, Schadensersatzanprüche, S. 155; *Konzen*, Rechtsverhältnisse, S. 284; aA *Hopt*, Schadensersatz aus unberechtigter Verfahrenseinleitung, S. 272

[789] *Rosenberg/Schwab/Gottwald*, Zivilprozeßrecht, § 65 VIII 6

[790] MünchKomm-ZPO/*Peters*, § 138, Rn. 16; *Rosenberg/Schwab/Gottwald*, Zivilprozeßrecht, § 65 VIII 7 a)

[791] *Prange*, Sanktionen bei Verletzung der prozessualen Wahrheitspflicht, S. 80 mit Darstellung des Streites über den Schutzgesetzcharakter des § 138 Abs. 1 ZPO, zum Urteilsschaden siehe S. 16 f.; *Hopt*, Schadensersatz aus unberechtigter Verfahrenseinleitung, S. 272; MünchKomm-ZPO/*Peters*, § 138, Rn. 16

[792] *Rosenberg/Schwab/Gottwald*, Zivilprozeßrecht, § 65 VIII 7 b); *Zeiss*, Die arglistige Prozeßpartei, S. 46; siehe auch *Schönke/Schröder/Cramer*, StGB, § 263, Rn. 51/69 ff.

[793] *Dölle*, Festschrift für Riese, S. 291; *Rosenberg/Schwab/Gottwald*, Zivilprozeßrecht, § 65 VII

[794] *Staudinger/Werner* (1995), § 226, Rn. 19 – dem Schikaneverbot kommt neben des Verbots, gegen Treu und Glauben zu handeln, zumeist keine eigenständige Bedeutung

ben gemäß § 242 BGB verbietet es im Prozeßrecht, arglistig bestimmte prozessuale Lagen zu schaffen.[795] Dazu ist auch der Fall der hier behandelten schikanösen Klage zu zählen.[796] Denn auch eine solche Klage hat nur den Zweck, den Beklagten zu schädigen, ohne daß ein berechtigtes Interesse des Klägers gegeben wäre. Will der Kläger bewußt nur den Schaden des Beklagten erreichen, so ist das als Schikane i.S.v. § 226 BGB[797] und damit auch als treuwidrig anzusehen. Ist das Gericht davon überzeugt, so hat es die Behauptungen zurückzuweisen und ihr die Rechtswirkungen zu versagen. Dies würde eine Klageabweisung für den Kläger bedeuten.

Diese Sanktionen, die einem Kläger einer solchen schikanösen Klage drohen können, zeigen, daß der Kläger höchstwahrscheinlich vor einem Prozeß zurückschrecken wird und versuchen wird, in einem außergerichtlichen Vergleich sich einen Vorteil zu erschleichen. Jedoch ist es nicht ganz ausgeschlossen, daß der Kläger versucht, durch einen Prozeß einen Vorteil zu erreichen. Denn der Durchsetzung dieser Sanktionen steht das Problem gegenüber, daß es für das Gericht schwer zu erkennen ist, in welchen Fällen es sich um eine schikanöse Klage handelt.[798] So muß das Gericht im Rahmen der Wahrheitspflicht des § 138 Abs. 1 ZPO einen gegenteiligen Sachverhalt festgestellt haben[799], was schwierig sein wird.

3. Anwendung der Entscheidungsregel bei einer schikanösen Klage

Sollte der Kläger den Vorteil der schikanösen Klage vom Beklagten im Rahmen eines Zivilprozesses abzuschöpfen suchen, so ist hinsichtlich der hier untersuchten Problemstellung von folgendem Szenario auszugehen: Der Kläger, dem kein materieller Anspruch zur Seite steht, erhebt Klage, um von dem Beklagten Vermögenswerte zu fordern. Diesen materiellen Anspruch wird er als vermeintlich Geschädigter mit unrichtigen Informationen begründen. Er täuscht damit das Gericht über die Vorinformation Y. Dadurch

---

mehr zu. Wegen der Vollständigkeit soll es hier aber mit aufgeführt werden, zumal sich die Rechtsprechung manchmal auf § 226 BGB beruft; gegen eine eigenständige Anwendung des Schikaneverbots *Baumgärtel*, ZZP 69, S. 120

[795] *Rosenberg/Schwab/Gottwald*, Zivilprozeßrecht, § 65 VII 1; *Zeiss*, Die arglistige Prozeßpartei, S. 52 ff.

[796] Vgl. *Hopt*, Schadensersatz aus unberechtigter Verfahrenseinleitung, S. 137

[797] OLG Frankfurt NJW 1979, 1613; vgl. *Staudinger/Werner* (1995), § 226, Rn. 9/10

[798] Vgl. *Zeiss*, Die arglistige Prozeßpartei, S. 47, Fn. 67, der hinsichtlich der Scheinprozesse, in denen die Parteien kollusiv zusammen wirken, konstatiert, daß diese in den seltensten Fällen als solche erkannt werden. Dasselbe muß allerdings auch für schikanöse Klagen angenommen werden.

[799] *Rosenberg/Schwab/Gottwald*, Zivilprozeßrecht, § 65 VIII 7 a)

verletzt der Kläger seine Pflicht gemäß § 138 Abs. 1 ZPO, die Tatsachen vollständig und gemäß der Wahrheit darzulegen.[800]

Der vermeintlich Geschädigte würde in einer derartigen Situation einen Anspruch nur geltend machen, wenn er sich sicher sein kann, daß er den Prozeß gewinnt, weil der Beklagte die Beweislast hat und sich hinsichtlich der Anspruchsvoraussetzungen nicht entlasten kann. Das ist aber nur der Fall, wenn der Kläger positiv weiß, daß hinsichtlich der entscheidenden Tatbestandsmerkmale die Entscheidungsregel zu einer Beweislastumkehr zuungunsten des Beklagten gelangt.

Nimmt man das Tatbestandsmerkmal des Verschuldens im Rahmen eines deliktsrechtlichen Anspruchs als Beispiel, so würde dies bedeuten, daß die Entscheidungsregel dem Beklagten die Beweislast auferlegt, sein Nichtverschulden zu beweisen, obwohl der Kläger weiß, daß dieser nicht schuldhaft gehandelt hat. Betrachtet man hierzu die Rechtsprechung, so muß der Kläger bei einem deliktischen Anspruch das Verschulden des Beklagten voll beweisen, so lange ihm nicht die Rechtsfigur des Anscheinsbeweises zu Hilfe kommt.[801] Dies allein wirkt eventuellen schikanösen Klagen entgegen. Auch die Entscheidungsregel postuliert keine generelle Beweislastumkehr im Bereich des Verschuldens zugunsten des Klägers. Dies wäre auch mit dem Schuldprinzip nicht vereinbar.

Aus diesem Grund müßte sich der Kläger einer Reihe von Faktoren gewiß sein, um von einer Beweislastumkehr zu Lasten des Beklagten ausgehen zu können. So müßte er wissen, daß Kosten des Beklagten hinsichtlich der Beweisführung geringer als seine eigenen sind. Zwar kann der Kläger im vornherein die Kosten des Beklagten schätzen und diese mit seinen vergleichen, jedoch wurde grundsätzlich angenommen, daß die Kosten beider Parteien ungefähr gleich hoch sind.[802] Daher wird auch der Kläger von dieser Prämisse, die kein starkes Indiz für eine Beweislastumkehr darstellt, ausgehen müssen.

Weiterhin müßte der Kläger wissen, daß die Wahrscheinlichkeit W(X) hoch ist. Er müßte also Kenntnis darüber haben, wie wahrscheinlich hinsichtlich seines Sachverhalts ein Verschulden im Regelfall ist. In der Regel fehlt der Partei jedoch ein solches Erfahrungswissen. Sie kann nicht immer wissen, wie regelmäßig ein Verschulden des anderen im konkreten Fall anzunehmen

---

[800] Vgl. *Thomas/Putzo/Reichold*, ZPO, § 138, Rn. 4; MünchKomm-ZPO/*Peters*, § 138, Rn. 2/5

[801] Siehe oben F II 2 b)

[802] *Hay/Spier*, 26 J. Legal Studies 1997, S. 424; jedoch andere Annahme im Rahmen der Produkthaftung, siehe dazu oben E IV

ist. Jedoch muß zugestanden werden, daß es grundsätzlich möglich ist, solche unbedingten oder objektiven Wahrscheinlichkeiten realitätsgetreu zu schätzen. Die Entscheidungstheorie gibt dafür die Wege an.[803]

Schließlich müßte der Kläger sich im klaren darüber sein, daß die Wahrscheinlichkeit W(Y/X) hoch, d.h. die Vorinformation Y gerade auf X hindeutet, obwohl X nicht gegeben ist. Ob dies potentiell Geschädigte – meist juristischer Laie – erkennt, ist fraglich. Zudem hat er überhaupt keine Kenntnis, ob das Gericht diesen Schluß, so wie er vorauszusehen glaubt, ebenfalls ziehen wird. Hier stellt sich das Problem, daß der Kläger durch seine unwahren Behauptungen in seinen Schriftsätzen die Vorinformation Y steuern kann. Daher kann er auch die bedingte Wahrscheinlichkeit (Y/X), die sich aus der Abhängigkeit zu Y ergibt, beeinflussen. Der Kläger wird in einem solchen Fall falsche Behauptungen aufstellen, aus denen auf das Vorliegen der Tatsache X zu schließen ist. Dadurch könnte es ihm gelingen, daß Gericht zu beeinflussen, die Wahrscheinlichkeit (Y/X) als sehr hoch einzustufen, so daß sie die Beweislast dem Beklagten auferlegt. Somit kann es dem Kläger letztendlich gelingen, daß dem Beklagten die Beweislast zugewiesen wird.

4. Zusammenfassung

Die Darstellung hat gezeigt, daß die Erhebung einer schikanösen Klage vor allem Einfluß auf die außergerichtlichen Beziehungen der Parteien hat. Die Klageandrohung oder -erhebung wird von dem Kläger benutzt, um den Beklagten zu einem Vergleich zu bewegen. Dagegen wird der Kläger davor zurückschrecken, eine schikanöse Klage vor Gericht durchzufechten. Zum einen kann es ihm als prozeßrechtliche Sanktion passieren, daß seine Darlegungen zurückgewiesen werden, was die Klageabweisung zur Folge hätte. Zum anderen drohen ihm Schadensersatzansprüche aus § 823 Abs. 2 BGB i.V.m. § 138 Abs. 1 ZPO oder § 263 Abs. 1 StGB. Als strafrechtliche Sanktion steht nämlich auch eine Verurteilung wegen Prozeßbetruges nach § 263 Abs. 1 StGB im Raum. Diese Risiken dürften die Gründe sein, daß die schikanöse Klage in der Zivilprozeßrechtstheorie[804] und damit wohl auch in der Zivilprozeßrechtspraxis keine Rolle spielt.

Fragt man dennoch, wie die Beweislastverteilung nach der hier vertretenen Entscheidungsregel[805] im Rahmen einer schikanösen Klage mißbraucht werden kann, ergibt sich insgesamt ein zu diffuses Bild der Möglichkeiten eines

---

[803] Siehe oben D III 1
[804] Eine Abhandlung über das Problem schikanöser Klagen ist nicht ersichtlich
[805] Siehe oben D III 2

Klägers, sich dergestalt verwerflich zu verhalten. So ist zum einen schon fraglich, ob der potentiell Geschädigte die Beweislastumkehr hinsichtlich eines Tatbestandsmerkmals antizipieren kann. Die Beweisführungskosten der beiden Parteien werden meistens keinen Aufschluß darüber geben. Der Kläger vermag dabei noch objektive Wahrscheinlichkeiten realitätsgetreu zu schätzen und kann auch die bedingten Wahrscheinlichkeiten durch seine unwahren Behauptungen beeinflussen. Jedoch kann er nur Trends angeben und so die Beweislastverteilung zu seinen Gunsten nicht völlig sicher angeben. Ferner ist der Kläger immer noch dem Risiko ausgesetzt, daß sich der Beklagte entlasten kann. Denn würde bei Anwendung der Entscheidungsregel dem Beklagten die Beweislast zugewiesen, so ist weiterhin möglich, daß dieser beweisen kann, nicht schuldhaft gehandelt zu haben. Zusammenfassend kann nicht abgeleitet werden, daß Anwendung der hier vertretenen Entscheidungsregel zu vermehrten schikanösen Klagen vermeintlich Geschädigter führt.

II. Einfluß auf die Fehlerkosten

Das Ziel eines konkreten Zivilprozesses ist es, ein nach materiellem Recht richtiges Urteil zu erlangen. Ein materiell unrichtiges Urteil verursacht nämlich Kosten, sogenannte Fehlerkosten oder indirekten Kosten.[806] Im bisherigen Verlauf der Untersuchung wurden diese Art von Kosten bei Anwendung der Entscheidungsregel unberücksichtigt gelassen. Als Begründung wurde angeführt, daß die Parteien diese bei ihrer Beweispräsentation nicht in Betracht ziehen, denn zum einen sind solche Kosten für sie nicht oder nur schwer meßbar und zum anderen ist es nicht gesichert, daß diese gerade die Parteien treffen.[807]

Die Fehlerkosten resultieren aus dem unrichtigen Urteil, das eine Partei bevorteilt, obwohl in Wirklichkeit der Beweis die andere Partei unterstützt hätte.[808] Die Fehlerkosten stellen sich dabei als Erwartungswert dar und berechnen sich aus dem Produkt aus Wahrscheinlichkeit eines fehlerhaften Urteils und den Kosten dieses fehlerhaften Urteils.[809]

Wahrscheinlichkeit, daß das Urteil fehlerhaft ist	x	sozialen Kosten dieses fehlerhaften Urteils

[806] Siehe oben D I 2
[807] Siehe oben D I 2
[808] *Hay*, 72 Indiana L. J. 1997, S. 654
[809] *Posner*, 51 Stanford L. Rev. 1999, S. 1484; *Hay*, 72 Indiana L. J. 1997, S. 662; *Lee*, Brigham Young U. L. Rev. 1997, S. 5

Hierbei ist zu beachten, daß im Rahmen eines Prozesses die Verteilung der Beweislast neben den direkten Kosten auch die Wahrscheinlichkeit eines fehlerhaften Urteils beeinflußt.[810] Die oben entwickelte richterliche Entscheidungsregel verteilt die Beweislast im Prozeß und hat so auch Auswirkung auf die eventuell entstehenden indirekten Kosten.

Zu fragen ist daher, inwieweit die Entscheidungsregel die indirekten Kosten beeinflußt. Wendet man sich noch einmal der oben genannten Definition der indirekten Kosten[811] zu, so kann diese im Rahmen der Beweislastverteilung dahingehend präzisiert werden, daß ein fehlerhaftes Urteil dann gefällt wird, wenn die Partei, für die der Beweis spricht, trotzdem verliert. Dies kann passieren, wenn sie aus rationalen Gründen trotz Beweislast den Beweis nicht vorlegt.[812] Die Konsequenz dieser Verteilung ist, daß die Zuweisung der Beweislast an eine Partei annimmt, daß der Beweis gegen diese spricht. Ein fehlerhaftes Urteil ergibt sich dann, wenn der Beweis in Wirklichkeit diese Partei unterstützt hätte, diese aber ihn nicht vorgelegt hat und somit den Prozeß verliert. Aus diesem Grund berechnen sich die indirekten Kosten der Beweislastverteilung an eine Partei aus dem Produkt dreier Faktoren.[813]

Wahrscheinlichkeit, daß der Antrag der Partei richtig ist	x	Wahrscheinlichkeit, daß die beweisbelastete Partei nicht Beweis erbringt	x	sozialen Kosten des fehlerhaften Urteils

Als erster Faktor spielt die Wahrscheinlichkeit eine Rolle, daß die Klage unbegründet, falls der Beklagte die Beweislast hat, bzw. begründet ist, falls dem Kläger die Beweislast zugewiesen ist. Des weiteren muß als zweiter Faktor die Wahrscheinlichkeit, daß die beweisbelastete Partei den erforderlichen Beweis nicht erbringt, berücksichtigt werden. Schließlich fließt als dritter Faktor der Nachteil oder Schaden, der durch das fehlerhafte Urteil entsteht, mit in die Bewertung mit ein. Im Rahmen einer Klage wegen unerlaubter Handlung gemäß § 823 Abs. 1 BGB wäre dies der Nachteil, den die Gesellschaft dadurch erleiden würde, weil der Beklagte, falls er beweisbelastet war, fälschlicherweise haftbar gesprochen wurde bzw. fälschlicherweise nicht haftbar ist, falls der Kläger die Beweislast trug.

Folglich muß untersucht werden, inwieweit die richterliche Entscheidungsregel in Zuweisung der Beweislast an eine Partei diese drei Faktoren beeinflußt. Hinsichtlich der konkreten Höhe der sozialen Kosten ist dabei zu

---

810 *Hay*, 72 Indiana L. J. 1997, S. 655

811 Siehe oben D I 2

812 *Hay*, 72 Indiana L. J. 1997, S. 662

813 Vgl. *Hay*, 72 Indiana L. J. 1997, S. 662 f.

sagen, daß darüber keine konkrete Aussage getroffen werden kann. Wie schon oben angedeutet[814], ist diese Größe nur außerordentlich schwer meßbar. Es ist zum einen unklar, bei welchen Gesellschaftsmitgliedern die Kosten auftreten, und zum anderen, in welcher Höhe die Kosten diesen zuzurechnen sind.

Außerdem hat die Beweislastverteilung keinen Einfluß auf die Wahrscheinlichkeit, daß die Partei mit ihrem Klageantrag Recht hat. Dies ist ausschließlich eine Frage des materiellen Rechts und muß anhand der jeweils einschlägigen Anspruchsgrundlagen überprüft werden.

Jedoch ist der Einfluß auf die Wahrscheinlichkeit, daß die beweisbelastete Partei den Beweis nicht erbringt, zu überprüfen. Die hier entwickelte Entscheidungsregel weist die Beweislast der Partei zu, die die geringeren direkten Kosten zu tragen hat, um das Beweismittel vorzulegen. Hat die beweisbelastete Partei die verhältnismäßig geringeren Kosten, so ist es wahrscheinlicher, daß sie das Beweismittel auch vorlegen wird. Zum Vergleich kann der Auswirkung der Normentheorie auf diese Wahrscheinlichkeit herangezogen werden. Hat der Kläger nach der Grundregel das Verschulden des Beklagten zu beweisen, so kann das für ihn erheblich teuerer sein, als daß der Beklagte seine Sorgfaltsgerechtigkeit beweisen könnte. So muß der Kläger im Falle eines Sportunfalls, zugezogen beim Fußball, beweisen, daß sich der Gegenspieler schuldhaft, d.h. hier gegen die Fußballregeln, gehandelt hat.[815] Dies kann für den Kläger manchmal so kostenintensiv sein, so daß er verzichtet, den Beweis zu führen. Im Rahmen der Normentheorie ist es in einem solchen Fall nicht möglich, dem Beklagten, dem der Beweis seines Nichtverschulden möglicherweise billiger gelänge, die Beweislast aufzuerlegen. Anders liegt der Fall aber bei Anwendung der Entscheidungsregel. Hiernach hätte der Beklagte die Beweislast, sein Nichtverschulden zu beweisen. Zwar ist es weiterhin möglich, daß dieser aus Kostengründen ebenfalls nicht erbringt, jedoch ist diese Möglichkeit weniger wahrscheinlich.

Konsequenz ist, daß das Gericht bei Anwendung der hier vertretenen Entscheidungsregel[816] eher den Beweis verwerten kann, als wenn die andere Partei, die höhere Kosten zu tragen hätte, den Beweis vorlegen müßte.[817] Unter Geltung der Entscheidungsregel kann somit von einer geringeren Wahrscheinlichkeit, daß die beweisbelastete Partei den Beweis nicht er-

---

[814] Siehe oben D III 1 b)

[815] Vgl. BGH NJW 1975, 109 (111), der in diesem Fall die Anwendung der Grundsätze des Anscheinsbeweises verneint hatte

[816] Siehe oben D III 2

[817] Vgl. *Hay*, 72 Indiana L. J. 1997, S. 664

bringt, ausgegangen werden. Sie sorgt daher auch für geringe indirekte Kosten.

III. Ergebnis

Die vorangegangene Darstellung hat gezeigt, daß die hier vertretene Entscheidungsregel[818] nicht dazu führt, daß potentielle Kläger ohne materiellen Anspruch Klage erheben, da prozessuale und materiell-rechtliche Sanktionen sowie drohende strafrechtliche Folgen den Kläger vor einer Durchführung des Prozesses abschrecken. Weiterhin kann er sich nicht der für ihn günstigen Beweislastverteilung sicher sein. Weiterhin hat die Entscheidungsregel auch nicht zur Folge, daß durch sie die Anzahl fehlerhafter Urteile und somit die Fehlerkosten steigen.

Somit kann zusammenfassend konstatiert werden, daß die Entscheidungsregel keine negativen Auswirkungen auf das prozessuale Verhalten der Parteien hat. Vielmehr wird tendenziell die Richtigkeit der Urteile gefördert.

---

[818] Siehe oben D III 2

H. Zusammenfassung und Schlußfolgerung

Diese Untersuchung hat sich der Frage gewidmet, inwieweit das Effizienzkriterium bei der Entscheidung der Beweislastverteilung eine Rolle spielt. Dabei wurde erkannt, daß das Rechtsprinzip der Effizienz im Zivilprozeßrecht im Rahmen einer richterlichen Rechtsfortbildung berücksichtigt werden kann. Die mit den Methoden der ökonomischen Analyse des Rechts gewonnene Beweislastverteilungsregel[819] weist die Beweislast entsprechend den Kostenerwartungswerten der Parteien zu. Sie kommt im Vergleich zu den gesetzlichen Beweislastregeln und den gesetzlichen Vermutungen, aber auch im Vergleich zur Rechtsprechung zur Beweislast im Produkthaftungsrecht zur gleichen Beweislastverteilung. Jedoch bestehen Unterschiede zu der grundsätzlich von der Rechtsprechung vertretenen Grundregel der Normentheorie. Die Untersuchung der rechtspolitischen Brauchbarkeit der richterlichen Entscheidungsregel hat im Rahmen des Deliktsrechts ergeben, daß sie den materiell-rechtlichen Funktionen dient bzw. ihnen nicht entgegensteht. Bei der Anwendung der Entscheidungsregel im Prozeß zeigt sich, daß sie nicht die Erhebung schikanöser Klagen fördert, sondern vielmehr die Richtigkeit der Urteile.

I. Thesen

Im folgenden sollen die wesentlichen Erkenntnisse in Thesen zusammen gestellt werden.

1. Die Beweislastverteilung ist grundsätzlich im deutschen Zivilrecht nicht geregelt. Insbesondere ist die von der Normentheorie vertretene Grundregel nicht stillschweigendes Gesetzesrecht oder Gewohnheitsrecht. Es finden sich vielmehr nur vereinzelte Regelungen, so daß eine Lücke im weiteren Sinne besteht.

2. Die Parteien handeln im Zivilprozeß als *homines oeconomici* im Sinn der ökonomischen Analyse des Rechts.

3. Das Recht der Beweislastverteilung ist einer richterlichen Rechtsfortbildung im Rahmen einer gesetzesübersteigenden Rechtsfortbildung zugänglich.

---

[819] Siehe oben D III 2

4. Das Rechtsprinzip der Effizienz ist ein Leitprinzip der deutschen Zivilprozeßordnung. Es läßt sich verschiedenen Kostenregelungen entnehmen und insbesondere aus der Verhandlungsmaxime ableiten. An diesem Ergebnis ändert sich nichts unter der Annahme, daß der Zivilprozeß von einer modifizierten Verhandlungsmaxime beherrscht wird.

5. Das Effizienzprinzip ist als mikroökonomisches Kriterium zu definieren. Die Definition ist vielschichtig. In dieser Untersuchung ist es im Sinne des *cheapest-cost-avoider* Prinzips als Kosteneffizienz zu verstehen. Danach ist es effizient, demjenigen die Kosten zuzuweisen, der ihre Entstehung am besten vermeiden kann.

6. Die richterliche Rechtsfortbildung nach dem Rechtsprinzip der Effizienz führt dazu, daß eine Beweislastverteilung unter Berücksichtigung des Effizienzkriteriums *de lege lata* möglich ist.

7. Diese richterliche Rechtsfortbildung im Bereich des Zivilprozeßrechts ist mit dem Grundgesetz vereinbar. Sie verstößt nicht gegen das Rechtsstaats- und Sozialstaatsprinzip oder die Wirtschaftsordnung des Grundgesetzes bzw. gegen das Eigentumsgrundrecht nach Art. 14 GG.

8. Der Ansatz, der die Beweislast unter Berücksichtigung des Effizienzkriteriums verteilt, ist eingebettet im Modell der Kostenminimierung, das wiederum auf *cheapest cost avoider* Grundsätze beruht. Die hier vertretene richterliche Entscheidungsregel weist derjenigen Partei die Beweislast zu, deren Kostenerwartungswert hinsichtlich der Beweisführung geringer ist.

9. Der Kostenerwartungswert ergibt sich hierbei aus dem Produkt der Kosten, eine Tatsache zu beweisen, und der Wahrscheinlichkeit, daß diese Tatsache vorliegt.

10. Nach genauerer Bestimmung dieser Wahrscheinlichkeit unter Heranziehung des Theorems von Bayes besteht die richterliche Entscheidungsregel aus folgender Ungleichung:[820]

$$W(Y/X) \times W(X) \times \text{Klägerkosten} < W(Y/{-X}) \times W({-X}) \times \text{Beklagtenkosten}$$

820 Siehe oben D III 2

Der Buchstabe W steht dabei für Wahrscheinlichkeit. W(X) bzw. W(–X) bezeichnen jeweils abstrakte Wahrscheinlichkeiten, W(Y/X) bzw. W(Y/–X) drücken bedingte Wahrscheinlichkeiten aus. Die Kostenwerte benennen die jeweiligen voraussichtlichen Kosten des Klägers, um die Tatsache X zu beweisen, bzw. des Beklagten, um zu beweisen, daß die Tatsache X nicht vorliegt.

11. Geltungsgrund der Entscheidungsregel ist das Rechtsprinzip der Effizienz. Diese Beweislasttheorie ist damit keine Wahrscheinlichkeitstheorie. Obwohl dabei mit verschiedenen Wahrscheinlichkeitswerten gearbeitet wird, kann der Entscheidungsregel nicht vorgeworfen werden, die Bestimmung von Wahrscheinlichkeitswerten sei ungenau und die Bildung von Wahrscheinlichkeitsurteilen sei allenfalls im Rahmen des Beweismaßes möglich.

12. Die hier vertretene Beweislastverteilungsregel ist mit dem Grundgesetz vereinbar.

13. Es besteht eine Übereinstimmung des hier vertretenen Ansatzes mit den Beweislastregelungen und gesetzlichen Vermutungen des BGB, da diese Rechtsinstitute des BGB auf denselben Wertungen wie die Entscheidungsregel beruhen. Aus diesem Grund muß gefolgert werden, daß diese Regelungen die Herbeiführung eines effizienten Zustandes bezwecken.

14. Die Grundregel der Normentheorie und die richterliche Entscheidungsregel beruhen auf verschiedenen Wertungskriterien. Aus diesem Grund kommen beide Ansätze bei der Zuweisung der Beweislast nicht zwingend zu dem gleichen Ergebnis.

15. Die Rechtsprechung zur Beweislastverteilung im Produkthaftungsrecht intendiert ebenso wie die hier vertretene Entscheidungsregel die Herbeiführung eines effizienten Zustandes. Sowohl dieser Rechtsprechung als auch dem ökonomischen Ansatz liegt daher dasselbe Wertungskriterium zugrunde.

16. Die Entscheidungsregel stimmt bei in Rechtsprechung und Literatur umstrittenen Beweislastverteilungen mit der herrschenden Beweislastverteilung bei den §§ 164 Abs. 1, 271 Abs. 1 BGB überein, jedoch nicht im Falle des § 158 Abs. 1 BGB. Hinsichtlich der Beweislast bei Unterlassungspflichtverletzungen genügt die herrschende Meinung dem Effizienzkriterium.

17. Die Anwendung der richterlichen Entscheidungsregel im Rahmen des deliktischen Haftungsanspruchs gemäß § 823 Abs. 1 BGB fördert die Ausgleichsfunktion des Deliktsrechts, da aus prozessualer Sicht das gleiche Ergebnis erzielt wird, das die Rechtsprechung mit der Normentheorie unter Zuhilfenahme des Anscheinsbeweises gewinnt. Die Entscheidungsregel ist dabei vorzugswürdig, da sie die Risikoentlastung des Geschädigten verbessert und die Beweisprobleme dogmatisch richtig auf der Ebene der Beweislast löst.

18. Der Einfluß der Entscheidungsregel als Beweislastverteilungsregelung auf die Präventions-, Kostenanlastungs- sowie die soziale Steuerungsfunktion des Deliktsrechts ist gering, da die Kosten der Beweisführung im Vergleich zu den Schadensersatzkosten zu gering und daher nicht spürbar sind.

19. Die Anwendung der Entscheidungsregel führt nicht zur vermehrten Erhebung schikanöser Klagen und leistet einen Beitrag, Fehlerkosten, das sind Kosten für materiell fehlerhafte Urteile, zu senken.

II. Schlußbetrachtung und Ausblick

Die deutsche Rechtswissenschaft ist noch weit entfernt, bei der Lösung juristischer Probleme die ökonomischen Analyse des Rechts zu berücksichtigen. Dies gilt auch im Bereich des Zivilprozeßrechts. Wurde einmal erkannt, daß der Verhandlungsmaxime eine „technische" Begründung immanent ist, so wurde diese Erkenntnis nicht weiter beachtet. Mit den Methoden der ökonomischen Analyse des Rechts ist nunmehr nachgewiesen worden, daß der Verhandlungsmaxime, auch in ihrer modifizierten Form, das Rechtsprinzip der Effizienz innewohnt. Dem Gesetzgeber ging es nicht ausschließlich darum, der Privatautonomie in der Rechtsdurchsetzung gerecht zu werden, sondern auch darum ein effizientes Verfahren zur Verfügung zu stellen, wenn es um die Beibringung von Tatsachen und Beweisen geht. Erkennt man dieses Anliegen als *telos* der Verhandlungsmaxime an, so kann dies bei Argumentation und der Lösung von Auslegungsproblemen behilflich sein. Die Arbeit hat gerade den Zweck verfolgt, dem Rechtsanwender aufzuzeigen, daß die Verhandlungsmaxime das Effizienzkriterium beinhaltet, so daß er bewußt Effizienzargumente in die Entscheidung einfließen lassen kann.

Weiterhin ist eine gesetzesübersteigende Rechtsfortbildung nach dem Rechtsprinzip der Effizienz möglich, um Lücken des Gesetzes zu schließen. Dies gilt auch im Recht der Beweislast. Eine Beweislastverteilung unter Berücksichtigung des Effizienzkriteriums ist *de lege lata* möglich. Die Entscheidung des Gerichts, welcher Partei die Beweislast aufzuerlegen ist, ist von einer Reihe von Faktoren abhängig.[821] Es bleibt am Schluß nur zu hoffen, daß auch das der Verhandlungsmaxime innewohnende *telos* der Effizienz im Bereich der Beweislast berücksichtigt wird. Dabei geht es nicht darum, das Effizienzprinzip als alleiniges Mittel zur Lösung von Beweislastproblemen zu verwenden. Vielmehr soll der Weg gewiesen werden, das Effizienzkriterium als ein brauchbares Kriterium unter mehreren Faktoren bei der Problemlösung heranzuziehen.[822]

[821] Vgl. dazu MünchKomm-ZPO/*Prütting*, § 286, Rn. 115
[822] So auch *Friedman*, 19 Cardozo L. Rev. 1998, S. 1538 f.

Joachim Bock

Begriff, Inhalt und Zulässigkeit der Beweislastumkehr im materiellen Strafrecht

Frankfurt/M., Berlin, Bern, Bruxelles, New York, Oxford, Wien, 2001.
XVI, 282 S.
Schriften zum Strafrecht und Strafprozeßrecht. Herausgegeben von Manfred Maiwald. Bd. 52
ISBN 3-631-37258-2 · br. € 50.10*

Die Arbeit beschäftigt sich aus aktuellem Anlaß mit den grundlegenden Fragen zu Begriff, Inhalt und Zulässigkeit der Beweislastumkehr. Der Schwerpunkt der Arbeit liegt bei den Ausführungen zur inhaltlichen Bestimmung der Beweislastumkehr. Diese belegen, daß der Grundsatz „in dubio pro reo" als die Beweislastgrundregel des Strafrechts ein Rechtssatz ist, der aus Tatbestand („in dubio") und Rechtsfolge („pro reo") besteht, und daß deshalb Abweichungen von diesem Grundsatz nicht nur durch eine Abänderung der Rechtsfolge („contra reum") eintreten können, sondern daß eine Beweislastumkehr auch dadurch herbeigeführt werden kann, daß durch Eingriffe in das Normengefüge des Beweisrechts Einfluß auf das Entstehen eines non liquet und damit auf die Voraussetzung für eine Beweislastentscheidung genommen wird. Die Arbeit gelangt im Rahmen der abschließenden Zulässigkeitsüberlegungen zu dem Ergebnis, daß eine Beweislastumkehr im gesamten materiellen Strafrecht wegen Verstoßes gegen Art. 1 I GG absolut unzulässig ist.

Aus dem Inhalt: Begriffliche Grundlagen · Inhaltliche Bestimmung der Beweislastumkehr · Rechtsgeschichtliche Überlegungen · Zulässigkeit der Beweislastumkehr

FSC
www.fsc.org
MIX
Papier | Fördert gute Waldnutzung
FSC® C083411

Kolibri 360 GmbH
Ferdinand-Jühlke-Straße 7
99095 Erfurt, Deutschland
produktsicherheit@kolibri360.de

Druck:
CPI Druckdienstleistungen GmbH
im Auftrag der
Kolibri 360 GmbH
Ferdinand-Jühlke-Str. 7
99095 Erfurt